王爱卫　著

朱希祖史学研究

中华书局

图书在版编目(CIP)数据

朱希祖史学研究/王爱卫著. —北京:中华书局,2018.9
ISBN 978-7-101-13413-1

Ⅰ.朱…　Ⅱ.王…　Ⅲ.史学-研究　Ⅳ.K0

中国版本图书馆 CIP 数据核字(2018)第 201859 号

书　　名	朱希祖史学研究
著　　者	王爱卫
责任编辑	葛洪春
出版发行	中华书局
	(北京市丰台区太平桥西里 38 号　100073)
	http://www.zhbc.com.cn
	E-mail:zhbc@zhbc.com.cn
印　　刷	北京市白帆印务有限公司
版　　次	2018 年 9 月北京第 1 版
	2018 年 9 月北京第 1 次印刷
规　　格	开本/920×1250 毫米　1/32
	印张 11⅝　插页 2　字数 300 千字
印　　数	1-1200 册
国际书号	ISBN 978-7-101-13413-1
定　　价	56.00 元

序

　　本书作者王爱卫在考取南开大学博士生之前，已是一位在中学历史教育领域取得不俗成就的教师。翻开她的履历可知，她在自己的岗位上，辛勤耕耘，获得了颇多教学方面的奖状，例如：德州市历史学科教案比赛第一名、德州市历史学科优质课比赛第一名、德州市教学质量优胜奖、"德州市教学能手"称号以及山东省历史学科优质课比赛二等奖、山东省骨干教师进修班"优秀学员"等。然而她不满足于自己的成绩，积极进取，将届不惑之年，毅然走上新的求学道路，开始攻读史学理论和史学史专业博士学位。在学期间，她一方面继续做中学教师，另一方面参加博士课程学习。工作重、学业繁、家务多，正是这位博士生惯常的生活状态。可贵的是，她在艰苦的求学路上，始终勤勉有加，孜孜以求，课业绝不敷衍，科研毫不懈怠，于俗世的眼光、俗事的拖累，都不计较于心，可谓兢兢业业，一心向学。她付出了极大的辛苦，也取得了骄人的成绩，终于用三年时间圆满完成学业，拿出了一部厚重的学位论文。

　　本书即是在博士学位论文基础上修改而成的。当初王爱卫意欲选择这个题目，我曾经提醒她，朱希祖先生这样一位处在新旧史学转型时期的史学家，以其所处时代之复杂和他学术成果之丰富及其在学术史上的地位之重要，要全面研究他、客观评价他，皆非易事；而由于某些客观原因，他的行状事迹研究还不充分、他的著作面世还不完全，有些细节问题也还不清楚，尚存疑问的问题还比较多，要系统地展现他的学术成就，总结他的学术特色与历史地位，也非下大功夫不可。王爱卫经过慎重的考虑，最终还是勇于挑战，确立了这样一个明知不太容易的选题。

论文也确实是在克服一个个困难中完成的。为了获取资料，就颇费了几番周折。她不仅利用假期专程前往南京图书馆等单位查找资料，还与朱希祖先生的后人建立联系，亲自上门拜访；又托人从台湾找到大陆难以寻觅的朱希祖著作，也曾托人从日本早稻田大学等高校查询有关朱希祖求学的问题。这些后来都成为论文的可贵之处，作者获得的资料非常丰富，包括朱希祖的日记、书信手稿及其未刊的著述，还有朱希祖家人的日记手稿和当时许多相关学者写的回忆录，并且网罗了许多港台学者的论著，使得本书的考辨和分析都建立在坚实的史料基础之上。

总体来说，本书从宏观和微观两方面研究了朱希祖生平及其学术思想和学术成就。

在宏观上，首先，详细梳理了朱希祖史学成就的四个方面，即对中国史学史的研究与编纂、参与和主持史馆修史、发现和整理历史文献、搜集和探讨方志与边疆史地，展现了朱希祖先生广博而深厚的学问。其次，理清了朱希祖历史观的发展演变轨迹：由退化史观到进化史观，又接受综合史观，再向文化形态史观靠拢；发掘了朱希祖史学思想的内涵：既要建立"科学的史学"，又重视史学的社会价值，力图实现"求真"与"致用"的统一。再次，总结了朱希祖治史方法及其特点，即以深厚的国学功底，发扬乾嘉考据传统，同时接受西方实证主义史学理论，形成自己独特的训诂考证、实地考察、统计与比较等方法。最后，客观评价了朱希祖在中国近代学术史中的学术影响和历史地位，揭示其在近代学术转型中的开拓性贡献。

在微观问题的辨析上，本书创获尤多。作者在最初接触朱希祖生平资料时就发现了许多问题，得出了与时论不尽一致的看法。这也成为本书的一个特色，即一般研究史学家的论文，第一章多是状写生平，为后面研究学术成就展示背景，而本书开篇就直接进入了研究状态。如朱希祖出生时间，赴日留学时间，进入和离开北大的时间，担任北大史学系主任的时间等等，都有新的考辨结果。本书还通过史料论证，指出朱希祖在实践中早于梁启超研究中国史学史学科的体系问题，中国近代之有史学史实际是从朱希祖开始的，这些认识颇为新颖独到。而对朱希祖与章太炎、蔡元培的学术观点异同等问题的考辨，也是别开生面。

总之，王爱卫这部著作，以其丰富的史料和独到的分析，使朱希祖研究迈上了一个新台阶。我们欣喜地看到，时下关于朱希祖的研究仍在不断向前推进，实际上，研究近代史学的许多问题，都绕不开朱希祖，比如近期几篇文章论及的近代历史教科书问题，就较多地涉及本书论辩的朱希祖在北大开设"中国史学概论"等问题。这也从一个侧面说明本书选题的重要意义及其参考价值。

姜胜利于南开大学
2018 年 4 月 18 日

目　录

绪　论

一　缘起

清末民国时期是中国社会的转型时期，也是中国史学迈向近代化的重要阶段。变革时期的中国史学成就巨大，英才辈出。顾颉刚曾回顾说，中国史学是最近百年文化发展中"最有成绩的一门"①，尤其是"五四运动以后到抗战以前的二十年"，"中国史学进步最迅速"。"这短短的一个时期，使中国的史学，由破坏的进步进展到建设的进步，由笼统的研究进展到分门的精密的研究，新面目层出不穷，或由专门而发展到通俗，或由普通而发展到专门；其门类之多，人材之众，都超出于其他各种学术之上。"②梁启超、王国维、胡适、何炳松、陈垣、陈寅恪、顾颉刚、傅斯年等众多史家如同璀璨的群星闪耀在历史的天空。朱希祖原本也是其中比较耀亮的一颗，然而，随着时间的推移，他却显得暗淡了许多。

朱希祖早年留学日本，并师从章太炎，成为最有成就的章门弟子之一。1913年被聘为北大教授，后担任史学系主任达十年之

①顾颉刚：《当代中国史学·引论》，辽宁教育出版社1998年，第7页。
②顾颉刚：《当代中国史学·引论》，第9页。

久。30 年代又任中央大学的史学系主任。他多次进行课程改革，有力地推进了史学的专业化和科学化。

在中西学术相互激荡，彼此交融的背景下，朱希祖倡导引进西方"新史学"来改造中国的旧史学。他指出："我国现在的史学界，实在是陈腐极了。没有一番破坏，断然不能建设。"①他还率先把史学史课程搬上大学讲堂②，对中国史学史学科的创立居有"筚路蓝缕之功"③。

抗战时期，朱希祖曾任国史馆总干事，负责纂修国史的筹备工作，为中华民国史的编纂立下了汗马功劳。时人多以万斯同誉之，"东海大师胡安国，南雷弟子万斯同"④；"国失黎洲兼季野，谁来东观续班书？"⑤可见他在当时学界的地位和影响。

朱希祖一生笔耕不辍，著述颇丰，其研究范围之广阔，史学思想之丰富，显示出一个史学大家的风采。他的《中国文学史》、《中国史学通论》、《六朝陵墓调查报告》、《伪齐录校补》、《汲冢书考》等著作，不仅在当时产生了一定的影响，而且至今仍有不可忽视的学术价值。由于其史学研究总能步趋时代的潮流，与时俱进，所以，他的著作不仅是了解其史学贡献的基本资料，也是窥视中国史学近代化的窗口。可以说，只有认真梳理朱希祖的史学成就，深入发掘其史学思想和方法，才能揭示他对中国史学转型所起的作用，才能更加全面地认识中国史学近代化发展的进程。

①朱希祖：《新史学·序》，《北京大学日刊》1921 年 10 月 20 日。
②宁泊：《史学史研究的今与昔——访杨翼骧先生》，《史学史研究》1994 年第 4 期。
③周文玖：《朱希祖与中国史学》，《史学史研究》1998 年第 3 期。
④这是俞鸿钧给朱希祖敬献的挽联。《朱希祖先生文集》第 6 册，台湾九思出版公司 1979 年，第 4389 页。
⑤这是张继给朱希祖敬献的挽联。《朱希祖先生文集》第 6 册，第 4384 页。

　　然而，由于朱希祖的史学著述大多发表于民国时期，新中国建立后，大陆少有出版，许多文稿至今尚未刊出，致使学界对他的研究非常薄弱，甚至许多以史学为专业的研究者对他的成就也知之甚少。这种研究状况与其史学大家的身份是极不相称的。

　　基于上述的状况和认识，本书拟从史学理论及史学史的角度，对朱希祖的史学进行较为全面、系统的研究。结合朱希祖的人生际遇、时代思潮，探讨他在中国史学史、史馆修史、文献整理、方志学、边疆史地等方面取得的成就。通过仔细发掘相关资料，特别是朱希祖本人已刊与未刊的大量著作（包括日记、书信等），考订各种著作的撰写时间、背景，了解其撰述宗旨，以期寻求其历史观发展、变化的轨迹，阐明其史学思想的深刻内涵，并分析其治史方法，汲取其精华，剔除其糟粕，最后总结其史学的研究特点，客观评价其历史地位和影响。

二　研究状况回顾

　　察看前贤的成果可知，学界对朱希祖史学的研究已经取得一些进展。在近些年出版的一些社科类辞典中，有了"朱希祖"条目①，

---

①李盛平主编：《中国近现代人名大辞典》，中国国际广播出版社1989年，第133页；复旦大学历史系资料室编著：《辛亥以来人物传记资料索引》，上海辞书出版社1990年，第432页；徐友春主编：《民国人物大辞典》，河北人民出版社1991年，第193页；周棉主编：《中国留学生大辞典》，南京大学出版社1999年，第477页；蒋大椿、陈启能主编：《史学理论大辞典》，安徽教育出版社2000年，第591—593页；陈玉堂编著：《中国近现代人物名号大辞典》，浙江古籍出版社2005年，第215页；刘ុ国铭主编：《中国国民党百年人物全书》（上册），团结出版社2005年，第626页。

将他作为民国史学界卓有成就的学者，但介绍的文字过于简略，仅有一定的参考价值。虽然，在诸多介绍近代史学的书籍中，朱希祖的名字几乎都被略去了。但不少研究论文对朱希祖的史学贡献已有所涉及，只是没有展开对其史学著作的探讨。到目前为止，学界还没有出现比较系统的研究专著。整理对朱希祖史学的研究状况，大致可以分为两个阶段。

（一）1949 年以前

早在 1944 年朱希祖逝世后的一段时间里，一些回忆和纪念文章就不断出现。1945 年，顾颉刚主编的《文史杂志》推出了"朱遏先生纪念专号"，其中几篇纪念性的文章，如，罗香林的《朱遏先先生行述》、傅振伦的《先师朱遏先先生行谊》和袁同礼的《朱遏先先生与目录学》等，后来大多收入张国华主编的《文史大家朱希祖》一书中。另外，还有朱希祖长子朱偰的《先君遏先先生年谱》和《先君遏先先生对于史学之贡献》，王宇正、王宇高的《朱希祖传》①等。这些文章内容大都集中于朱希祖的生平。有的虽涉及到朱希祖史学研究的某些问题，但比较概括，有一定的参考价值。其中，论述朱希祖史学最详细的要算是朱偰的《先君遏先先生对于史学之贡献》一文。

朱偰将朱希祖史学著述进行了分类：（一）属于史学原理者，《中国史学通论》；（二）属于史实发现者，《六朝陵墓调查报告书》；（三）属于史籍考订者，南明史籍的题跋、《汲冢书考》等；（四）属于史籍辑佚者，重要著作有三：一曰《杨么事迹考证》（二卷，商务印书馆出版），二曰《伪齐录校补》（四卷，独立出版社出版），三曰《伪楚录辑

---

① 王宇正、王宇高：《朱希祖传》，《国史馆馆刊》1 卷 2 号，1948 年。

补》(六卷,独立出版社出版);(五)属于解决历史疑问者,重要著作颇多,兹但举《太史公解》及《臣瓒姓氏考》二篇,以例其余;(六)属于史实辨正者,《驳李唐为胡姓说》、《明成祖生母记疑辨》等等;(七)属于中国文学史著述者,《中国文学史略》;(八)属于中国经济史论述者,《梁代货币考》、《两宋盛行铁钱之因果》等,《桑弘羊之经济政策》实开中国近代研究经济思想之先河;(九)属于断代史研究者;(十)属于目录学范围者,《宋代官私书目考》、《宋代金石书录考》;(十一)属于氏族学范围者,《朱氏源流考》、《后金国汗姓氏考》等等;(十二)属于金石学范围者,《安州古器图考》。

在朱偰的文章中,笔者发现一个疑问:朱偰在文章的第一部分开始说,"窃尝就其手稿,加以类别,可得六门,谨分述如左",接下来他却分出十二门,显然有误。

朱偰分析了朱希祖的治学方法和史学思想:"首重科学,尝言历史学为社会科学之一种,欲治史学,必先通社会,政治,法律,经济各科学……其于考证,则首重实物证据及原始资料,他人辗转复制之史料,决不轻用,必也追本求源,身视目睹,方敢作为证据……其于经学及文字学,则皆以史学方法治之,而参以论理学方法解决一切疑难……尝言真伪之事,须为客观判断,不宜偏任主观,凭空臆说。"[①]但另一方面,他重视民族气节,主张经世致用。他撰写《伪齐录校补》和《伪楚录辑补》,目的就是"冀以发日寇之奸心,昭二伪之逆迹"。

(二)1949年以后

在新中国成立后相当长的时间里,史学界对朱希祖史学的研究没有予以足够的重视。据考察,新中国成立至改革开放前,仅

────────

[①]朱偰:《先君逖先先生对于史学之贡献》,《东方杂志》第40卷第16号,1944年。

有一篇关于朱希祖史学的研究论文出现，即夏定棫的《〈明季史料题跋〉补正》①。文章指出，朱希祖对南明史有精深的研究，所撰南明史籍的题跋，数量不少。但作为旧时代的史学家，其历史观和治史方法，当然极大地受着资产阶级甚至封建主义的影响。夏文就朱希祖跋文所涉及的明末农民军史料作了一些补正和申说。

在"文革"时期的艰难岁月里，朱偰也撰写了一些回忆文章，但没能发表。由其女儿保存而流传至今的有：《回忆北大人物》和《我家座上客——交游来往的人物》②。他以风趣幽默的语言，叙述了与朱希祖交往的人物及其佚事，对朱希祖史学研究也有所涉及。

改革开放以后，有关朱希祖史学的研究再度活跃起来。首先是傅振伦的《朱希祖先生传》③和姚锡佩的《朱希祖生平考略》④，前者对朱希祖的史学研究进行了比较详细的介绍，与他以往发表的《先师朱逷先先生行谊》内容大同小异。后者主要关注的是朱希祖的生平事迹的考证，对其史学贡献涉及较少。90年代以后，各种涉及朱希祖史学的论著、论文纷纷出现，一改往日"门前冷落鞍马稀"的状况。按论著、论文涉及的内容大致可以分为以下几个方面：

1.关于北京大学史学系

尚小明的《抗战前北大史学系的课程变革》⑤与《新史学课程

---

① 夏定棫：《〈明季史料题跋〉补正》，《浙江学刊》1963年第4期。

② 这两篇均载于《鲁迅研究月刊》2005年第5期。

③ 傅振伦：《朱希祖先生传》，《傅振伦文录类选》，学苑出版社1994年，第602—612页。

④ 姚锡佩：《朱希祖生平考略》，《鲁迅研究月刊》1986年第5期。

⑤ 尚小明：《抗战前北大史学系的课程变革》，《近代史研究》2006年第1期。

体系的形成》①似为同一篇文章,肯定了朱希祖对北大史学系的课程改革,并指出其不足之处,态度比较客观。作者认为,朱希祖在北大史学系进行的改革是对现代中国史学发展道路的一次极有益的探索,对现代中国史学的发展有很大的贡献。他努力让学生们广泛接受史学和其他社会科学的基本知识,以便为进一步从事史学研究打下良好的基础,其做法一时成为学术界的潮流;而以傅斯年为代表的"史料学派"则将大学史学教育视为学术教育,强调史料整理辨析的训练和史学研究工具的掌握。朱希祖的课程变革虽在学术界有不小的影响,但在培养专业人才方面收效甚微。

张世国的硕士论文《北京大学史学系早期的初步发展(1917—1927)》②将朱希祖作为科学主义思潮的代表。认为朱希祖在当选为北大史学系主任后,坚持推进以科学主义为宗旨的改革,最终使北大史学系成为现代史学的学院化的典范。作者还分析了朱希祖的科学主义史学思想的主要表现:(一)在北大史学系不断推进社会科学改革;(二)亲自讲授"中国史学概论",系统表达了科学主义的史学思想;(三)发表了不少以实证主义为主要精神的文章。

台湾政治大学陈以爱的《中国现代学术研究机构的兴起》③一书,虽没有专门探讨朱希祖史学的章节,但也浓墨重彩地论述了朱希祖对北大国学门的成立及发展所做的贡献。其中,对章门弟子取代桐城派、朱希祖参与发起整理国故运动、主持大内档案

①郭卫东、牛大勇主编:《北京大学历史学系简史》(初稿),现存于北京大学历史学系资料室,2004年。
②张世国:《北京大学史学系早期的初步发展(1917—1927)》,北京大学历史学系硕士论文,2004年。
③陈以爱:《中国现代学术研究机构的兴起》,江西教育出版社,2002年。

整理的分析,见解精辟。

　　刘龙心的著作《学术与制度》①则从学科体制建立的角度,考察了朱希祖在北大的课程改革对中国史学现代化的意义。论述比较深入,视角也颇有新意。

　　胡逢祥的《"五四"时期的历史教学改革述评》②、《中国现代史学的制度建设及其运作》③、张越的《五四时期:现代史学的初步建立》④、《五四时期新的历史教学建制与课程设置》⑤、朱发建的博士论文《中国近代史学科学化进程研究(1902—1949年)》⑥、周文玖的《朱希祖与中国现代史学体系的建立——以他与北京大学史学系的关系为考察中心》⑦和李春雷的《留美生与民国时期的历史教学》⑧都认为,朱希祖对北大史学系进行的课程改革代表了当时历史学的发展趋势,使专业人才的培养制度化,从而促使职业历史学家的出现,历史学真正成为一门具有现代意义的独立学科。而桑兵的《近代中国学术的地缘与流派》⑨、《教学需求

---

①刘龙心:《学术与制度》,新星出版社,2007年。

②胡逢祥:《"五四"时期的历史教学改革述评》,《历史教学问题》1994年第3期。

③胡逢祥:《中国现代史学的制度建设及其运作》,《郑州大学学报》2004年第2期。

④张越:《五四时期:现代史学的初步建立》,《东岳论丛》1999年第2期。

⑤张越:《五四时期新的历史教学建制与课程设置》,《历史教学》2001年第12期。

⑥朱发建:《中国近代史学科学化进程研究(1902—1949年)》,华东师范大学历史系博士学位论文,2004年。

⑦周文玖:《朱希祖与中国现代史学体系的建立》,《烟台师范学院学报》(哲学社会科学版)2006年3月。

⑧李春雷:《留美生与民国时期的历史教学》,《历史教学》2006年11期。

⑨桑兵:《近代中国学术的地缘与流派》,《历史研究》1999年第3期。

与学风转变》①认为朱希祖的史学系课程改革，虽然顺应了社会科学化的趋向，却使得史学的特色有所损失。桑兵对朱希祖的史学成就总体评价不高。

香港浸会大学历史系的周佳荣，在 2008 年 6 月 26—28 日香港举行的"二十世纪中国史学之回眸"研讨会上，做了《朱希祖与北京大学史学系》的报告，文章分为四部分：（一）五四新文化与北大史学系的成立；（二）朱希祖与北大史学系的改革；（三）朱希祖对办好历史系的见解；（四）从中山大学到中央大学的体验。指出，朱希祖从事史学教研工作的业绩和言论主张，直接间接都模铸了现代中国史学的性格；而影响最为深远的，是他推动北大史学系改革，为中国高等院校历史系的格局奠定了规模，此后相继成为中国众多大学历史学系的范式。结论认为，学界至今对朱希祖的研究仍欠全面和深入，他对北京大学史学系及现代中国史学界的贡献，应该被给予更高的评价。

2.关于中国史学会

桑兵的《二十世纪前半期的中国史学会》②以大篇幅谈到朱希祖发起成立中国史学会的情况，详细地引述了朱希祖草拟的《发起中国史学会的动机和希望》，论证了成立史学会的积极作用和不足之处。认为民国时期的史界学人多次尝试以学会组织的形式，联络同仁、沟通域外，以便分工合作，推进史学研究。但与其他学科相比，史学会的作用并不理想，史学会在组织的稳固与影响程度方面都显得逊色。文章还论及了朱希祖与北京大学史学会以及抗战时期史学会的关系。

---

① 桑兵：《教学需求与学风转变》，《中国社会科学》2001 年第 4 期。
② 桑兵：《二十世纪前半期的中国史学会》，《历史研究》2004 年第 5 期。

　　胡逢祥的《现代中国史学专业学会的兴起与运作》①，对史学专业学会整体发展的趋势与运作特点，做了进一步的厘清与探讨。肯定朱希祖在推动中国史学会成立方面的贡献，认为史学会虽然很快趋于消解，但在促进中国史学现代化方面所起的作用却不容忽视。

　　吴忠良的《南高史地学派与中国史学会》②也述及朱希祖在北京成立中国史学会的情况，他认为北京的中国史学会在具体事业规划上较南京中国史学会详明，但这些活动最终都没有切实有效地进行。北京方面中国史学会的成立和所拟开展的具体事项，说明身在中国学界主流圈子的学人开始有意识地借鉴国际史学会模式来建设中国史学。石增银的《北京中国史学会补正》③则比较详细地考证了朱希祖成立中国史学会的相关情况。

　　3.关于近代史学转型

　　许多史家在探讨史学转型时，论及了朱希祖的史学研究。胡逢祥的《"科学主义"思潮与中国史学的现代化建设》④认为朱希祖宣传"科学主义"，为中国的现代史学的发展直接注入了勃勃生机。张越的《〈国学季刊〉述评》⑤和《〈国学季刊〉与中国史学近代化》⑥，

---

①胡逢祥：《现代中国史学专业学会的兴起与运作》，《史林》2005年第3期。

②吴忠良：《南高史地学派与中国史学会》，《福建论坛》（人文社会科学版）2005年第2期。

③石增银：《北京中国史学会补正》，《莱阳农学院学报》（社会科学版）2006年第1期。

④胡逢祥：《"科学主义"思潮与中国史学的现代化建设》，《华东师范大学学报》（哲学社会科学版）1995年第6期。

⑤张越：《〈国学季刊〉述评》，《史学史研究》1994年第1期。

⑥张越：《〈国学季刊〉与中国史学近代化》，《北京大学学报》（哲学社会科学版）1998年第4期。

考察了朱希祖与《国学季刊》的关系,肯定他在担任该刊编辑主任时,促进了史学近代化的发展趋势。

于沛的《外国史学理论的引入和回响》①认为朱希祖对西方史学理论的引入起到了很大的作用。在朱氏主持的北京大学史学系里,讲授着形形色色的西方史学理论,其中以鲁滨逊为代表的美国新史学派的理论在中国史学界的影响最为突出。李孝迁的《西方史学在中国的传播(1882—1949)》②,也肯定了朱希祖对鲁滨逊"新史学"在华传播的促进作用。

卢毅的博士论文《"整理国故运动"与中国现代学术转型》③和《章门弟子与中国近代史学转型》④等一系列文章,都述及朱希祖对史学的独立化和科学化所做出的贡献。他认为,朱希祖一方面继承章太炎颇具近代意义的"六经皆史说",主张"捐除经学之名",大大动摇了经学的垄断地位,促进了史学的独立;另一方面,借鉴西方近代科学的理论与方法来研究史学,强调史学研究必须注重条理系统,由是极大地推动了中国史学的科学化进程。肯定了朱希祖的课程改革从学科体制方面促进了中国史学的近代转型。

刘俐娜的博士论文《20世纪初期史学的转型》⑤和房鑫亮、吴忠良的《传统史学的现代转型》⑥都将朱希祖定位于梁启超、何炳

①于沛:《外国史学理论的引入和回响》,《历史研究》1996年第3期。

②李孝迁:《西方史学在中国的传播(1882—1949)》,华东师范大学出版社2007年。

③卢毅:《"整理国故运动"与中国现代学术转型》,北京师范大学历史学系博士学位论文,2003年。

④卢毅:《章门弟子与中国近代史学转型》,《史学月刊》2006年第10期。

⑤刘俐娜:《20世纪初期史学的转型》,中国社会科学院博士学位论文,2003年。

⑥房鑫亮、吴忠良:《传统史学的现代转型》,《历史教学问题》2005年第4期。

松等新史学家的行列里。认为在史学转型中，朱希祖接受了德国史学家兰普雷希特的史学思想，把"人类内心之动机"看作推动社会演化的"真因"，特别重视心理方法，是顺应潮流的。

4.关于史学理论和治史方法

一些史家在探讨史学理论和治史方法时，也涉及朱希祖的研究成果。金毓黻的《中国史学史》、程千帆的《史通笺注》、杨翼骧的《学忍堂文集》和赵吕甫的《史通新校注》多处参考了朱希祖的观点。台湾的王尔敏、林时民也非常重视朱希祖的史学思想，大量介绍和引用朱希祖的说法。

在史学史学科建设的回顾中，朱希祖的《中国史学通论》也是不可或缺的重要著作之一。瞿林东、吴怀祺、陈其泰的《从创立走向建设——中国史学史学科发展的历程》①谈到"40 年代，中国史学史研究得到较大的发展"。其中就将朱希祖的《中国史学通论》（独立出版社，1943 年版）作为 40 年代的史学史、史学概论方面重要的论著之一。

牛润珍、张子侠、周文玖和张越也都把朱希祖的《中国史学通论》作为中国史学史的重要论著。牛润珍认为它属于史论式的著述，并列举了"中国史学之起源"和"中国史学之派别"的目录，指出，书名虽为"通论"，内容实为史学史专题研究②。张子侠指出，朱希祖对史学史的研究非常重视，不仅较早探讨了中国史学起源的问题，还聘请李大钊等人讲授史学史③。

---

① 瞿林东、吴怀祺、陈其泰：《从创立走向建设——中国史学史学科发展的历程》，《北京师范大学学报》（人文社会科学版）2002 年第 5 期。

② 牛润珍：《20 世纪中国史学史著作述评》，《中国史研究动态》2001 年第 8 期。

③ 张子侠：《20 世纪上半期中国史学史研究述论》，《河南大学学报》（社会科学版）2004 年 7 月。

　　周文玖、张越都论及朱希祖《中国史学通论》中的记述主义和
推理主义，但二者观点并不一致，前者强调朱氏在中国史学产生
和发展过程中有筚路蓝缕之功①。后者认为，朱希祖对中国史学
的认识虽然不十分准确，但这种理论概括的尝试仍然是可取的。
朱希祖努力发掘古代史学理论遗产，并试图用新观念整合阐释，
对于探索建设中国史学理论的途径给今人以很好的启示②。

　　张越还从治史方法的角度去认识朱希祖的史学研究，认为朱
希祖、陈垣在主持整理故宫博物院文献馆的明清档案时，形成了
一套方法，便利了新史料的利用，为五四时期史学注入了生机，有
力地促进了现代史学的建立，促进了中外史学的交流③。

　　5.关于民国国史馆

　　习之的《民国时期的国史馆》④认为，朱希祖主持的国史馆筹
备委员会为收集档案史料做了不少工作，还纂辑了"国史史料长
编"，初稿即达 200 余册。国史馆虽未正式成立，但已粗具规模。
限于经费及客观环境，朱希祖制订的各机关移交档案办法和设立
"档案总库"的提议都变成了一纸空文。

　　夏雨的硕士论文《民国国史馆研究》⑤则列出专门章节，以约
两千字的篇幅，探讨朱希祖对国史馆修史的贡献。文章指出，朱
希祖非常重视史馆修史，曾为国史馆筹委会拟定了各种规章制

①周文玖：《论中国史学史学科的产生》，《史学月刊》2002 年第 8 期。

②张越：《20 世纪前半期中国史家对古代史学理论的总结与认识》，《人文杂
　志》2006 年第 5 期。

③张越：《五四时期对新史料的接受与认识》，《史学史研究》2000 年第 3 期。

④习之：《民国时期的国史馆》，《档案与史学》1996 年第 5 期。

⑤夏雨：《民国国史馆研究》，华东师范大学人文学院历史学系硕士论文，
　2006 年。

度,又为修史工作撰写了大量文章,称职地履行了总干事的职责。

　　还有数篇论文,主要介绍了朱希祖的生平、交游、著述和藏书情况①,对其史学研究只是简单提及,但有些文章中采用的朱希祖未刊的日记或书信内容,为我们提供了一些难得的资料。

　　值得关注的是,对朱希祖史学的总体性、概括性研究已经出现,但此类文章很少。如周文玖的《朱希祖与中国史学》和《朱希祖史学略论》,前者可以说是周文玖研究朱希祖史学的开山之作,也是史学界在新时期对朱希祖史学进行专门研究的开始。作者比较概括地介绍了朱希祖的生平,高度评价了《中国史学通论》,认为它是"中国史学史方面最早的讲义,从外在形式上勾勒出了中国史学产生和发展的概貌。虽然还很简略,但筚路蓝缕之功不可没"②。而《朱希祖史学略论》一文,在论述朱希祖的史学成就

---

① 马嘶的《北大"卯字号"名人朱希祖》(《民国春秋》1999 年第 3 期),李培文的《朱希祖与郦亭藏书》(《江苏图书馆学报》2001 年第 5 期),朱元春的《我的祖父朱希祖》(《老照片》第 32 辑,济南:山东画报出版社,2003 年),朱元曙的《国语运动中的朱希祖及章门弟子》(《鲁迅研究月刊》2005 年第 4 期)、《郦亭藏书的艰辛与悲凉——两史学家朱希祖父子及其藏书》(《鲁迅研究月刊》2005 年第 9 期)、《章门"五王"轶事》(《传记文学》2006 年 2 月)、《朱希祖与钱玄同》(《万象》第 8 卷第 1 期,2006 年 4 月)、《朱希祖和他的老师章太炎》(《万象》第 8 卷第 9 期,2006 年 12 月),周文玖的《傅斯年、朱希祖、朱谦之的交往与学术》(《史学史研究》2006 年第 1 期)、《朱希祖文存·前言》(周文玖选编:《朱希祖文存》,上海古籍出版社 2006 年),刘召兴、田嵩燕的《朱希祖与胡适——兼及章门弟子与英美派在北大的历史关系》(《东方论坛》2006 年第 6 期),纪维周的《民国藏书大家朱希祖》(《世纪》2007 年第 4 期)和刘召兴的《朱希祖与"史学二陈"》(《鲁迅研究月刊》2008 年第 6 期)等。
② 周文玖:《朱希祖与中国史学》,《史学史研究》1998 年第 3 期。

时,还强调了其史学思想和治史方法论。

北京大学刘召兴的硕士论文《朱希祖北京时期的学术与思想研究(1913—1932)》对 1913 至 1932 年朱希祖活跃于北京的文化、学术与教育界的基本情况做了认真的梳理,并根据朱希祖这一时期的著述阐发了其学术思想。由于此论文尚未公开,所以,只能从作者发表的《朱希祖与胡适》和《朱希祖与南北"二陈"》等文章中略知一二。但它只是一个对朱希祖学术与思想的阶段性研究,而且仅局限于北京时期,所以,尚有许多问题没有涉及。

有些学者对朱希祖的史学研究成果提出质疑和反驳。如,吕荣芳的《延平王户官杨英〈从征实录〉书名问题》①认为,朱希祖对此书题名,不是根据原抄本书题,而是以杨英从征目睹为标准,改书名为《从征实录》,谢国桢的《晚明史籍考》也沿用此书名。经考证,《从征实录》一书原名应为《先王实录》。

杨彦杰的《郑成功封爵新考》②肯定了朱希祖对郑成功受封官爵问题的考证全面而细致,在史学界产生过较大影响。但又结合一些新史料,提出了自己的观点。如,关于延平王之封,时间在永历十三年六月后;潮王仅是议封,所谓郑成功受封潮王,实际上是不存在的。李步嘉的《论朱希祖的〈臣瓒姓氏考〉》③,对朱希祖所创的"裴瓒"说提出质疑,认为朱氏的考证属于"理校"的方法,既有校得精细之处,但也存在过于牵强之说。

---

①吕荣芳:《延平王户官杨英〈从征实录〉书名问题》,《厦门大学学报》(哲学社会科学版)1979 年第 4 期。

②杨彦杰:《郑成功封爵新考》,《福建论坛》1989 年第 1 期。

③李步嘉:《论朱希祖的〈臣瓒姓氏考〉》,《清华大学学报》(哲学社会科学版)2006 年第 3 期。

另外,从现已搜集到的资料看,海外学者对朱希祖史学的关注和研究也处于严重不足状态。

综上所述,对朱希祖史学的研究有如下特点:

从时间上看,有两个时期比较活跃:一是在 20 世纪 40 年代,一是改革开放以后。第一个阶段,在朱希祖逝世后不久,家人、朋友、同事和弟子们写下许多回忆文章,对其史学研究进行了分类和初步探讨。但在建国之后,史学界对朱希祖的研究却沉寂了,研究论文很少出现。改革开放以后,越来越多的学者关注到朱希祖的史学研究及其影响,他们虽从多角度切入或涉及,但展开详细论述者还是不多。

从内容上看,研究主要集中在以下几个方面:第一,生平及交往;第二,朱希祖在北大史学系的改革及其对史学近代化的贡献;第三,对朱希祖的某一篇文章或某种观点的论证。

从整体上看,学界对朱希祖史学的研究显得比较零散,对其史学论著几乎没有进行深入研究。因此,笔者不揣浅陋,欲以前辈学人的研究为基础,努力搜集有关朱希祖史学的相关资料,尽可能进行系统的研究,为推进朱希祖史学研究尽一份绵薄之力。

三　创新点和难点

(一)创新点:由于学界对朱希祖史学的研究尚未真正展开,对其史学著作进行系统研究的专著还没有出现。绝大多数文章对朱希祖的史学仅仅是提及,没有进行深入探讨。所以,本书拟对朱希祖史学展开比较系统的研究,这本身就是创新和突破。

本书的研究还有以下几个方面的创新:

1.发现、利用新的材料。本人不仅在南开大学图书馆、北京师范大学图书馆、南京图书馆、国家图书馆、北京大学图书馆和朱希祖先生的后人家里找到了许多第一手资料：《重庆日记》（共计二十五本）、《随笔》、《遏先笔记》、《癸丑日记》、《十八年日记》、朱希祖致朱偰、罗香林的书信等手稿，还在《北京大学日刊》、《史地丛刊》等刊物上发现了朱希祖著述总目①之外的文章，以上绝大部分资料是首次在学术研究中得到运用。

　　如，新发现的《文本科史学系三二一学年课程时间表》②，使我们得知朱希祖早在 1919 年就已经给学生开设了"史学史"课程，这比梁启超提出"史学史的做法"③还要早七八年，从而论证出朱希祖对史学史学科的开创之功。

　　2.结合时代背景，突出朱希祖对史学现代化的贡献。朱希祖的学术生涯处在清末民国时期，社会变革和学术的转型给他的史学研究打上了深深的时代烙印。作为当时颇有影响的史学家，他的史学研究对促进史学的独立化和科学化起到了不小的推动作用。研究朱希祖史学与其所处时代的相互关系，探讨他与当时著名学人的学术交往，不仅可以了解朱希祖史学进步与发展的学术环境，而且可以从一个新的视角透视整个民国史学及社会状况。

　　3.对朱希祖的主要史学成就进行分类研究。依据罗香林等人对朱希祖史学著作的分类，加以自己的分析和探讨，将其史学研究的成就分成四个方面：中国史学史、史馆修史、历史文献、方志

---

① 《海盐朱逖先先生著述总目》，周文玖选编：《朱希祖文存》，第 425 页。
② 《文本科史学系三二一学年课程时间表》，《北京大学日刊》1919 年 10 月
　 24 日。
③ 梁启超：《中国历史研究法补编》，《饮冰室合集·专集之九十九》，中华书
　 局 1989 年，第 151 页。

与边疆史地。考诸前贤,采取这种方式的研究尚未有先例。本人认为,只有从朱希祖的史学著作入手,认真梳理他在各个领域的成就,才能使人们了解其地位和影响,才能进一步开展更加全面而系统的研究。所以,这些对史实的发掘整理和分析归纳,必定具有一定的学术价值和理论意义。

4.在全面研究朱希祖史学著述的基础上,以宏观的视角总结了其历史观、史学思想和治史方法。纵向考察其历史观的发展演变:由退化史观到进化史观,接着接受综合史观,后来又向文化形态史观靠拢。发掘其史学思想的深刻内涵:既要建立"科学的史学",又重视史学的社会价值,力图实现"求真"与"致用"的统一。分析其主要的治史方法:实证方法、比较方法、实地考察方法等,这些都是本书开创性的尝试。

(二)难点:首先,朱希祖史学研究的范围特别广泛,纵贯古今,融合中西,深入探讨他的各种著述对我来说,确实是一个极大的挑战。其次,史料零散,不易搜集。由于朱希祖的著述大多发表于解放前,且散见于各报刊;许多未刊手稿在"文革"中惨遭焚毁;部分未刊手稿存于国家图书馆、南京图书馆,有的已经破损,难以寓目;台湾出版的《朱希祖先生文集》在大陆也很难见到,这些都给研究带来很大困难。

尽最大努力搜集资料是关键一步。本人借阅了《北京大学日刊》、《国学季刊》、《新青年》、《尚志》、《清华学报》、《北京大学月刊》、《北京大学社会科学季刊》、《清华周刊》、《益世报·学术周刊》、《大公报·文学副刊》等报刊。通过学生从台湾复印了《朱希祖先生文集》,又从北大复印了《文史大家朱希祖》、《明季史料题跋》和《六朝陵墓调查报告》,购买了《朱希祖文存》,还在国家图书馆和南京图书馆抄录了大量的朱氏未刊手稿,如《逷先笔记》、《随笔》等。尤其值得一提的是,朱希祖先生之孙朱元曙先生将国家图书馆保存的《留学日本日记》(1906年、1908年)整理稿、他自己珍藏的《重庆日记》(1938—1943年)手稿和朱希祖致罗香林、朱偰的书信手稿提供给我,使我得到珍贵的第一手研究资料。我的学生还帮我到国家图书馆、北京师范大学图书馆复印、抄录了《癸丑日记》(1913年)、《十八年日记》(1929年)、有关朱希祖史学研究的文章以及致胡适等人的书信等。

通过这些资料,再参考其他时人的书信、日记、文集等,我们已经可以比较清晰地勾勒出朱希祖生平和学术交游的情况,再深入探讨其史学著述,发掘其史学研究的背景和意图,进而阐明其历史观、史学思想和治史方法。然而,日记之类的资料难免带有一定的主观色彩,所以,在参考运用时,又注意参照其他不同性质、不同来源的史料,以求公正客观地解读朱希祖的史学思想,辩证地评价其立场观点和治史成就。

四　研讨思路

本书的中心问题是对朱希祖的史学进行研究。通过深入探讨其史学著述和史学活动,阐释其历史观、史学思想和治史方法。拟分八章进行论述,研讨思路如下:

第一章"生平与交游"。《孟子》有言:"颂其诗,读其书,不知其人可乎? 是以论其世。"(《孟子·万章下》)为了更准确地把握和理解朱希祖的史学著述,有必要厘清其生活经历和学术交往,结合时代背景,说明清末民初的社会变革和史学转型对其史学研究的影响。本章分为四节,第一节简要介绍其生平;第二节对朱希祖生平中几个相关大事的时间进行考辨;第三、四节则分别考察朱希祖与章太炎、蔡元培的交往,说明这两位伟大人物曾对朱希祖的史学研究产生过重大影响。

从第二章到第五章是针对朱希祖的主要著述和史学活动展开的研究。由于朱希祖的研究领域十分宽广，成果极其丰富，本书参照有关朱希祖著述的各种目录①，重新将其史学成就分为中国史学史研究、史馆修史、历史文献研究、方志和边疆史地研究等几个方面。

第二章"中国史学史研究"，以《中国史学通论》为例，探讨朱希祖对中国史学史学科的开拓性贡献。从《北京大学日刊》登载的一张课程表得知，朱希祖于1919年就开设了"史学史"课程，他的《中国史学通论》是目前所知的最早的史学史讲义。可见，他开创了一门新的历史学分支学科，中国近代之有史学史，实际是从朱希祖开始的。

第三章"史馆修史"。梳理出朱希祖为修撰《清史稿》、审查《清史稿》以及筹设国史馆所做的大量工作。他两次参与史馆修史，都为史书的编纂拟订了体例，并提出了不少可行性建议，在一定程度上起到了发凡起例的作用。

第四章"历史文献研究"，分三节论述。第一节"平生心事南明史"，发掘朱希祖对南明史研究的贡献。南明史是他一生用力最深的研究领域。为求得历史真相，激励民族精神，他一方面将多方搜求的南明史籍详加校勘和考订，撰写出大量的序跋。另一方面，整理、排比南明史料，力图探讨历史发展的因果关系，重建

---

① 朱偰将朱希祖的史学著述分为九类，另有目录学、氏族学和金石学三类（《先君逷先生对于史学之贡献》，《东方杂志》第40卷第16号，1944年）。罗香林则分为十六类（《朱逷先先生著作目录》，《文史杂志》第5卷第11、12期合刊，1945年）。另外，还有傅振伦以及朱元曙整理的目录（分别载于《文史杂志》第5卷第11、12期合刊，1945年；周文玖选编的《朱希祖文存》）。

南明历史。第二节"发掘和整理档案史料"，考察朱希祖为抢救和整理明清档案所做的努力。他与陈垣、沈兼士等人共同制定的档案整理办法，在后来的明清档案整理中被反复应用。抢救和整理档案还为国人"研究中国历史、整理中国史料、确立中国人对中国的解释"①提供了有利条件。第三节《伪齐录校补》和《伪楚录辑补》，论述朱希祖在史籍辑佚、校勘方面取得的重大成就。又据编纂的时代背景，分析其史学研究的现实意义。

第五章"方志和边疆史地研究"，分两节论述。第一节"纂修方志的理论与实践"，从考察朱希祖搜集、保存方志入手，理清他纂修《广东通志》的实践活动及其较为完整的方志学思想，论证他对民国时期方志学研究的突出贡献。第二节"发起和参与边疆史地研究"，分析、考察朱希祖发起和参与边疆史地研究的具体作为，并结合时代背景，归纳其研究特点及意义。

第六章"历史观"。由于清末民国时期，中国社会发生巨大变化，中西史学交融，许多史家受到西学冲击而接受进化史观。朱希祖的历史观也经历了一个发展变化的过程。他曾一再追问历史是什么，但最终没有对历史与史学做出严格的区分。他1916年的文学史讲义，还带有退化史观的痕迹，但到1919年，他的思想发生很大转变，在他的许多文章中，"进化史观"已经非常鲜明。随着西方"新史学"的传入，他又接受"综合史观"，强调"群众心理"推动社会前进。抗战时期，受时局影响，他结合现实，研究战国史，其历史观又与"文化形态史观"接近。

第七章"史学思想"。依据其史学著述，深入发掘其史学思想

①葛兆光:《〈新史学〉之后——1929年的中国历史学界》,《历史研究》2003年第1期。

的内涵。朱希祖主张破坏旧史学，建设"科学的史学"。他注重客观的治史态度、严格的治史规范和求真的治史宗旨，认为只有具备了这些条件，才能建立起"科学的史学"。同时，他又强调史学研究之目的在于"指挥人事"，将史学研究与社会现实结合起来，使史学的价值得以实现。随着中外学术交流的日益频繁，朱希祖又萌生了加强学术合作的思想，这一思想集中体现于他积极筹划建立各种史学团体的实践中，推进了中国史学的独立化和现代化。

第八章"治史方法"。朱希祖一方面继承中国传统史学的考据方法，同时又接受西方实证主义的归纳、演绎等逻辑推理方法，辨别材料的真伪与是非，可谓熔中西史学方法于一炉，在近代新史学发展史上留下了深刻的印记。考察他对各种研究方法的认识和运用，总结其特点并吸取其精华，以促进我们今后的史学研究。

最后部分是结语，对朱希祖的史学特点进行概括，客观评价他对中国史学现代化所做出的贡献，并指出其史学研究中的不足之处。

第一章　生平与交游

朱希祖的学术非常广博,而于史学研究尤为精深。他一生笔耕不辍,著述颇多,留下了丰富的史学思想,因而理应成为史学史研究中的重要人物。然而,由于其著作在中国大陆少有出版,致使广大学人对他的学术贡献知之甚少,因此,有必要进行一番梳理。

古人尝言"知人论事",为了更加深入地理解朱希祖史学著作的内涵,我们还须先考察其生活时代和主要经历。对朱希祖的生平和交游,朱偰、罗香林、傅振伦、朱元曙、周文玖等人已有过不同程度的介绍。下面就依据朱希祖的著述以及民国学人的相关记载,结合以上诸位学者的成果,再行考述,使人们对其史学贡献有进一步的了解,从而对民国新史学形成更全面的认识。

第一节　朱希祖生平

一、家世童年

朱希祖,字逖先,亦作逷先、迪先①,1879 年 2 月 1 日(清光绪

---

① 纪维周:"原名朱同祖,字吉甫,号槃先。"(《民国藏书大家朱希祖》,《世纪》2007 年第 4 期)李培文:"朱希祖,原名朱同祖,字吉甫,号遏先。"(接下页)

五年己卯,正月十一日寅时)①,生于浙江省海盐县上水村的得月楼②。父亲朱永檠是庠生,在当地以教书为业。母亲沈氏。朱希祖是次子。

　　浙江,自南宋开始就成为中国政治、文化中心,明清二代,更是学术荟萃之乡。朱希祖的出生地——浙江海盐,早在秦朝时期就设置了郡县,因"海滨广斥,盐田相望"而得名,素有"桑蚕之府,鱼米之乡"的美誉。地灵人杰,群贤璀璨,远有小说家干宝,诗人顾况,戏曲家杨梓,文学家、藏书家胡震亨;近有出版家张元济,漫画家张乐平,哲学家陈大齐等。可谓名人辈出,源远流长。

（接上页）《朱希祖与郦亭藏书》,《江苏图书馆学报》2001 年第 5 期）蒋大椿、陈启能:"朱希祖,字通先。"（《史学理论大辞典》,第 591 页)此处很可能是笔误。

① 朱偰的《先君遏先先生年谱》云:"民国纪元前三十三年清光绪五年己卯,公年一岁,正月十一日寅时,公生于海盐上水村得月楼本宅。"（张国华主编:《文史大家朱希祖》,学林出版社 2002 年,第 151 页)《中国国民党百年人物全书》中有"朱希祖"条:"朱希祖生于 1879 年 2 月 1 日(光绪五年正月十一)。"（刘国铭主编:《中国国民党百年人物全书》上册,第 626 页)

② 据朱希祖的长女朱偰记载:"得月楼在海盐城西南上水村,南有长桥北有胥桥。其楼七楹,临水,东南向。先王父子庄公因唐诗有'近水楼台先得月'之句,遂以名也。其额篆文为族祖紫仙先生所书。南头第一楹即家君诞生之处,次北第三楹家君读书之处,又北第七楹下为书斋,先王父课徒授业之处也。登楼远望,目极丰山。三春之日,则红英夹岸,绿树参天;九秋之月,则霜林红叶,灿然如锦。春鸟秋虫,鸣声相续,实是胜地。先王父性爱恬静,不慕荣利,家无儋石,陶然自得。喜花木,爱修洁,楼北有园,手自锄理,芳卉嘉树,遍满其中。家君年十四,王父谢世,遂游学于外家,屡迁移。偰生也晚,值时扰攘,仰慕幽栖之乐,弥切登临之思。惜乎斯楼之日渐颓废也。"（《朱偰日记》1917 年 12 月 18 日,朱希祖先生后人整理保存)

　　朱氏是浙西的名门望族,据朱希祖的《海盐尚胥里派朱氏本宗录》记载,朱氏先世系出吴郡,先迁于歙县之黄墩,再迁于安徽婺源。元朝元贞年间,始迁祖勉轩公朱顺任嘉兴路主簿,开始居住在海盐城东,从此,朱氏家族落户海盐。三世祖悦山公朱懋卿,任郴州学正,于元顺帝后至元年间,才开始定居在尚胥里上水村①。在朱氏家族迁至海盐后的五百多年里,诗礼传家,久而不衰,代代都有才子闻人出现。仅明清两朝,朱氏家族就出了十三位进士,其中翰林一人,状元一人。朱希祖的高叔祖虹舫公,嘉庆辛酉进士,翰林院编修。曾叔祖朵山公朱昌颐,道光丙戌进士,殿试第一,授翰林院修撰。族祖朱琰可以称得上是一位历史学家,所著《陶说》六卷,是我国第一部完善的"古陶瓷史"②,记述陶工历史,"最为详备","为工业史之模范"③。族祖朱有虔是章太炎的外祖父,有深厚的学问功底,治学严谨,曾对章氏进行过系统的文字音韵学教育,还以明清遗事激发章太炎的民族意识,使其"排满之思想,遂酝酿于胸中"。

　　曾祖彦山公朱美镠,历官云南蒙化厅经历,浙江泰顺县知事。祖父达庄公朱衢康,候选从九,五品军功,候选县丞。父亲子庄公朱永檠没有担任官职,在本邑作教书先生。朱希祖尝作诗云:"吾家始迁祖,卜葬陈湾山,自元迄今兹,阅世五百年……忆昔族繁衍,子姓累百千,或读而著书,或耕而辟田;或仕而尽瘁,或商而贸迁,各自食其力,家室庆轰阗……吾侪幸努力,各着祖生鞭,勉成

①朱希祖:《海盐尚胥里派朱氏本宗录》(手稿),现存于南京图书馆。
②傅振伦:《整理古籍的点滴体会》,《傅振伦文录类选》,第399页。
③朱希祖:《中国史学通论》,独立出版社1944年,第67页。

栋梁才，摧折愈贞坚……"①由此可见朱氏家族在浙西的发展
状况。

朱希祖六岁（清光绪十年甲申）入家塾，由其父亲自讲授经史
之学。八岁时（清光绪十二年丙戌），父亲赋诗鼓励他努力学习，
因诗中有"早着祖生鞭"一句，赐名希祖，字曰逷先。祖生即"祖
逖"，意思是希望他像祖逖一样，年少时就立下报效祖国的大志，
奋发进取，有所作为。这就是朱希祖名字的来历。由于他聪颖好
学，深得家人器重。先叔祖紫仙公工诗善画，曾特意绘松柏于扇，
并题诗以赠。诗云："努力诗书正少年，愿伊早着祖生鞭。勉为大
器成松柏，期望深心画里传。"②勉励朱希祖刻苦努力，早成大业。
传统的家庭教育，使朱希祖从小就饱读经史，这为他后来的史学
研究奠定了坚实的基础。

二、求学求职

1892 年（清光绪十八年壬辰），父亲突然得病去世，使得这个
本来就不算富裕的家庭陷入困顿。而这对年仅十四岁的朱希祖
来说，更是一个莫大的打击，随父读书的幸福时光就这样过早地
结束了。从此，他担负起家庭的重担，东奔西走，一边拼命学习，
一边挣钱谋生，备尝人间艰辛。直到晚年，他回忆父亲病逝的情
形，还说："是年夏先君得病，至月末竟弃养，以致余不克卒业左
传，抱恨终天，常不忍温读左传。今录襄公十年以前幼时所读，如
旧相识，每联忆旧日家庭状况及乡里故人情好，汉高祖所谓吾魂

---

① 朱希祖：《题双松图》，张国华主编：《文史大家朱希祖》，第 146 页。
② 转引自朱希祖《答旭初和咏松诗并谢赠双松画》的注释。张国华主编：《文
   史大家朱希祖》，第 137 页。

魄犹思故乡，诚至情之语也。"①

甲午战争失败后，西方列强掀起瓜分中国的狂潮，中华民族面临"亡国灭种"的危机。腐败无能的清政府无力应付时局，逐步沦落为列强的傀儡。内忧外患进一步促进了中华民族的觉醒，维新运动、革命运动正风起云涌，作为名门之后的青年知识分子，朱希祖也深受时局影响，开始思考各种社会现象，思想倾向进步。

在爱国主义精神的熏陶下，他加倍努力地读书，力图走科举之路报效国家。1895年，在春游嘉兴落帆亭时，朱希祖作五言绝句，云："击楫快中流，壮心本未已，暂落此间帆，前程犹万里。"②表达了他对未来的无限信心。1896年，朱希祖考中了秀才。1901年，又考中廪生。为维持全家生计，他开始收徒讲学，生活有所好转。

然时局的发展却是出人意料的。在经历了戊戌变法的鼓荡、义和团运动的冲击和八国联军入侵等事件之后，清政府于1901年开始推行新政。其中，派遣留学生的措施，使部分青年学子走进了西洋和东洋的新式学堂，也改变了朱希祖的求学之路。1902年，朱希祖到苏州授徒讲学，母亲去世。为了照顾年幼的弟弟，他遵从当地风俗提早结婚。妻张维，出自海盐名门，是出版家张元济的堂妹。1903年，由于赴杭州参加乡试不第，朱希祖调整了自己的奋斗目标，开始倾向西式学堂，后随包培之先生学习英语。1905年，浙江省官费选派100名留日学生，专攻师范，俗称"百名师范"。二十七岁的朱希祖参加了考试，名列前茅。当年七月，他偕同乡邑人徐冕伯、陈让游赴日本东京，留学日本早稻田大学师

---

① 朱偰：《先君邀先生年谱》，张国华主编：《文史大家朱希祖》，第152页。
② 朱偰：《朱偰日记》，1917年11月6日。

范科。

　　早稻田大学原为东京专门学校,于 1882 年创建,是日本私立综合性高等学校。1902 年 9 月改为大学。该校创始人大隈重信以"学问的独立"、"知识的实际应用"以及"造就模范国民"为办校方针,主张学术自由,提倡独创精神,培养了不少适应社会需要的人才。早稻田大学与中国很早就有文化交流活动,1905 年还专门成立了清国留学生部,其招收中国留学生的规模之大,居日本各大学榜首。

　　朱希祖于 1905 年到该校学习,四年的留学生活使他深深地融入这里的学术氛围。朱希祖一方面惊叹和羡慕日本的先进,另一方面又时常感到"家国之忧,齐煎我心"①。他不断反思中国落后的原因,寻求强国之路,认为"治国先治家,兴家必从女学入手"②,于是,鼓励妻子张维创办海盐历史上第一所女校,"开通风气,振兴人才"。后来,虽家中生活极其困难,但他不顾家人的劝止,依旧支持兴办女学。

　　明治维新以后,日本迅速走上资本主义道路,经济、政治、思想、教育和学术各方面都紧紧追随西方,一度欧化盛行。从 19 世纪 90年代开始,国粹主义兴起,学术上重视民族传统。朱希祖到日本留学时,日本的学风正处在这一转化时期。受其影响,他认识到中西史学要兼容并包,学习西方史学理论和方法决不能丢弃自己的民族传统。后来,他在北大主持史学系时就实践了这一思想,对于引进外国先进知识、沟通中西文化起到不可忽视的作用。可以说,早稻

①朱希祖:《留学日本日记》手稿,1906 年 2 月 15 日。现存于中国国家图书馆。
②朱希祖:《留学日本日记》,1906 年 1 月 6 日。

田的这段经历是他一生治学的转折点，他从一个旧式的秀才、廪生转变成为思想进步、知识全面的留学生——新型的知识分子。留学生涯不仅使他开阔了眼界，了解到当时世界学术的发展状况，而且，结识了一大批文人学者，其学术交游活动也由此开始。

留学日本期间，有两个重要人物对他的学术和人生产生了极大的影响，一是孙中山，一是章太炎。孙中山当时正在东京组织成立同盟会，宣传革命，朱希祖每每前往听讲，感慨万千，他为孙中山的"三民主义"所倾倒，愈加痛恨腐朽没落的清政府，从思想上转化为一个革命者。1908年，他与周树人、钱玄同、许寿裳等人共同参加章太炎的国学讲习会，学习《说文》和音韵，成为最早的"太炎弟子"，由于他学习特别勤奋，做事有条不紊，颇得先生赏识，被封为太炎门下的"太平天国五王之一"[1]。而朱希祖也特别感激老师的青睐。他常与老师一起切磋学问，而谈论最多的还是史学[2]。他平生用心最深的南明史研究，就是在章太炎民族主义的激励下开始的。

1909年，朱希祖从日本归国，与周树人、许寿裳、马裕藻等人一起任教于浙江两级师范学堂。这是一所刚刚建立起来的新校，先是沈钧儒担任学堂监督，后来，换上了素负重名的"理学家"夏震武，此人思想非常顽固（外号"木瓜"），提倡所谓"廉耻教育"，一进校就要求全体教师以下属见上司的礼仪参见，并声称"教员反

---

[1] 章太炎曾用太平天国"五王"之号来封赏他学有所成的弟子："黄侃可比太平天国天王，汪东为东王，钱玄同为南王，朱希祖为西王，吴承仕为北王。"（朱希祖：《重庆日记》手稿，1939年12月7日。现存于朱希祖先生后人处。）

[2] "希祖生平亦最嗜史学，与先师平日谈论亦以史学为多。"（朱希祖：《章太炎先生之史学》，《文史杂志》第5卷11、12期合刊，1945年）

抗则辞教员,学生反抗则黜学生"。朱希祖、周树人等人联合师生发起反封建礼教的斗争,最终,迫使学监夏震武辞职。这就是所谓的"木瓜之役"。之后,朱希祖到嘉兴第二中学任国文教员。

时值辛亥革命前夜,全国各地的民主运动不断高涨,朱希祖也积极参加革命活动。他的学生茅盾在《我走过的道路》中谈到:"国文教师有四:朱希祖、马裕藻、朱蓬仙、朱仲璋。最后这位朱老师是举人,是卢鉴泉表叔的同年,我确知他不是革命党,其他三位都是革命党。但他们教的是古书。朱希祖讲授《周官考工记》和《阮元车制考》,这可说专门到冷僻的程度。"①茅盾把朱希祖和其他几位嘉兴府中学堂的老师作为革命党人。可见,老师们的革命精神在少年茅盾心中留下了深刻的印痕,有着铭心的记忆和影响。

1911年辛亥革命爆发,各省响应。朱希祖也走出书斋,积极投身于光复嘉兴、杭州等地的斗争中。清王朝土崩瓦解后,朱希祖携卷归里,担任海盐县民事长,后为知事(即县长)。他主政时,大力推行民主政策,提倡发展工业,开办新式学堂,积极引导民众剪辫子、放小脚,还在全县开展破除迷信、严禁鸦片等活动。由于他破旧立新的做法卓有成效,所以,深得家乡民众的拥戴,但从政"甚非素愿",半年后,朱希祖就接受浙江省教育厅厅长沈钧儒的聘请,到省教育厅任职。去职离别之时,邑人扶老携幼,遮道请留,可见其惠泽百姓之深。

三、进入北大

早在日本留学时期,朱希祖就曾慨叹"中国无文典教科书"、"无字典"、"无字音教科书"、"又无各种专门学词典",所以,中国

---

①茅盾:《我走过的道路》,人民文学出版社1981年,第82—83页。

人"读书通文"很难,读书人很少,国民素质低下。他认为"苟有人出全力以成此四种书以振兴文学,亦一兴国之大业也"①。于是,设想参酌东西教科书及各种字典、词典来编制中国的工具书,几年之后,他果然获得一个大显身手的机会。

1913年正月,教育部在北京召开国语读音统一会,朱希祖作为浙江省代表出席会议。与会代表提出了多种议案,"卢赣章等建议自定符号,杨曾诰等建议以罗马字为字母,王怡安等建议用汉语偏旁为字母,众说纷纭,久争不决"②。朱希祖则独议,择古文籀径省之形为字母,既采其形,又符合其本音。凡声母二十四,韵母十二,介母三,称注音字母。最后,议长吴稚晖和与会大多数代表认为该方案"贯穿音韵,简易理得",遂决议通过了朱希祖的提议。国语从此有了注音符号,这就是中国第一套汉字注音方案。在1958年《汉语拼音方案》公布之前,它一直被国人使用了40多年,极大地便利了人们学习和掌握汉字,对于汉字正音、传播普及文化知识起到很大作用。朱希祖也因此而名播京师学界,当即被北京大学校长何燮侯和预科学长胡仁源聘为预科教授③。

不久,朱希祖就成为北大的著名教授之一。由于章太炎在政界和学界都颇有威望,作为章氏的得意弟子,他在北大自然也令人刮目相看。沈尹默本来不是章太炎的弟子,但"挂了太炎先生门生的招牌"④进入北大,还倍受重视,由此,朱希祖的地位就可

---

① 朱希祖:《留学日本日记》,1906年1月11日。
② 傅振伦:《朱希祖先生传》,《傅振伦文录类选》,第603页。
③ 朱希祖:《癸丑日记》手稿,1913年4月12日,现存于中国国家图书馆。
④ 沈尹默:《我和北大》,钟叔河、朱纯编:《过去的大学》,长江文艺出版社2005年,第23页。

想而知了。朱希祖和沈尹默还不断引荐其他"章门弟子"进入北大,如沈兼士、黄侃、钱玄同等,他们"兼采旧学与新学,注重考据训诂,以治学严谨见称"①。使这种学风很快成北大文科的主流,取代了崇尚宋儒理学的桐城派。

因反对袁世凯复辟帝制,章太炎被软禁在北京的钱粮胡同。朱希祖与其他"章门弟子"多方奔走,营救保护其师。此时,朱希祖常请教一些中国文学史的相关问题,他编写的《中国文学史讲义》,就是由章太炎指导和审阅的。后来,此书流传很广,颇得好评②。

1914年,欧战爆发,西方列强因忙于战争,暂时放松了对中国的侵略,中国民族资本主义有了较大发展,资产阶级力量也得到了进一步的增强。但辛亥革命后的"民国"依然是帝国主义和封建势力把持的政权,资产阶级为争取自由、民主还在不断地进行斗争。朱希祖的治史活动也能反映出此时新旧之间的矛盾。他被清史馆馆长赵尔巽聘为协修后,积极参与讨论纂修体例,并撰写了《清史宜先修志表而后纪传议》和《清史稿·选举志》的一部分。但因赵尔巽赞成袁世凯密谋帝制,背叛民国,朱希祖羞与为伍,愤而辞职。

1916年底,蔡元培出任北京大学校长,提出"兼容并包,思想自由"的主张,为资产阶级新文化的发展开辟了道路。首倡新文

---

① 郭卫东、牛大勇主编:《北京大学历史学系简史》(初稿),第19页。
② 据金毓黻云:"《小说月报》十五卷一号载有中国文学重要书目一篇,谓文学史之作以朱希祖辑本最简括。"(金毓黻:《静晤室日记》第2册,辽沈书社1993年,第1061页)据吴虞记载,他在1920年进入北京大学讲授文学史时,曾参考朱希祖的《中国文学史讲义》备课。(吴虞:《吴虞日记》上册,四川人民出版社1984年,第517页)

化运动的领袖人物陈独秀也被邀请到北大，担任文科学长，积极宣传民主、科学，倡导文学革命，北京大学成为新文化运动的中心。这一时期，朱希祖的思想发生急遽变化，他不仅婉拒了以保守闻名的《国故月刊》杂志社的邀请①，而且，与陈独秀、胡适等人共同提倡白话文学，在《新青年》等刊物上连续发表文章，支持新文化运动。他的《文学论》、《白话文的价值》、《非"折中派的文学"》和《敬告新的青年》等文章，都表明了他思想观念的变化。他还率先翻译了日本作家厨川白村的《文艺的进化》，认为"吾国文艺若求进化，必先经过自然派的写实主义，注重科学的制作法，方可超到新浪漫派的境界"②。与此同时，朱希祖也改变了对子女的教育方式，不再进行亲自授读，而是把他们送入新式学堂③。

随着新文化运动的发展，西方各种学术思想如潮似水，纷至沓来，在中国的新史坛上自由驰骋。一些西方思想界的领军人物，如杜威、罗素等来华讲学，则进一步扩大了西方学术思想的影响。虽然，朱希祖在这一时期发表的史学类文章相对较少，但从他的政论和文学类文章来看，其思想是紧跟时代发展的。

1919 年 4 月，以胡适为首，包括朱希祖、钱玄同、刘复、周作人、马裕藻在内的六位教授联名提出《请颁行新式标点符号方案》，要求政府颁布通行"，。；：?！——（）《》"等"新式标点符号"，1920 年 2 月，得到批准。我国第一套法定的新式标点符号诞生，促进了汉语文化的发展。

---

① 《朱希祖启示》，《北京大学日刊》1919 年 1 月 29 日。

② 厨川白村著，朱希祖译：《文艺的进化》，《新青年》6 卷 6 号，1919 年 11 月。

③ 朱元春：《朱偰——铁骨丹心昭百世》，海盐县政协文教卫体与文史委员会编：《孤云汗漫》，学林出版社 2007 年，第 129 页。

　　1919年,"五四运动"爆发,北京大学学生游行示威,要求"外争国权,内惩国贼"。朱希祖支持学生运动,积极奔走校务。由于"法科被军警围占,师生多人被拘",他与胡适、陈大齐、钱玄同等人联名发表致全校教职员函,"呼吁召开教职员紧急大会,磋商办法"①。

　　1919年8月,学校实行教育教学改革,史学门改组为史学系,以康宝忠(字心孚)为史学系主任。朱希祖入史学系,开设了中国"史学史"课程,对于史学史学科的建立具有开创性意义。11月,康宝忠去世。经蔡元培校长推荐,朱希祖继任史学系主任。他以欧美新史学思想为指导,主张"以科学方法为治史阶梯,谓历史为社会科学之一,欲治史学,必先通政治、经济、法律社会诸学"②,对史学系课程进行改革,设置了多种必修和选修科目:"(1)史学的基本科学,如社会学、社会心理学、人类学、人种学、政治学……为必修科目也。(2)史学的辅助科学,如目录学、沿革地理、人文地理、地史学、金古学……为选修科。(3)史学史及史学原理等,如历史学、中国史学概论……为必修科。(4)中外通史及断代史,如中国通史、上古史、秦汉史……近世史、美国史,皆为必修科。(5)专门史……皆为选修科。(6)第一、第二外国语都是必修科。"③他在教学中引进西方史学理论与方法,还聘请著名史家来史学系任教,由李大钊讲授"唯物史观研究"、"史学思想史"、"史学要论",又让从美国归来的何炳松讲授"史学原理"、"历史研究

①郭卫东、牛大勇主编:《北京大学历史学系简史》(初稿),第265页。
②罗香林:《朱逷先先生行述》,《文史杂志》第5卷第11、12期合刊,1945年。
③傅振伦:《先师朱逷先先生行谊》,《文史杂志》第5卷第11、12期合刊,1945年。

法"。总之,他的课程改革目的就是"希望我们中国也有史的发展"①。改革措施实施后,国内公私大学历史系纷纷效仿,使中国史学得以跻身于科学之林。朱希祖将历史学与各种社会科学紧密结合的做法,促进了中国史学的独立化和现代化。

1920年底,朱希祖与郑振铎、叶圣陶、沈雁冰等十二人,发起成立了文学研究会。他负责为诗歌组召集诗人,倡导"文学为人生服务"。1922年1月,他又参与组织北京大学研究所国学门,这是近现代史上成立较早的一个专门学术研究机构,蔡元培任委员长,朱希祖与李大钊、胡适、钱玄同等人任委员。

1922年5月,朱希祖不辞辛苦,与蔡元培、沈兼士等人一起为北大争取到历史博物馆残存的内阁大库档案1502麻袋,设立并主持明清档案整理会,拟定整理办法,指导北大史学系学生整理。办法分为三步:首就档案的形式分类,区分年代;次则编号摘由;再次者则研究、考证,并分类统计。已整理就绪者,送入陈列室,供学者研究,并在《北京大学日刊》公布其事由。他们提出的整理档案办法后来被文献馆、史语所整理档案时反复运用,成为整理内阁大库、军机处、内务府、清史馆及刑部等各类档案的基本方法。1922年11月,朱希祖发起成立了北京大学史学会,鼓励学生们开展学术合作,利用课外时间进行"分工的研究"和"自动的研究"②。

1923年夏,应陕西督军刘镇华之请,与陈大齐等人联袂西上,入关中讲学,遍访古迹,摹拓汉唐石刻,购置史料。10月,接受同

①朱希祖:《新史学·序》,《北京大学日刊》1921年10月20日。
②《朱遏先教授在北大史学会成立会的演说》,《北京大学日刊》1922年11月24日。

门许寿裳邀请,兼任北京女子师范大学教授,讲授中国文学史。当时,各派军阀都依靠帝国主义支持,极力扩大自己的地盘,混战不已。南方革命党人势力不断壮大,反帝反封建的革命形势也在向前发展。1924年1月,国民党"一大"召开,国共合作实现,轰轰烈烈的国民大革命开始。受革命形势的影响,10月,冯玉祥将军发动了"北京政变",将溥仪赶出故宫。11月清室善后委员会成立,朱希祖应聘参加了故宫所藏文物的清点工作。

1925年3月,孙中山先生逝世,时局更加动荡。帝国主义列强干涉中国革命,封建势力也不甘心失败。1926年3月,日本军舰炮轰大沽口,八国公使也借口《辛丑条约》威胁中国,北京学生为捍卫国家主权,抗议帝国主义暴行向政府请愿,然而学生们却遭到枪击,这就是"三·一八"惨案。1927年,北洋军阀张作霖自沈阳入京,杀害共产党员李大钊等二十余人,整个北方陷入白色恐怖之中。朱希祖站在反帝反封建的立场上,与敌人进行斗争。在刘哲改组北大时,他愤然辞职,改任清华、辅仁大学教授。他常常慨叹国难如此,于是,刻意搜求南明史籍,撰写了许多题跋,以阐扬民族大义。

1926年,北大国学门考古学会与日本的东亚考古学会组成东方考古学协会,朱希祖与沈兼士等一批热衷于考古的北大学者联名参加,该会计划以联合发掘、举办演讲、互派留学等方式,共同推进东方考古事业。然而,实际上东方考古学协会只是象征性地进行了几次合作考古发掘和调查。由于双方实际利益和态度的差异,再加上中日关系经历的重大风波(尤其是1928年5月3日日本制造的"济南惨案"),使合作形势急转直下。1929年10月,作为协会委员的朱希祖,取消了本来预定发表的演讲。他不但没有做报告,反而向北大考古学会和东方考古学协会提出辞呈,表达了参与其中的中国学者对日方诚意的怀疑和对日方所作所为的强烈不满①。

1928年10月,朱希祖被聘为天津《益世报·学术周刊》的主编,又参加了由张继发起的满蒙新藏研究会,还被推举为故宫博物院审查《清史稿》的主任。年底,发起组织中国史学会。1929年1月13日,中国史学会正式成立,朱希祖当选为主席,这是中国最早的全国性的历史学会。它的成立,标志着史学在学科体制上实现了真正的独立②。2月,应北京大学院院长陈大齐邀请,朱希祖重返北大,仍为史学系主任。

朱希祖反思了前一阶段在史学系推行的课程改革,在继续推进改革的同时,注意到一些措施的可行性,使得课程设置趋向完善和合理。然由于派系矛盾和实际教学中的许多困难,朱希祖被迫引咎辞职。从此,章门弟子在北大终成式微之势,章门弟子以及与章门关系密切的教师,先后离开北大。以蒋梦麟、胡适和傅斯年为代表的英美派在北大掌握了权势。

四、南下广州

1931年初,朱希祖辞任北京大学史学系教授和主任,随即入中央研究院任研究员,着力于明清史研究。9月18日,日本军人发动震惊中外的沈阳事变,不到半年,东北沦陷。日本帝国主义

---

① 《东方考古学协会委员朱希祖先生辞职书》:"本会自成立以来,进行重大事务,如发掘貔子窝牧羊城古物事件,均未经本会公开讨论,正式通过,致有种种遗憾。委员仅属空名,协会等于虚设。希祖忝为委员之一,对于上列重要事件,其原委皆不预闻,谨辞去委员,以明责任。"(《北京大学日刊》1929年10月21日)

② 卢毅:《章门弟子与中国近代史学转型》,《史学月刊》2006年第10期。

的侵略激起了全国人民的义愤,抗日呼声响彻大江南北。朱希祖
深痛国难严重,更加重视研究南明史乘,以发扬民族精神。

1932 年 9 月,接受国立中山大学校长邹鲁电聘,朱希祖南
下广州,任中山大学教授兼文史研究所所长。他认为广州是"南
明诸王兴兵抗满之地",适于实地考察南明史迹,而且,中山大学
是孙中山先生所创,"关系中国学术前途至钜",所以,非常愿意
前往。途中,他造访了朱明旧院遗址,并赋诗抒发自己的感慨:
"长板桥头留古迹,秦淮河畔吊残基。风流已逝桃花扇,仇衅犹
寻燕子词。旧院荒凉悲夜月,新歌宛转似明时。南朝多少兴亡
恨,莫作渔樵闲话提。"①到达广州后,朱希祖受到优厚的礼遇,邹校
长为他安排了最好的住房,"房舍精洁,花木秀美"。他感到南方的
一切都是新奇的,"所见多与中部北部异,俨如新辟天地,饶有趣
味"②。

在中山大学史学系,朱希祖讲授中国史学概论、《史通》研究、
元明史三门课程。据他的弟子回忆,选他的课的学生很多,"上课
时常极拥挤",尽管他"说话带着颇重的浙江土音",但这丝毫"没
有减低同学们听讲的兴趣"③。朱希祖还建议招收研究生,并由
学校给研究生发放与助教同样的生活补贴,这些意见很快变为
"开风气之先"的举措,使中山大学拥有了足够的研究人员,壮大
了文史学研究所的学术力量。

----

① 朱希祖:《长板桥寻明旧院故址》,张国华主编:《文史大家朱希祖》,第
　101 页。
② 朱希祖:《致陈垣信》,1932 年 10 月 22 日。陈智超编注:《陈垣来往书信
　集》,上海古籍出版社 1990 年,第 332 页。
③ 王兴瑞:《朱先生与国立中山大学》,《文史杂志》第 5 卷第 11、12 期合刊,
　1945 年。

在繁重的工作之余,他四处探访历史遗迹。如,搜寻南明绍武君臣冢,登临观音山镇海楼,拜谒中山纪念堂等。1933年5月,朱希祖与校长邹海滨、同事吴康、萧冠英等人再次谒绍武君臣冢,他倡议修筑围墙,重葺墓门,以存一代君臣遗迹。又作《恭谒南明绍武君臣冢记》,详细记录了他们对该墓地文物的考察情况。

朱希祖对方志学颇有研究。早在1923年,就开始大规模地搜购地方志。1928年,他为傅振伦主编的《新河县志》作序,阐发自己的方志学思想。在中山大学时,他又欣然接受邹校长聘请,参与纂修《广东通志》,他与馆员们一起商讨体例和具体写法,撰写出《广东通志略例》、《广东通志总目》、《广东通志说明书》和《明广东东林党列传》等,在实际上起了发凡起例的作用。《广东通志》虽然最终没有编成,但留下了大量珍贵史料。在中山大学一年多的时间里,他还设立了方志学课程,倡导地方志研究。

在广州,他的南明史研究取得重大进展,一方面得到了许多长期搜寻不到的史料,成为中国收藏南明史料最丰富的学者。另一方面,他又将史料进行了初步整理和研究,写出许多题跋和有关南明史的论文,主要有《南明之国本与政权》、《南明广州殉国诸王考》、《屈大均传》等数十篇,成为我国研究南明史的权威。

五、北上南京

1934年1月,朱希祖接受校长罗家伦的聘请,出任中央大学史学系主任。之所以北上南京,也是出于多方面的考虑。首先,中央大学坐落在钟灵毓秀、虎踞龙盘的六朝古都南京,是东南文化荟萃之地;其次,长子朱偰也在中央大学经济系任教授、系主任;再次,此时的中央大学可谓是名流云集,群贤毕至。章门弟子汪东任文学院的院长,原在北京大学受到排挤的一些学者,如黄侃、吴梅等纷纷来此任教。

3月,朱希祖开始在中央大学授课。接着,他收到北京大学蒋梦麟的聘书,担任北大名誉教授。同时,又被国民政府行政院聘为古物保管委员会专门委员。在古物保管委员会,他制定了古物之范围与古物之种类,使保管会之工作得以开展,为后来的考古者调查古物订立了标准。教学之余,他与朱偰对南京近郊的古迹进行实地考古调查,发现六朝陵墓十三处,为之测量摄影,钩稽考证,写出《六朝陵墓调查报告》等专著,为研究南京历史文化奠定了基础。

这一时期,朱希祖将研究视线集中到赵明诚的金石学和宋代史学,撰写了赵明诚《诸道石刻录序》和《赵明诚年谱》;又编纂出《伪齐录校补》四卷和《伪楚录辑补》六卷,揭露日本帝国主义"以华制华"的侵华政策,使出卖民族利益的汉奸败类得到世人鞭挞,以史为鉴。

1935年,日本发动"华北事变",妄图驻兵京汉,进而吞并中华。时局岌岌,谣言四起,而国际局势也益趋紧张,意大利正在谋求侵占埃塞俄比亚,朱希祖常为国事忧心忡忡,夜不能寐。他开始觅地藏书,准备避难,先将善本书装箱,以防万一。年底,研究汤球的《十六国春秋辑补》,作《十六国春秋分卷考》等。他在日记中写道:"时国难日深,瞻望北方,骎骎将沦异域,故阅此书,聊以消忧,而不谓忧之更殷焉。"①1936年2月,他接受章太炎之邀请,到苏州章氏国学讲习会讲学,每月一次,直到抗日战争爆发。

日本发生"二·二六"兵变后,少壮派军人掌权,东亚局势更加危险。因陈寅恪发表文章,认为李唐先世系鲜卑人,于是,日本

---

① 朱希祖1935年12月31日日记。转引自朱偰《先君逷先先生年谱》,张国华主编:《文史大家朱希祖》,第180页。

金井之忠也发表《李唐源流出于夷狄考》，欲以曲解历史，摧毁我民族精神。某些学者察觉不到日本意图，盲从附会，将明成祖、李白、唐太宗等人都说成是"非中国人"。朱希祖目睹时弊，撰写《驳李唐为胡姓说》和《明成祖生母记疑辨》进行回击，旁征博引，论证出史实真相。1936 年 5 月，与朱偰合作谱写了《万里长城歌》，"以振起固有民族精神"①。6 月，章太炎逝世，朱希祖闻耗大恸，驰往襄理丧事，并撰挽联云："一代通儒尊绛帐，千秋大业比青田。"赞颂章太炎为教育和革命事业做出的巨大贡献。作《章太炎先生之史学》以示纪念。

这一时期，朱希祖的史学研究成果丰富，在南明史研究之余又开始了对宋史和六朝史的关注，撰写出颇有影响力的传世之作，拓展了其史学研究领域，深化了史学思想。

六、西迁重庆

1937 年 6 月，朱希祖自己安排了暑期生活："一拟读《史记》、《汉书》，学其文章史法，并作札记，一记心得；一拟阅南明史，先融其全局史事，以备撰南明史，亦作笔记以记心得。"②然而，天不遂人愿，7 月 7 日，卢沟桥事变爆发，全国抗战开始。中央大学奉命西迁，本来拟定的计划被无限期地搁置起来。北平、天津相继失守，上海、南京危在旦夕，朱希祖为故都文献忧心如焚。他当时收藏的仅南明史籍就已多达 700 余种，居"全国公私第一"。搬迁藏

①朱希祖、朱偰：《万里长城歌·序》，张国华主编：《文史大家朱希祖》，第 114 页。

②朱偰：《先君逷先先生年谱》，张国华主编：《文史大家朱希祖》，第 187—188 页。

书耗费了他大量的心血,其中辛苦难以想象。

朱希祖是一位藏书家,藏书最多时达 25 万册,曾得到十分罕见的明代影抄本《水经注》,因此,章太炎为其书房题名曰"郦亭书室"。他还广搜博访海盐乡贤遗著,如海内孤本清康熙《海盐县志》。作为一个教授,朱希祖的生活并不富裕,但为买书他甘愿着俭朴的生活,每去书店,一旦发现善本书就喜不自胜,购买、研读并作题跋,撰成《明季史籍题跋》六卷和《郦亭藏书题跋记》四卷。从他的日记和题跋看,其历史研究在很大程度上是以自己的藏书为依托的。他注重书籍"内容的考订论证,本旨要义的发明阐述",与王国维、胡玉缙等近代学者一样属于"读书的藏书家"①。

周作人曾谈起朱希祖购买书籍的特长:"在旧书业的人们中间,提起'朱胡子'来,几乎无人不知,而且有点敬远的神气。因为朱君多收藏古书,对于此道很是精明,听见人说珍本旧抄,便揎袖攘臂,连说'吾要',连书业专门的人也有时弄不过他。"②朱希祖对自己的藏书早有设想,他说:"藏书之人能自籀读以终其身可矣。子孙能继起则遗子孙,否则,可送存图书馆,犹得贻令名于不朽也。"③抗战时期又曾想建立一个"郦亭图书馆",仿天一阁制,以垂久远。然而,由于日本侵华,朱希祖"九徙流离",致使其各种设想皆付诸东流。不仅图书馆没有建成,其史学研究也"未竟所志"。

1937 年 11 月,朱希祖随校到了四川重庆。国难深重,骨肉离散,令他痛苦不已,却不能使他放松研究工作。由于南明史资料不在身边,他只好开创新的研究课题。1938 年,他读《华阳国志》,

---

① 苏精:《近代藏书三十家》,台北传记文学出版社 1983 年,第 161 页。
② 周作人:《知堂回想录》,河北教育出版社 2002 年,第 562 页。
③ 朱希祖:《癸丑日记》,1913 年 2 月 5 日。

考证古代巴蜀二国之地理,写《华阳国志蜀建国始末》。又作《国语姓氏录》和《左传姓氏录》,颇有志于姓氏研究。还搜集宋代铁钱史料,撰写《两宋盛行铁钱之因果》。9月,开始研究黑格尔的《历史哲学》,同时阅读了大量哲学和心理学书籍,反省自己以往的史学研究,撰写《攻恶集》,意欲弃绝考据之学,重治有系统之知识。由此,他的历史观、史学思想又发生一次重大转变。

这一时期,他的研究偏重先秦史和民族史。他认为"今日世界为一新战国,颇可鉴古以治今;二因中国学术思想亦以此代为最发达,整理战国史,其价值等于欧洲史之希腊史,秦史则等于罗马史,此二史若成,则在中国史界可推为最大之伟业。"①所以,他把精力转向了战国史研究,撰有《汲冢书考》五卷、《战国史年表》八卷。他还对过分疑古的治史态度进行了批评,主张治史"须为客观判断,不宜偏任主观,凭空臆说"②。

抗日战争爆发后,朱希祖尝论"藉历史以说明国家之绵延,鼓励民族之复兴",倡议政府建立档案总库以保存史料,开馆纂修国史。1939年,他代张继起草了"建立总档案库筹设国史馆议案",1940年2月,议案通过。朱希祖被任命为国史馆筹备委员会总干事,负责实际筹备工作。他为国史馆筹委会制定了各种规章制度,又为国史拟定了体例和撰写细则,在组织管理和纂修国史方面都称职地履行了总干事的职责。1943年3月,中国史学会在重庆成立,朱希祖当选为史学会理事及常务委员。

朱希祖治学广泛,精于史学,旁及金石、文字、目录、考古诸

①朱偰:《先君逖先先生年谱》,张国华主编:《文史大家朱希祖》,第193页。
②朱偰:《先君逖先先生对于史学之贡献》,《东方杂志》第40卷第16号,1944年。

学,晚年喜与友人赋诗答和,"颇得魏武遗音","前辈诸先生,以达夫(高适,引者注)相许"。由于工作繁忙,加上身体多病,他不得不辞去中央大学史学系主任之职,后又辞去史馆职务,专任考试院务。他的史学研究昼夜无间,致使积劳成疾。1944 年 7 月 5日,因患严重哮喘并发肺气肿在重庆逝世,年仅 66 岁。国民政府发布褒扬令,为他举行公祭。亲朋好友、政府官员和许多学界名流都参加了悼念活动,这在战时的重庆,可谓是极一时之哀荣。朱希祖一直坚信中国人民的抗战必定会取得胜利,然"二京未收,国仇未报,一代史家,遽尔长逝"①,令人甚感痛惜!

朱希祖的子女中,长子朱偰是留学德国柏林大学的经济学博士,回国后曾任中央大校经济学系系主任,于史学方面亦颇有成就。女儿朱倓毕业于北京大学,著有《明季社党研究》(商务印书馆,1945 年),女婿罗香林"以史学教授传其业"②。朱希祖教育、引导子女各有所成,正如他的朋友沈士远所言:"大师有子,能以史世其家。"③

第二节　朱希祖生平事略考

由于史学界对朱希祖的研究还比较薄弱,其生平事迹尚不为大多数人所知晓,而各种辞典和研究论文对他的介绍却出现了许多分歧,有必要进行详尽的考证,以证舛误。下面仅就他生平中

---

① 朱偰:《先君遏先先生对于史学之贡献》,《东方杂志》第 40 卷第 16 号,1944 年。
② 王宇高、王宇正:《朱希祖传》,《国史馆馆刊》1 卷 2 号,1948 年。
③ 这是沈士远为朱希祖敬献的挽联,张国华主编:《文史大家朱希祖》,第 332 页。

几个相关大事的时间加以考辨,尽可能还历史以真实,为广大同仁进一步开展系统研究提供参考。

一、生年与留学时间

关于朱希祖的生年,有两种说法:陈平原持 1878 年说;朱偰、朱元曙、王健飞、刘国铭、傅振伦等人持 1879 年说。周文玖则两种说法都有

陈平原认为:"朱希祖(1878—1944),字逷先,一作逖先。"①而朱希祖的孙子朱元曙在《朱希祖传略》中称:"朱希祖(1879—1944),现代历史学家。"②王健飞介绍朱希祖说:"朱希祖(1879—1944),字逷先,生于海盐尚胥里上水村,系清道光年间状元朱昌颐族孙。"③《中国国民党百年人物全书》有"朱希祖"条:"朱希祖生于 1879 年 2 月 1 日(光绪五年正月十一)。"④周文玖在《朱希祖与中国史学》、《朱希祖史学略论》和《傅斯年、朱希祖、朱谦之的交往与学术》等一系列文章中提到朱希祖的生年时,都认为是 1879 年,例如,在《傅斯年、朱希祖、朱谦之的交往与学术》中,他说:"朱希祖是傅斯年、朱谦之的老师辈的史家。朱希祖(1879—1944),字逖先,浙江海盐人。"⑤但在 2002 年发表的文章中却写到:"朱希祖(1878—1944),字逖先,浙江海盐人。"⑥笔者猜想周文玖应该持 1879 年说,此处的

①陈平原:《早期北大文学史讲义三种》,《博览群书》2005 年第 10 期。

②朱元曙:《朱希祖传略》,张国华主编:《文史大家朱希祖》,第 255 页。

③王健飞:《文史大家朱希祖》,张国华主编:《文史大家朱希祖》,第 261 页。

④刘国铭主编:《中国国民党百年人物全书》上册,第 626 页。

⑤以上三篇分别刊登在《史学史研究》1998 年第 3 期、2004 年第 4 期、2006 年第 1 期。

⑥周文玖:《朱希祖与中国史学》,张国华主编:《文史大家朱希祖》,第 221 页。

1878 年很可能是某个环节疏忽造成的。

　　笔者支持 1879 年一说，论据有二：第一，朱希祖的儿子朱偰在《先君逖先先生年谱》（以下称《年谱》）中写道："民国纪元前三十三年清光绪五年己卯，公年一岁，正月十一日寅时，公生于海盐上水村得月楼本宅。"①第二，周作人在《知堂回想录》里专门写了"卯字号"名人，其中第一篇就是写朱希祖的。他说："卯字号的最有名的逸事，便是这里所谓两个老兔子和三个小兔子的事……陈独秀与朱希祖是己卯（1879）年生的，又有三人则是辛卯（1891）年生，那是胡适之、刘半农和刘文典。"②由此，可以确定朱希祖的生年应该是 1879 年。

　　关于朱希祖到日本留学的时间，也有两种说法：采用 1906 年说的有罗香林、周棉③和姚锡佩等；持 1905 年一说的包括朱偰、李培文、王桂云等。朱元曙和周文玖对这两种说法都采用过。

　　朱希祖的女婿罗香林说，朱希祖"光绪三十二（1906）年，考取官费，赴日留学，肄业东京早稻田大学，专治历史"④。姚锡佩采纳了 1906 年说："朱希祖（逖先）……他在一九〇六年秋官费东渡日本，留学东京早稻田大学，研究史学；是年，鲁迅正弃医从文，离仙台去东京进行文学活动；恰逢章太炎也从上海西牢刑满出狱，孙中山派人接他到日本东京，主同盟会《民报》笔政。"⑤

　　而朱偰在《年谱》的民国纪元前七年（清光绪三十一年乙巳）条里称："春，公拟出洋留学，在邑补习英文。夏应考浙江省官费

---

①朱偰：《先君逖先先生年谱》，张国华主编：《文史大家朱希祖》，第 151 页。
②周作人：《知堂回想录》，第 403 页。
③周棉主编：《中国留学生大辞典》，第 477 页。
④罗香林：《朱逖先先生行述》，《文史杂志》第 5 卷第 11、12 期合刊，1945 年。
⑤姚锡佩：《朱希祖生平考略》，《鲁迅研究月刊》1986 年第 5 期。

留日考试，名列前茅……乃于是年七月……赴日本东京，留学早稻田大学，研究历史。"①郭卫东、牛大勇主编的《北京大学历史学系简史》介绍说："朱希祖（1879—1944），字逖先，浙江海盐人。1905年留学日本早稻田大学，学习史学，并受业于章太炎。"②李培文认为："1905年，朱希祖二十六岁时考取官费留学名额，赴日本东京早稻田大学学习史地。"③

朱元曙说，朱希祖"1906年考取了官费日本留学生，就读于日本早稻田大学师范科"④。但在后来的文章中他改变了前边的说法，认为："先祖父希祖先生于一九〇五年考取官费留学日本，在早稻田大学师范科研习历史。"⑤周文玖在1998年和2002年发表的《朱希祖与中国史学》中认为"朱希祖师承章太炎。光绪三十二年（1906年），他考取官费生赴日留学"，在2006年3月版的《史学史导论》中则说："朱希祖……光绪三十一年（1905），他考取官费生赴日本留学。"⑥看来，随着研究的深入，朱元曙和周文玖都确定了1905年一说。

朱希祖在1906年1月的《留学日本日记》载："此时留学日本早稻田大学师范科已四阅月。"⑦可见，他是于1905年秋开始留学日本的。由此，可以确定1905年说。然而，1936年4月28日，朱希祖回忆说："希祖于丙午（1906年，引者注）秋至日本留学早稻田大

①朱偰：《先君逖先先生年谱》，张国华主编：《文史大家朱希祖》，第153页。
②郭卫东、牛大勇主编：《北京大学历史学系简史》（初稿），第442页。
③李培文：《朱希祖与郦亭藏书》，《江苏图书馆学报》2001年第5期。
④朱元曙：《朱希祖传略》，张国华主编：《文史大家朱希祖》，第255页。
⑤朱元曙：《朱希祖与他的老师章太炎》，《万象》第8卷第9期，2006年12月。
⑥周文玖：《史学史导论》，学苑出版社2006年，第146页。
⑦朱希祖：《留学日本日记》，1906年1月1日。

学。"①显然,回忆是不准确的,应以他当年的日记为准。而且,我们还可以由此推断出两种说法势均力敌的缘由。

二、任职北大的时间

关于朱希祖任职北大的时间,朱偰和罗香林一致认为是1913年。朱偰的介绍比较简略:"民国二年癸丑,公年三十五岁。一月,公赴北京出席国语读音统一会。时胡仁源为北京大学预科学长,公因沈尹默先生介绍,受北京大学之聘,为预科教授。"②罗香林还详细叙述了读音统一会的过程。

而钟桂松却说朱希祖是在1923年成为北大教授的。他说:"1913年2月朱希祖离家北上,任北京清史馆编修,开始了历史研究道路。1921年,朱希祖又和茅盾、周作人、郑振铎等12人共同发起成立'文学研究会',积极支持和参与中国的新文学运动。1923年任北京大学史学教授,同时在女师大兼课。"③我猜想,他的这一说法可能来自《鲁迅全集》中第十五卷第381页的"朱逖先"注,注云:朱逖先在"一九一三年二月至北京任清史馆编修,一九二一年往杭州任浙江省教育司第三科科长,一九二三年回京任北京大学史学教授,又在女师大任职"④。

朱希祖于1913年任职北大,最有力的佐证就是朱希祖的《癸丑日记》。作为浙江省派出的代表,朱希祖于1913年2月15日至

---

① 朱希祖:《本师太炎先生口授少年事迹笔记》,《制言》半月刊第25期,1936年。
② 朱偰:《先君遏先先生年谱》,张国华主编:《文史大家朱希祖》,第154页。
③ 钟桂松:《茅盾中学时代的几位老师》,《山东师范大学学报》(社会科学版) 1991年第4期。
④ 《鲁迅全集》第15册,人民文学出版社1981年,第381页。

5月22日参加了读音统一会。他在日记中写道:"傍晚,北京大学校长何燮侯君来寓因请余为教员也。"①《北京大学历史学系简史》中1913年的大事记里记载:"本年沈尹默入北京大学,在预科教中国历史。朱希祖、马裕藻、沈兼士也相继进入北大任教。"②

　　关于朱希祖就任北大史学系主任的时间,有1918年、1919年、1920年三种说法。周文玖都采用过,其一,"朱希祖是北京大学1918年成立史学系后的首届系主任,在任期间,自觉推进史学的'科学化'"③。其二,"1919年,北大成立史学系,他(朱希祖)任史学系的系主任。这是国内大学最早成立的史学系……标志着历史学科的独立"④。其三,在《朱希祖与中国史学》中,周文玖对自己以往的1918年说和1919年说作了修正:"1920年夏,康宝忠逝世,蔡元培校长推举朱希祖担任史学系主任。"⑤在2006年版的《朱希祖文存·前言》中,他再次写道:"1920年夏,北大史学系系主任康宝忠去世。经蔡元培校长推荐,朱希祖继任史学系系主任。"⑥笔者猜想周文玖的1920年说可能来自朱希祖的一段话:"至民国九年,康先生逝世,蔡孑民校长力举希祖为史学系主任,希祖虽尝留学日本,专习史学,然所得甚浅,万不足以当此任,然斯时留学欧美专习史学者,尚无其人,不得已滥竽充数。"⑦

---

① 朱希祖:《癸丑日记》,1913年4月12日。
② 郭卫东、牛大勇主编:《北京大学历史学系简史》(初稿),第258页。
③ 周文玖:《论中国史学史学科的产生》,《史学月刊》2002年第8期。
④ 周文玖:《朱希祖史学略论》,《史学史研究》2004年第4期。
⑤ 周文玖:《史学史导论》,第150页。
⑥ 周文玖:《朱希祖文存·前言》,周文玖选编:《朱希祖文存》,第3页。
⑦ 朱希祖:《北京大学史学系过去之略史与将来之希望》,《国立北京大学卅一周年纪念刊》,1929年。

持 1919 年说的有朱偰、张越、尚小明和卢毅等,但具体说法
颇有差异。朱偰在《年谱》的民国六年条里写道:"九月,北京大学
文科增设史学门,以公为主任。"又在民国八年条中提到:"四月北
京大学评议决定取消各科制度改为分系制度,共分为十八系,公
仍任史学系主任。"①张越也提到:"1917 年初,蔡元培出任北京大
学校长后,即着手对北大学制进行改革。1919 年,废去文、理、法
科之名,改门为系,建立了史学等 14 个系,朱希祖任史学系主
任。"②尚小明认为:"在蔡元培的举荐下,他(朱希祖,引者注)于
1919 年 12 月继康宝忠之后当选为史学系第二任系主任。"③卢毅
指出:"1919 年 6 月章门弟子康心孚被推选为史学门首任主任,在
任内他废门改系,将史学门改为更具近代学科意义的史学系。同
年 11 月,康心孚病逝,朱希祖接任史学系主任。此后,历任该职
十余年之久。"④依据《北京大学日刊》等相关资料可以得知,尚小
明和卢毅的说法是符合史实的。

朱希祖不曾担任史学门主任,康心孚于 1919 年 6 月被推选为史
学门首任主任⑤,废门改系后康氏依旧为主任。《北京大学日刊》第
508 号上有《教务长布告》可以证明朱希祖任史学系主任的时间,该布
告公布了史学系推选主任的结果:"朱遏先先生得三票……当选为史
学系主任。"⑥在《北京大学历史学系简史》中有"1919—1937 年国立北
京大学史学系历任系主任表",朱希祖的到职时间为 1919 年 12 月。

---

①朱偰:《先君遏先先生年谱》,张国华主编:《文史大家朱希祖》,第 156 页。
②张越:《五四时期:现代史学的初步建立》,《东岳论丛》1999 年第 3 期。
③尚小明:《抗战前北大史学系的课程变革》,《近代史研究》2006 年第 1 期。
④卢毅:《章门弟子与中国近代史学转型》,《史学月刊》2006 年第 10 期。
⑤《史学门教授会启事》,《北京大学日刊》1919 年 6 月 11 日。
⑥《教务长布告》,《北京大学日刊》1919 年 12 月 10 日。

三、两次离开北大的时间

朱希祖曾两次离开北大，时间说法都有分歧。第一次离开北大的时间，持 1927 年说的有朱偰、朱元曙和尚小明；持 1926 年说的有罗香林、王桂云、姚锡佩、王宇高和王宇正等。

朱偰在《年谱》的民国十六年条里写到："八月，张作霖命刘哲为伪京师大学校长，改组北京大学，所聘多庸流，公义无反顾，且羞与为伍，遂改任清华大学教授。"[1]罗香林则说："十五年夏，张作霖自沈阳入京，自署大元帅，命刘哲总教育，改组北京大学，所为多不类，先生却不与见，改就国立清华大学教授，兼辅仁大学教授。"[2]姚锡佩赞同 1926 年说，认为"朱希祖在北大任教前后约有十八年，其间曾一度离校。那是在一九二六年夏，奉系军阀张作霖入关，在北京就任海军大元帅，组成奉系控制的潘复内阁，刘哲为教育部长，秉旨取消北京大学，将北京的国立九所高等学校合并成立所谓的'京师大学校'，由刘哲兼任校长"，"对这种封建专制、复辟倒退的行径，朱希祖义愤填膺，羞与为伍，遂辞职改就清华大学"[3]。

虽然各家在朱希祖何时离开北大问题上有分歧，但所述背景或原因却是一致的。奉系军阀入京、撤销北大、合并北京国立九校为"京师大学校"等一系列史实都发生在 1927 年夏；在北大校史中查看历任校长，刘哲 1927.8—1928.6 在任。朱希祖是在上述背景下去职的，当然是在 1927 年夏。《北京大学历史学系简史》

---

[1] 朱偰：《先君逖先先生年谱》，张国华主编《文史大家朱希祖》，第 158 页。
[2] 罗香林：《朱逖先先生行述》，《文史杂志》第 5 卷第 11、12 期合刊，1945 年。
[3] 姚锡佩：《朱希祖生平考略》，《鲁迅研究月刊》1986 年第 5 期。

中的 1919—1937 年国立北京大学史学系历任系主任表,朱希祖的离职时间为 1927 年 8 月。

关于第二次离开北大,有 1930 年、1931 年和 1932 年三种说法。

王宇高、王宇正认为:"十七年(1928 年),奉化蒋公北伐成,北京更号北平。希祖返北平大学,专力主持史学系,又设中国史学会,聚群彦讲焉。十九年(1930 年),入中央研究院。"①罗香林、姚锡佩等也持 1930 年说。桑兵比较详细地谈到朱希祖的辞职事件:"1930 年底,北大史学系学生散发《全体学生驱逐主任朱希祖宣言》,列举罪状三大纲十四条,并致函朱希祖,迫其辞职。朱一面撰文辩驳,一面提出辞呈,虽经陈百年慰留,去意已决。"②刘浦江说:"1930 年,北大史学系主任朱希祖因采用一中学教师编写的中国近代史教材作为自己的讲义,受到学生攻击,因而去职,遂由傅斯年代理系主任。"③而同样持 1930 年说的李培文则指出:"1930 年留美派垄断北大,朱希祖辞职入中央研究院历史语言研究所任研究员。"④

对于朱希祖第二次离开北大,朱偰似乎很不愿提及,在民国二十年(1931 年)条的最后仅提了一句:"公辞北京大学史学系主任,改就中央研究院研究员之职。"⑤周文玖持 1931 年说,他所说的时间比较具体:"朱希祖……除 1927 年 8 月至 1929 年 2 月,因不满于奉系军阀改组北京大学而改就清华大学教授外,他在这个职位

---

①王宇高、王宇正:《朱希祖传》,《国史馆馆刊》1 卷 2 号,1948 年。
②桑兵:《近代中国学术的地缘与流派》,《历史研究》1999 年第 3 期。
③刘浦江:《邓广铭与二十世纪的宋代史学》,《历史研究》1999 年第 5 期。
④李培文:《朱希祖与郦亭藏书》,《江苏图书馆学报》2001 年第 5 期。
⑤朱偰:《先君遏先先生年谱》,张国华主编:《文史大家朱希祖》,第 163 页。

上一直到 1931 年。1931 年初辞职,任中央研究院研究员。"①陈平原则采用 1932 年说,他认为,朱希祖"1913 年受聘于北京大学先后担任过预科教授、文科教授、国文研究所主任、中国文学系主任、史学系主任,直到 1932 年方才离开"②。

1930 年和 1931 年说可能分别依据的是朱希祖辞职时间和校方批准的时间。1930 年 12 月 8 日,朱希祖一方面向代理校长陈大齐提出辞职,一方面写了《辩驳〈北京大学史学系全体学生驱逐主任朱希祖宣言〉》,辞呈和辩驳词都发表在次日的《北京大学日刊》上③。12 日,朱希祖第二次致书陈大齐,坚请辞职④。1931 年 1 月,校方同意朱希祖辞去史学系主任职务⑤。笔者以为,朱希祖第二次离开北大应以校方批准其辞职的时间为准,为 1931 年 1 月。1932 年说不确。

通过考证和研究,我们大致可以把朱希祖生平中的几件大事概括如下:

(1)朱希祖生于 1879 年,字逷先,也作逖先,浙江海盐人。

(2)1905 年考取官费,赴日本东京早稻田大学学习史地,1908 年与周树人、许寿裳等人共同受业于章太炎,习文字和音韵之学。

---

① 周文玖:《傅斯年、朱希祖、朱谦之的交往与学术》,《史学史研究》2006 年第 1 期。

② 陈平原:《早期北大文学史讲义三种》,《博览群书》2005 年第 10 期。

③ 朱希祖:《辩驳〈北京大学史学系全体学生驱逐主任朱希祖宣言〉》,《北京大学日刊》1930 年 12 月 9 日。

④ 朱希祖:《史学系主任朱希祖先生致陈代校长书》,《北京大学日刊》1930 年 12 月 12 日。

⑤ 《北大史学系风潮似了未了》,王学珍、郭建荣主编:《北京大学史料》第 2 卷(1912－1937),北京大学出版社 2000 年,第 1725 页。

(3)1913 年 1 月,朱希祖参加教育部在北京召开的国语读音统一会,提出创立"注音字母"的倡议,得到与会代表的肯定,因而声名鹊起,被国立北京大学聘为预科教员。

(4)1919 年 12 月,朱希祖始任北京大学史学系主任,提倡白话文学,并鼓吹民主与科学等革命思潮。

(5)1927 年夏,朱希祖离开北大,应聘为国立清华大学及辅仁大学教授。1929 年,他仍回北大为史学系主任,兼清华大学教授。

(6)1931 年 1 月,朱希祖辞去北大史学系主任职,再次离开北大。

以上考证事实清晰,可供研究者同仁们参考。

第三节　朱希祖与章太炎

朱希祖是深得章太炎青睐的五大弟子之一。章太炎曾言:"逖先博览,能知条理。"[1]而朱希祖对章氏则充满感激:"余对先师,终有知己之感也。"[2]可见,师生之间情深意笃。朱希祖治学严谨,学术造诣精深。他不仅继承和发扬了章太炎的史学思想和治史风格,而且还不断突破师说,在史学上创造出辉煌的成就,为推动史学的独立化和现代化做出了很大贡献,进一步光大了章太炎的史学。

一、受业章门

章太炎(1869—1936),名炳麟,字枚叔,因慕顾炎武,更名绛,号太炎。浙江余杭人。自幼受外祖父朱有虔爱国主义的启蒙教

①章太炎:《章太炎先生自定年谱》,上海书店 1986 年,第 24 页。
②朱希祖:《重庆日记》,1939 年 12 月 7 日。

育,十一二岁时,民族主义已根植于心。后来,师从俞樾学习文字学和经学达七年之久,崇信古文经学。大约二十岁时,读《明季稗史》,"排满思想始盛"。1903 年春,参加爱国学社,讲论"明、清废兴之事"①。因在《苏报》上宣传排满革命理论,遭清廷逮捕。1906 年,章太炎出狱后,被孙中山迎接至日本,加入同盟会,主编同盟会机关报《民报》,宣传反清革命思想。是年,章太炎在东京成立国学讲习会,作《论诸子学》等讲演。1908 年春,章太炎开始为留学生开设讲座。当时,朱希祖恰好在东京早稻田大学学习史学,他早就服膺章太炎的革命主张,对其学术也仰慕已久,所以,与许寿裳、周树人、周作人、钱玄同、马裕藻、沈兼士等人一起进入章门,在民报社的特别班听讲,成为最早的"太炎弟子"之一。

朱希祖的《留学日本日记》载有他在明治四十一年(1908 年)听章太炎讲学的情况,包括讲课的详细内容和进度。这一年章太炎讲了《说文》、《庄子》、《楚辞》和《广雅疏证》等,其中讲《庄子》的次数最多。

当时,由于《民报》已被查禁,章太炎时间较多,所以民报社的特别班持续时间较长,一直办到 1909 年。讲授的内容主要是《说文解字》、《尔雅义疏》等文字音韵学,以及训诂考据、诸子百家、古代历史等学问。朱希祖与鲁迅、钱玄同等一起听讲,他是其中记录笔记最勤的人。他连续听了三遍讲授,记下了"三套十大册 485 页笔记,以第一套最为完备"②。他们师从章太炎听课的情景,非

---

① 章太炎:《章太炎先生自定年谱》,第 15 页。
② 万献初:《章太炎的〈说文〉讲授笔记及其文化阐释》,《中国典籍与文化》2001 年第 1 期。

常令人向往："太炎先生对于弟子，向来也绝无傲态，和蔼若朋友然"①，"在一间陋室之内，师生席地而坐，环一小几。先师讲段氏《说文解字注》，郝氏《尔雅义疏》等，精力过人，逐字讲解，滔滔不绝，或则阐明语原，或则推见本字，或则旁证以各处方言，以故新谊创见，层出不穷"②。先生随便谈笑，"诙谐间作，妙语解颐"，弟子们也无拘无束，争相发言，钱玄同在听讲时发言和辩论最多，而且在席上一会儿从这边爬到那边，一会儿从那边爬到这边，鲁迅便给他起了个绰号叫"爬来爬去"。每星期日上午自八时至正午，先生授课四小时毫无休息，真所谓"学而不厌，诲人不倦"。

朱希祖与章太炎一直保持着密切的联系。他们经常通信探讨学问，关心对方的生活近况。在《章太炎书信集》中，有多封给朱希祖的书信，章太炎在与其他人的通信中也经常说到朱希祖，如，1910 年 10 月 3 日，他致信钱玄同："季刚归蕲，足下与逖先辈，一时散尽，甚寂寂也。"③流露出对弟子们的思念之情。

朱希祖从日本归国后，与周树人、许寿裳、马裕藻等人就职于浙江两级师范学堂。该学堂监督、理学家夏震武思想顽固（外号"木瓜"），要求全体教师以下属见上司的礼仪参见。朱希祖、周树人等 25 位教师，掀起反对封建教育传统的斗争，持续近三周，迫使夏氏辞职，"木瓜之役"取得胜利。之后，朱希祖改任嘉兴第二中学教员。对于这件事，章太炎认为："夏震武本治程朱之学，其侮辱教员，亦道学之常态也。浙生反对，至于退学，逖先亦振袂

---

①《鲁迅全集》第 12 册，第 185 页。
②许寿裳：《纪念章先师太炎先生》，《制言》第 25 期，1936 年 9 月。
③马勇编：《章太炎书信集》，河北人民出版社 2003 年，第 116 页。

去,以其所学,施之乡里,或当胜于官立学校也。"①可见,他十分关心朱希祖的境况,对其学问也非常欣赏。

章太炎对弟子朱希祖寄予了学术传承的厚望。1913年1月,朱希祖参加教育部在北京召开的国语读音统一会,会议代表们在审核音素、采定字母时,争论不已。最后决议通过了朱希祖所提的方案,即用古文籀篆径省之形为字母,在章太炎所创制的三十六个纽文(声母)、二十二个韵文(韵母)中选出三十九个,作为标音符号。由此,朱希祖名扬京师,并被北京大学聘请为预科教授。章太炎闻听此事,写信给朱希祖:"闻以读音统一会事入京,果为吾道张目,不胜欣跃。"②后来,他在致龚未生信中又写道:"季子(黄侃)、逖先(朱希祖)四生,亦未知可以光大吾学否耶?"③

1915年,因反对袁世凯阴谋复辟,章太炎被幽禁在北京的钱粮胡同,朱希祖与周树人等章门弟子经常前往问候。据《鲁迅日记》载:2月14日,"午前往章师寓,君默、季中、逖先、幼舆、季市、彝初皆至,夜归"④。后来,章氏在《章太炎先生自定年谱》中还回忆朱希祖看望他的情景:"六月六日,日将昏,逖先入告曰:'公署、学校处处皆下旗,袁世凯必死矣,且秘之。'明日,知黎公继任,即东厂胡同邸中为行府,余欲往见,守门巡警尼之,乃书付逖先转达公府。"⑤当章氏以绝食相抗时,朱希祖奔走营护,劝慰备至。他每周探望数次,有时私下里拿点饼饵劝导其师,结果遭到训斥,饼

①马勇编:《章太炎书信集》,第105页。
②朱希祖:《癸丑日记》,1913年3月31日。
③马勇编:《章太炎书信集》,第587页。
④《鲁迅全集》第14册,第154页。
⑤章太炎:《章太炎先生自定年谱》,第46页。

饵被掷在地上。一日，章氏呼朱希祖至榻前，说："余为国绝粒，虽以身殉，亦无遗憾。余殁后经史小学，传者有人，光昌之期，庶几可待；文章各有造诣，无待传薪，惟示之格律，免入歧途可矣。惟诸子哲理，恐将成广陵散耳。"①言词中透出殷切的期待，甚望弟子光大其学术。

　　这一时期，朱希祖任北大教授主讲中国文学史，他一方面陪侍章太炎，一方面与老师切磋中国文学史的相关问题，以分散章氏的愤懑情绪。他编辑的《中国文学史讲义》，"每成一首，必以呈章先生，盖不经章先生点定，则不即付油印"②。受章太炎的影响，朱希祖也力倡民主共和，坚决反对帝制。担任清史馆协修时，因馆长赵尔巽赞成袁世凯复辟，朱希祖羞与为伍，愤而辞职。

　　朱希祖性情沉稳，常常帮助其师料理家事，深得章太炎之信任。1914 年夏，章太炎派朱希祖到上海去接夫人汤国黎，章氏在给汤国黎的信中说："今属朱逖先前来迎致，愿弗淹滞。逖先乃学生中最老成者，前在日本招两女东来，亦由逖先携致，途中照料可以无忧尔。"③ 1932 年，章太炎到北京讲学，朱希祖始终陪护左右，有时担任翻译。1935 年，朱希祖等人发起成立"章氏国学讲习会"，受章太炎之约请，自 1936 年 2 月以后，每月至苏州国学讲习会讲学一次。

　　1936 年 6 月 13 日，章太炎逝世，朱希祖"闻耗大恸"，驰往襄理丧事，并撰挽联云："一代通儒尊绛帐，千秋大业比青田。"赞颂其师如同东汉的马融和明初的刘基一样，为教育和革命事业做出了巨大贡献。26 日，朱希祖领衔请求政府为章太炎举行国葬。在

①朱偰：《先君逖先先生年谱》，张国华主编：《文史大家朱希祖》，第 155 页。
②金毓黻：《静晤室日记》第 6 册，第 4021 页。1937 年 7 月 12 日。
③马勇编：《章太炎书信集》，第 547 页。

之后的很长一段时间里,朱希祖为弘扬章氏学术而奔波,搜集家中所藏的章太炎墨迹,参加各地举行的章太炎追悼会,报告先生事迹。11月,赴浙江演讲《章太炎先生之史学》。同时,他还遵从先生的遗愿,继续开办"章氏国学讲习会",每月前往讲学一次,直到抗战开始。所有这些,表明了他们的师生情谊是多么深厚!

二、承继史学

朱希祖被章太炎封为西王,列入"四子"、"五王"的行列。对此,朱氏认为:"黄(侃,季刚)、钱(夏,玄同)、汪(东,旭初)皆传师文字学,吴(承仕,检斋)传经学,称为四子较是……余则独治史学,非传自师,应不在'四子'之列。余之治文字学、经学,皆以史学治之,与师法皆异……"[①]或许,朱希祖的说法有其道理,因为他自幼便接受了清代汉学的启蒙教育,在父亲的严格教育和训练之下学习了许多史学典籍,再加上留学时又接受了大量的西方史学,其学术思想和方法应该是多源的。尽管他明确说自己的史学"非传自师",然经过深入探究,我们却发现他明显地继承了章太炎的史学思想和治史风格。

章太炎学问广博,但其学术的核心还是史学。他对史学素有爱好,幼年从外祖父课经,即有意于史学:"窃视蒋氏《东华录》,颇涉猎史传。"[②]钱穆也认为:"太炎学之精神,其在史学乎?"[③]朱希祖也持这一观点,他说:"先师学术,虽极广博,然史学实占其大部

---

① 朱偰:《先君逖先先生对于史学之贡献》,《东方杂志》第40卷第16号,1944年。
② 章太炎:《章太炎先生自定年谱》,第4页。
③ 钱穆:《余杭章氏学别记》,章念驰编:《章太炎生平与学术》,生活·读书·新知三联书店1988年,第25页。

分,不特史之本身,即经学文学,亦包括史学之内,所撰文章,亦多以史为根柢也。"他与先生常常切磋治史的学问:"希祖生平亦最嗜史学,与先师平日谈论亦以史为多。"①由此可知,朱希祖与其师一样,学术兴趣主要集中于史学,而且在长期的相互探讨中,受到其师的影响也是不言而喻的。

钱穆在论述章太炎的史学时,把其论史的大义归结为"民族主义之史学也",认为章太炎"论史亦每与世事相发"。其实,朱希祖的史学也同样贯穿着民族主义精神,密切关注社会现实。比如,他对南明史的研究兴趣,就萌生于清末的民族危机和章太炎民族主义的激励。他说:"余自二十五年前(1906年,引者注)游学日本,初留意晚明史籍,其时二三师友,亦尝弘奖斯风,余杭章先生首先传刻张煌言《苍水集》,张斐《莽苍园文稿余》……"②然而,章太炎曾有志于撰写的《后明史》未成,朱希祖则继承了其师的事业,"收拾烬余,补苴连缀"③,撰写出大量的南明史籍题跋。他还作诗云:"辽海风云急,燕云壁垒危。诗书愁饿蠹,爨舍走荒糜。廿载京尘倦,千秋史业期。宝书搜海澨,堕简网江湄。冀发兴亡恨,聊抒感慨悲。"④表明他将南明史研究作为"千秋之绝业",目的是激发民族精神,拯救国难,这与章太炎爱国主义的史学思想毫无二致。

在史学转型的大潮中,朱希祖与其师都对传统史学的弊端展

①朱希祖:《章太炎先生之史学》,《文史杂志》第5卷第11、12期合刊,1945年。
②朱希祖:《晚明史籍考·序》,谢国桢:《增订晚明史籍考》,上海古籍出版社1981年,第1098页。
③朱希祖:《编纂南明史计画》,《中央研究院院务月报》第2卷第7期,1931年。
④朱希祖:《题家人亲戚合照像片十六韵》,张国华主编:《文史大家朱希祖》,第105页。

开了激烈的批评。章太炎认为,传统史学的最大毛病就是缺乏对历史事实的归纳,从传统史学著作中找不到历史演变的原理:"中国自秦汉以降,史籍繁矣,纪传表志肇于史迁,编年建于荀悦,纪事本末作于袁枢,皆具体之记述,非抽象之原论。"①与此观点一致,朱希祖也深感中国传统史学缺乏系统的哲学理论指导,使得"推理主义不能发达"②。他还指出:"我国现在的史学界,实在陈腐极了,没有一种破坏,断不能建设。"③

在建设新史学方面,朱希祖与章太炎都强调史学对现实和未来的功用,注重探索历史哲学。章氏认为历史是"审端径隧,决导神思"的工具,历史研究应还原历史事实和梳理史实关系,同时启导对未来的思考。他打算撰写一部通史,以"发明社会政治进化衰微之原理"和"鼓舞民气、启导方来"为目的,要"熔冶哲理,以逐逐末之陋;钩汲眢沉、以振墨守之惑"④,即以社会历史进化之理为指导,扭转琐屑的历史记述之风,对历史作宏观的整体把握。朱希祖继承了这一史学思想,主张开展系统的历史研究,努力"探索历史哲学",使之能够"指挥人事",实现"史学之全体大用"⑤。他认为历史对启导方来有重要作用:"历史之目的,不在乎记忆过去,而在乎观察未来;尤不在乎摹仿过去,而在乎创造未来。"⑥

章太炎重视修撰国史,曾慨叹民国不立史官,国史将有废绝的

---

① 章太炎:《哀清史·附中国通史略例》,《訄书·初刻本·重订本》,生活·读书·新知三联书店1998年,第332页。
② 朱希祖:《中国史学通论》,第32页。
③ 朱希祖:《新史学·序》,《北京大学日刊》1921年10月20日。
④ 章太炎:《哀清史·附中国通史略例》,《訄书·初刻本·重订本》,第332页。
⑤ 朱希祖:《章太炎先生之史学》,《文史杂志》第5卷第11、12期合刊,1945年。
⑥ 朱希祖:《清代通史·叙》,萧一山:《清代通史》卷上,北京中华印刷局1923年。

危险。他说:"中夏立国,代有史官,据日历以编年纪事,某年某月某日,有何大事,可考而知。民国草创,不立史官,记载简略,十年二十年之事,问之后生,已茫然如烟雾。"①朱希祖深感先生续存国史之心,在抗日战争开始后,力请政府开馆修史,"藉历史以说明国家之绵延,鼓励民族之复兴"。他认为:"中国国史,不可自吾党而绝,犹中国国祚,不可自吾党而亡。良繇民族之所以悠久,国家之所以绵延,全赖国史为之魂魄……是故亡史之罪,甚于亡国。亡国而国史不亡,则自有复国之日,何则? 其魂魄永在,绝不能消灭也。"②可见,朱希祖继承发展了章太炎以国史存续国家民族的思想。1940年,受国民政府之聘,朱希祖负责筹备国史馆,监察委员刘成禺赋诗吟咏:"废绝黎洲征季野,忽开史馆杂旌旃。"③可见,朱氏继承章太炎的史学,在当时是得到大家认同的。

朱希祖还继承和发展了章太炎"六经皆史"说。据他回忆,章太炎"谓章实斋六经皆史之语为有见,谓春秋即后世史家之本纪列传,谓礼经乐书仿佛史家之志,谓尚书春秋本为同类,谓诗多纪事,合称诗史,谓易乃哲学史之精华(希祖案当称历史哲学)"。朱希祖从中受到极大启发,他说:"先师之意,以为古代史料,具于六经,六经皆史,故治经必以史学治之,此实先师之所以异乎前贤者。且推先师之意,即四部书籍,皆可以史视之,即亦皆可以史料视之,与鄙意实相同也。"④章太炎还曾强调说:"经字原意只是一经一纬的经,即是

①朱希祖:《章太炎先生之史学》,《文史杂志》第5卷第11、12期合刊,1945年。

②朱希祖:《建立总档案库筹设国史馆议》,《朱希祖先生文集》第2册,第1013—1014页。

③刘成禺:《咏国史馆》,转引自朱偰《先君逷先先生年谱》,张国华主编:《文史大家朱希祖》,第197页。

④朱希祖:《章太炎先生之史学》,《文史杂志》第5卷第11、12期合刊,1945年。

一根线,所谓经书只是一种线装书罢了。"①后来,朱希祖明确提出要捐除"经学"之名,"把古今书籍平等看待",认为:"经之本义,是为丝编,本无出奇的意义。"②这无疑与章太炎的思想一脉相承。

从治史方法来说,他们都深受乾嘉学派的影响,以严密考证为特点,并参之于近代科学的方法,对古代典籍爬梳整理,重新解释。章太炎把自己当作清代朴学的承传人和发扬者,一生标举"实事求是"之学,"治史以搜集材料,考订事实为始基"③。作为太炎弟子,朱希祖也"注重考据训诂"④。他继承了章太炎的治史方法,"于史实考证,则首重原始资料与实物证据"⑤,决不轻用坊间辗转复制的次等材料。他的史学研究以考史为主,强调实事求是,无征不信,同时运用了归纳、演绎和推理的逻辑方法,即近代科学的治学方法。

朱希祖常以文字学为治史的手段,这与其师的教导密切相关。章氏在日本时就反复给弟子们讲述《说文解字》,他说:"夫国与天地,必有与立,所不与他国同者,历史也,语言文字也,二者国之特性,不可失坠者也。"⑥朱希祖则阐发先生之意,认为语言文字"实即史料所丛聚",与史有相同的作用。史家不可能毫无遗漏地记载所有的历史,语言文字就可以"补史之阙"。章太炎曾以文字来说明种族的历史,朱希祖则依据老师讲授的文字学知识,说明中国人种之"夏"字的由来和演变,又论证出中国人种"自以为

---

① 章太炎讲演、曹聚仁整理《国学概论》,上海古籍出版社 1997 年,第 4 页。
② 朱希祖:《整理中国最古书籍之方法论》,《北京大学月刊》第 1 卷第 3 号,1919 年 3 月。
③ 朱希祖:《章太炎先生之史学》,《文史杂志》第 5 卷第 11、12 期合刊,1945 年。
④ 郭卫东、牛大勇主编:《北京大学历史学系简史》(初稿),第 19 页。
⑤ 罗香林:《朱逷先先生行述》,《文史杂志》第 5 卷第 11、12 期合刊,1945 年。
⑥ 朱希祖:《章太炎先生之史学》,《文史杂志》第 5 卷第 11、12 期合刊,1945 年。

大，自以为文明，自以为雅正"的心理。同时，"由文字学而知中国
人种与南北东西诸人种文野之程度、亲疏之等差"。朱希祖一再
强调："吾人研究历史，求之于记载的历史不可得，则求之于语言
文字。"①其实，在他的史学论著中，以文字学知识来考订史实的
例子不胜枚举，而运用文字学来阐发史学也是章氏的一贯思路。

朱希祖的文风受章氏影响至深。朱偰曾言："先君之于文章，
则师承余杭太炎章先生。"②章太炎文宗魏晋，而朱希祖的史学语
言，也同样清新俊逸，晓畅通达。他在日记和书信中，多次探讨文
章之道，对章太炎的文章推崇备至。他说："先师学术文章，自汉
以后罕见其匹"③，"余之治学，颇得先师之实，未得先师之华，华
实兼美，乃臻上乘。此后宜补救其偏"④。由此可知朱氏文风之
渊源。

总之，从史学思想、治史方法到文章风格，朱希祖与其师章太
炎都是非常相似的；在批判传统史学和建设新史学的问题上，他
们的许多观点也是薪火相传，都主张在新史学中贯注社会进化
的原理，强调探索历史哲学，撰写"明因果关系，探社会真相"的历
史著作。他们所阐发的新史学发展观和研究方法论，促使史学走
向现代化。可见，朱希祖传承了章太炎的史学。

① 朱希祖：《文字学上之中国人种观察》，《北京大学社会科学季刊》第 1 卷第
　　2 号，1923 年。
② 朱偰：《先君逷先先生对于史学之贡献》，《东方杂志》第 40 卷第 16 号，1944 年。
③ 朱希祖：《致潘景郑书》，1936 年 7 月 20 日。转引自朱偰《先君逷先先生对
　　于史学之贡献》，《东方杂志》第 40 卷第 16 号，1944 年。
④ 朱希祖 1938 年 8 月 30 日日记，转引自朱偰《先君逷先先生对于史学之贡
　　献》，《东方杂志》第 40 卷第 16 号，1944 年。

三、不拘师说

尽管章太炎是国学大师,但朱希祖对其师的思想和学问也并不是严格墨守的,他善于运用自己的思考和分析,提出独到的见解。他说:"世界上最可信仰的,惟有真理。这真理,非圣贤豪杰所能尽知,亦非人所能完全教得,全凭着我自己的学问经验去辨别出来的。""真理所在,虽农贾樵牧的说话,我都信仰他,真理所不在,虽圣贤豪杰的说话,我都反对他。"①可见他追求真理而不迷信权威的态度。

章太炎起初鄙薄甲骨文和金文,认为"彝器钱物"是"琐屑短书",殷墟甲骨文字也不可信。他说:"夫骸骨入土,未有千年不坏……龟甲何灵,而能长久若是哉!鼎彝铜器,传者非一,犹疑其伪;况于速朽之质,易薶之器,作伪有须臾之便,得者非贞信之人。"②而朱希祖则相信甲骨文与金文的价值,他认为"孔壁、汲冢、殷墟甲骨刻辞,实为吾国三大发现,信甲不得不信乙丙。近人或不信甲骨刻辞钟鼎款识而信孔壁古文经,或不信孔壁古文经而信甲骨刻辞钟鼎款识,同是埋藏古物,何以信甲而不信乙,信乙而不信甲?是皆不合于论理方法者也。盖真伪之事,须为客观判断,不得偏任主观,凭空臆说。上列三事,皆客观条件具足,确皆可信,非大言虚说所可推倒者也!"③

在经学方面,章太炎崇尚古文经学,颇有门户之见,被顾颉刚

---

① 朱希祖:《研究孔子之文艺思想及其影响》,《北京大学月刊》第 1 卷第 2 号,1919 年。
② 章太炎:《国故论衡》,上海古籍出版社 2003 年,第 43 页。
③ 朱希祖:《重庆日记》1939 年 4 月 14 日日记。

称为"从经师改装的学者"①。而朱希祖却最鄙视今古文家的门户之见，他反对今文家"但有主观而无客观"的"臆测"，认为"古文家治学的方法重实证，较胜于今文家"。但他也反对古文家"繁琐纷纭，博而寡要"。他强调要"用科学的方法来治学问"，"只要阐明他进化的迹，发现他变迁的理，顺自然之法则，略加说明，不必横生议论，硬断是非……省却了许多闲争执，这是世界上最经济的事业"②。朱希祖在当时能提出这样的见解，可谓卓识。

　　关于文学的范畴，朱希祖与其师也由同变异。1916年，朱希祖编著了一部《中国文学史要略》，作为北大国文系的中国文学史讲义，他秉持章太炎的观点："文学者，必包络一切著于竹帛者。"但到了1919年，他在《文学论》中对其师的"泛文学观"进行了反思，认为我国"文学之观念"，长期以来"浑而不析"，"一切学术，皆可以文学包之"，"今则深知其未谛"。于是，改变原来的立场，倡导文史独立。1920年，在重新印发1916年那份讲义时，他澄清自己的观点："盖此编所讲，乃广义之文学。今则主张狭义之文学矣，以为文学必须独立，与哲学、史学及其他科学，可以并立，所谓纯文学也。"③由此可见，他的文学观已经上升到文学要"脱离诸学"而独立的境界了。

　　朱希祖还在理论上和实践中推动史学独立。众所周知，中国的传统学术向来强调贯通，缺乏分科意识，虽然也曾有经、史、子、

----

①顾颉刚：《〈古史辨〉第一册自序》，《当代中国史学》，第155页。
②朱希祖：《整理中国最古书籍之方法论》，《北京大学月刊》第1卷第3号，1919年。
③朱希祖：《中国文学史要略·叙》，《朱希祖先生文集》第1册，第301页。

集的划分,但这绝不是近代意义上的学科。随着西方史学理论的不断涌入,"分科设学"的需要也日益迫切。章太炎虽然主张引入西方科学理论和方法来研究国史,强调参照外国史学著作比较东西文明的演进,对史学的现代化起到了积极的促进作用,但他并没有明确提出史学独立的设想。而朱希祖却为史学独立进行了艰苦的探索,他介绍了培根的学术系统:"分学术为三大类,曰史学,曰诗学,曰理学。"①虽然,他在此没有呼吁史学独立,但从中可知史学在西方是一门独立的学科。朱希祖在担任史学系主任后,对北大史学系的课程进行了大刀阔斧的改革,欲"将文学的史学,改为科学的史学"②,使北大史学系"在国内各大学中首创现代历史学系的课程和规模"③,奠定了史学独立的基础。其实,在推动史学走向现代化的过程中,朱希祖与章太炎的做法是一致的,可以说,他在继承师说的基础上又有了进一步的创新,在实践中发展了章太炎史学。

在许多史学问题上,朱希祖都冲破了师说的樊篱。如,章太炎持"中国人种西来说",朱希祖认为此说"无确证",指出:"晚近言汉族西来者,大都取证于汉、魏以来伪造之伪书神话。一二欧洲人士,亦都接近此辈,不学无术,妄相附会。驯至积学之士,亦震其新奇,从而附和之,章先生亦其一也。"他又依据"记载的历史",论证了"自伏羲、神农、黄帝、颛顼、帝喾、尧舜夏商周之君,载

① 朱希祖:《文学论》,《北京大学月刊》第 1 卷第 1 号,1919 年。
② 朱希祖:《北京大学史学系过去之略史与将来之希望》,北京大学卅一周年纪念刊,1929 年。
③ 朱偰:《五四运动前后的北京大学》,全国政协文史资料研究委员会《文化史料丛刊》第 5 辑,文史资料出版社 1983 年,第 173 页。

在故书之较可信者,其所生所居所葬,皆在九州之内。且其本都,皆在关东。独周在关西,犹以为不便,且逼近西戎,故营洛邑"。再考之于文字,得出结论:"夏与西羌、西戎,文化迥异。"所以,汉族不可能从西戎、西羌来①。

　　另外,关于黄帝以前之书是否皆出于追记伪托,《卿云歌》是否应该定为国歌等问题,朱希祖与章太炎的观点也截然不同。朱希祖曾言:"章先生之教弟子,以能有发明者为贵,不主墨守。"②的确,章氏非常注重创新精神的培养,晚年还曾引用戴震语鼓励弟子,所谓:"大国手门下,只能出二国手;而二国手门下,却能出大国手。"又解释说:"大国手的门生,往往恪遵师意,不敢独立思考,学术怎会发展;二国手的门生,在老师的基础上,不断前进,故往往青出于蓝,后来居上。"③正是在章太炎的激励下,朱希祖不断突破师说,在史学上创造出辉煌的成就,成为民国时期著名的史学家。

　　朱希祖与章太炎的交往,历来是史学界的一段佳话。"国失黎洲兼季野,谁来东观续班书?"④民国时期的朱希祖,常常被比作修撰明史的万斯同,而章太炎则被喻为万斯同的老师黄梨洲。可见,朱氏成为著名的史学家,与章太炎的影响是分不开的,他与章太炎的师承关系,以及他们在当时的学术地位和影响也是史学界公认的。

---

① 朱希祖:《文字学上之中国人种观察》,《北京大学社会科学季刊》第 1 卷第 2 号,1923 年。
② 朱希祖:《文学论》,《北京大学月刊》第 1 卷第 1 号,1919 年。
③ 陈平原、杜玲玲编:《追忆章太炎》,中国广播电视出版社 1997 年,第 459 页。
④ 张继给朱希祖先生敬献的挽联。《朱希祖先生文集》第 6 册,第 4384 页。

第四节　朱希祖与蔡元培

学界对朱希祖的研究历来比较薄弱,而他与蔡元培交往的细节问题更是鲜为人知。作为"太炎弟子"的朱希祖,曾因"蔡先生的力举"而成为北大史学系主任,并在任长达十年之久。他积极贯彻蔡元培的"兼容并包"思想,将北大史学系创办成国内高等院校史学专业化教育的典范,又与蔡元培共同倡导"新文化",引进"新史学",还将部分"大内档案"引入北大供师生研究整理。他们之间的学术交往直接影响了当时北大的改革,促进了中国史学的独立化和近代化。探讨这一主题对于理解当时北大学风的演变乃至整个民国时期史学的发展都有重要意义。

一、主张"兼容并包"

朱希祖与蔡元培的交往主要集中于五四运动前后的北京大学。1913 年 4 月,朱希祖被聘为北京大学国文教员①,讲授中国文学史等课程。到 1916 年底蔡元培任北大校长之前,他已经是北大颇有名气的教授了。而蔡元培的赏识和提携,则为朱希祖在北大施展才华提供了更大的舞台。

蔡元培对北大的改革,影响力最大的莫过于他的"兼容并包"思想。他认为:"夫大学者,'囊括大典,网罗众家'之学府也。"②"对于各家学说,依各国大学通例,循思想自由原则,兼容并包。无论何种

---

① 朱希祖:《癸丑日记》,1913 年 4 月 12 日。
② 蔡元培:《〈北京大学月刊〉发刊词》,高平叔编:《蔡元培全集》第 3 册,中华书局 1984 年,第 210 页。

学派,苟其言之成理,持之有故,尚未达自然淘汰之命运,即使彼此相反,也听他们自由发展。"①让各种学派、各种思想在大学里共存争鸣,取长补短,优胜劣汰。他还"广延积学与热心的教员",无论对于新派还是旧派学者都诚恳待之。如刘师培,曾参与反清革命,后投清变节,又为袁世凯称帝效力,但刘在国学方面造诣极深,故仍聘他讲授《中国中古文学史》。二十四岁的梁漱溟,中学毕业后自修哲学,蔡先生看到他所撰《究元决疑论》一文,认为可以算作一家之言,即聘为北大讲师,讲授《印度哲学》。

朱希祖服膺蔡元培的"兼容并包"思想,并把它自觉运用于教育教学的实践中。他倡议我国的史学界"应该虚怀善纳,无论哪一国的史学学说,都应当介绍进来"②。为了达到完善史学的目的,他对各家的史学理论都"兼收并蓄"。比如,他不信奉马克思主义,但对李大钊的史学思想史却极为重视,认为是"本系最重要的科目之一"③。

在网罗人才方面,朱希祖也和蔡元培一样,千方百计地聘请学有专长的教授。1924年,他在《东方杂志》上发现"历史学方法概论"一课的讲义,认为甚有卓见,于是就将作者李璜(时任教于武昌大学历史系)聘请到北京大学任教。为了聘请陈衡哲教授,他在校方和陈衡哲之间斡旋了近一个月,甚至以辞职为代价替她坚请,最终获得校方同意。傅振伦回忆说:"先师主持北大史学系事,耆儒新进,皆所延聘。通儒如陈伯弢(汉章)、叶浩吾(瀚)、陈援庵、马叔平、邓文如(之诚)诸师,硕学如李大钊、陈翰笙、李璜、

①蔡元培:《我在教育界的经验》,高平叔编:《蔡元培全集》第7册,第200页。
②朱希祖:《新史学·序》,《北京大学日刊》1921年10月20日。
③朱希祖:《国立北京大学史学系课程指导书》,《北京大学日刊》1926年12月3日。

王桐龄、孔繁熿、李季谷诸先生,咸来讲学,一时称盛。盖无分派
系,兼容并收,有蔡孑民先生之风度焉。"①

　　朱希祖处处与蔡元培唱和,主要是因为他们的性格和思想观
念颇为相似。他们都是北京大学的"卯字号"名人②,性格沉稳;
都拥有深厚的国学功底,既继承了儒家的"中庸"之道,又在留学
时期大量接受西方的自由、民主思想,善于理解和宽容他人的不
同见解。比如,"五四运动"时,蔡元培既同情学生的爱国热情,又
力劝他们不要上街,不要影响正常学习与社会秩序。而朱希祖也
一方面肯定学生运动的重大意义,参与营救被捕学生,同时又指
出罢课"太不经济",要"为积极的运动,储根本的实力"③。

　　蔡元培曾言:"中国民族,富有中和性……中和的意义,是'执
其两端,用其中。'就是不走任何一极端,而选取两端的长处,使互
相调和。"④而朱希祖也往往如此,在学术圈里常被视为"中间
派"。朱偰回忆说:"以当时北京大学的文风而论,大约可分为三
派:第一派竭力提倡骈文,以黄季刚,刘师培为代表……第二派竭
力提倡古文,以姚仲实、陈石遗为代表,姚氏是安徽桐城人,自以
为文章正宗,更提倡桐城派的古文。第三派则主张骈散不分,以
为文章本来面目是纯乎自然,只要说理畅通,描写生动,可以用散
文,也不妨参用一些骈句。持这一派主张的人较多,先父朱希祖

---

① 傅振伦:《先师朱逷先先生行谊》,《文史杂志》第5卷第11、12期合刊,1945年。
② 朱偰说:"蔡元培是丁卯年(一八六七)生的,我父亲是己卯年(一八七九)生
　的,胡适是辛卯年(一八九一)生的,都是属兔,各相差十二岁,所以有老兔、中
　兔、小兔之目。"朱偰:《我家座上客——交游来往的人物》,《鲁迅研究月刊》,
　2005年第5期。蔡元培生于1868年1月11日,同治丁卯年十二月十七日。
③ 朱希祖:《五四运动周年纪念感言》,《新教育》第2卷第5期,1920年。
④ 蔡元培:《三民主义的中和性》,高平叔编:《蔡元培全集》第5册,第282页。

当时为北大文科教授,便是其中之一。"①

1919年春,朱希祖的思想已经明显趋新,但舆论界仍然认为他属于中间派:"北京大学之新旧学派……两种杂志对抗……至于介乎二派者,则有海盐朱希祖氏。朱亦太炎之高足弟子也,邃于国学,且明于世界文学进化之涂径,故于整理旧文学之外,兼冀组织新文学。惟彼之所谓新者,非脱却旧之范围,盖其手段不在于破坏,而在于改良。"②

在"兼容并包"思想的引导下,整个北大人才济济,思想活跃,学术争鸣蔚然成风。"新潮"与"国故"对垒,白话与文言相争,流派纷呈,百家争鸣,北大显示出独具魅力的大气与活力。加拿大学者许美德曾说:"五四运动前后,北京大学之所以成了众多著名学者的聚集地,这完全是由于蔡元培在学术争论中采取了'兼容并包'政策的缘故。当时,在他的不懈努力下,北京大学云集了许多中国最优秀的学者和教授,虽然这些学者的学术观点从激进主义到保守主义各不相同,但是北京大学仍然毫不例外地为他们的学术争鸣提供了一个自由的场所。"③北大成为中国第一所真正意义上的现代大学,成为新思想、新文化的传播阵地。

二、提倡"新文化"

新文化运动提倡新文学,反对旧文学,要求采用白话文写作,因此,中国文坛爆发了一场著名的"文言与白话"之争。从表面上

---

① 转引自陈平原《早期北大文学史讲义三种》,《博览群书》2005年第10期。
② 蔡元培:《请看北京学界思想变迁之近状》,《公言报》1919年3月18日。高平叔编:《蔡元培全集》第3册,第275—276页。
③ [加]许美德著,许洁英主译:《中国大学(1895—1995)——一个文化冲突的世纪》,教育科学出版社2000年,第69页。

看,这场论争是以何种语言来表达思想的形式问题,而实质上却是复古守旧与变革维新两种思潮的较量。对此,蔡元培在女子高等师范学校发表演说——《国文之将来》,认为"国文的问题,最重要的,就是白话与文言的竞争。我想将来白话派一定占优胜的"①。后来,他自己也"常常做白话文,替白话文鼓吹"②。

与蔡元培一样,朱希祖也赞同白话文。早在1917年,他给家中子女亲自课读时,就曾谈论过这个问题。长女朱倩在日记中写道:"今年正月自安徽陈独秀先生为文科学长,又得其同乡胡君适之新自美国大学毕业回,亦延为文科教授,则主以白话作诗文。钱先生德潜深于小学,与家君同门,亦深以陈、胡之说为是,此则所谓新派也。文章各具面目是非,本难一定,亦各从所好而已。至于为开通民智计,则白话诗文亦未可厚非。"③稍后,朱希祖的《白话文的价值》发表在《新青年》上,认为"白话的文,易读易解","自然秀美、容易消化",而"文言的文,难读难解",是"装点的假美人"④。

除了鼓吹白话文,朱希祖和蔡元培还共同致力于实践民主思想。蔡元培在北大提倡教授治校,民主办学,组织评议会作为全校最高权力机关。规定"大学内部规则"须经评议会通过,始能生效;学校行政的重要措施、课程变更、聘任教授和学生风纪等重要事项,都必须先经过评议会的审核通过,才能付诸执行。"评议会组成人员为:(甲)校长,(乙)教授互选之评议员,额数以教授全数

---

① 蔡元培:《国文之将来》,高平叔编:《蔡元培全集》第3册,第357页。
② 蔡元培:《整顿北京大学的经过》,高平叔编:《蔡元培全集》第7册,第22页。
③ 朱倩:《朱倩日记》,1917年11月5日。
④ 朱希祖:《白话文的价值》,《新青年》第6卷第4号,1919年。

五分之一为准,任期一年,得再被选。"①1919年秋,朱希祖被选为评议员。此后,朱希祖又多次当选。查阅《北京大学日刊》,发现朱希祖被当选评议员的报道就有如下几次:1919年、1920年、1922年、1923年、1924年、1925年、1926年、1929年、1930年,可见,朱希祖常与蔡元培一起参与北大校政的决策。

作为评议员,朱希祖非常支持蔡元培的工作,认真履行其评议职责,蔡元培也认真听取朱氏的建议。1922年10月12日,北京大学新学年开学,由评议会通过的征收讲义费决议付诸实施。朱希祖等评议会成员联名写信给蔡元培,建议妥善解决讲义费问题。信中说:"本校讲义印刷费,岁达一万余元;然图书扩充费,为数极微。现在学校既决定收纳讲义费,我们为学校计,为学生计,谨向先生提议,将所收讲义费,尽数拨归图书馆,供买学生各种参考书籍之用。此种办法,学校即可增加图书支出,学生亦可减少买书费用。将来学校图书充足,学生外国文程度增高,即可完全废除讲义,是否可行,敬请裁夺。"②

第二天,蔡元培在回复函中说:"奉惠书,拟以所收讲义费尽数拨归图书馆,供买学生各种参考书籍之用,甚善甚善,谨当照行。此次征收讲义费,一方面为学生恃有讲义,往往有听讲时全不注意,及平时竟不用功,但于考试时急读讲义等流弊,故特令费由己出,以示限制。一方面则因购书无费,于讲义未废以前,即以所收讲义费为补助购书之款。至所以印成小券,不照他校之规定

---

①1919年12月3日,评议会通过的北大《内部组织试行章程》。转引自高平叔《北京大学的蔡元培时代》,《北京大学学报》(哲学社会科学版)1998年第2期。

②《朱逷先教授等致校长函》,《北京大学日刊》1922年10月18日。

每学期讲义费若干者,取其有购否自由之方便。彼等若能笔记,尽可舍讲义而不购也。"①

科学与民主"若舟车之有两轮",缺一不可,所以,朱、蔡二人在实践民主的同时也积极倡导科学。朱希祖认为,历史学就是一种社会科学,必须用科学方法进行研究。考证史事须以原始史料与实物为依据,决不可轻信坊间辗转复制的次等材料。他特别强调"用科学的方法"整理中国的古籍,"用科学的方法来治学问"②。他主持北大史学系时,把课程分为史学的基本学科、辅助学科、史学史及史学原理等六系,他创设的课程体系被国内公私大学历史系一致采用。使中国史学"跻于科学之列"③。

蔡元培同样主张学习西方的科学,他说:"既窥见欧洲科学的美备,自然不能不竭力介绍"④,"近世言科学者,率推法、德两派。法人多创见,德人好深思,两者并要,而创见尤为进化之关键也"⑤。他还多次将西方的科学方法比作点石成金的"金手指",认为科学的知识可以在短时间裨贩而得之,但更希望以"科学的方法","来整理固有的材料"⑥。"科学结论,是点成的金,量终有限;科学方法,是点石的指,可以产生无穷的金。"⑦强调"研究也者,非徒输入欧化,而必于欧化之中为更进之发明;非徒保存国粹,而必以科

①《蔡元培复朱希祖、王世杰等人函》,《北京大学日刊》1922年10月18日。
②朱希祖:《整理中国最古书籍之方法论》,《北京大学月刊》第1卷第3号,1919年。
③傅振伦:《先师朱逷先先生行谊》,《文史杂志》第5卷第11、12期合刊,1945年。
④蔡元培:《社会学方法论·序》,高平叔编:《蔡元培全集》第4册,第495页。
⑤蔡元培:《华法教育会丛书·序》,高平叔编:《蔡元培全集》第3册,第145页。
⑥蔡元培:《人的研究·序》,高平叔编:《蔡元培全集》第4册,第383页。
⑦蔡元培:《社会学方法论·序》,高平叔编:《蔡元培全集》第4册,第495页。

学方法,揭国粹之真相"①。

提倡新道德,朱、蔡二人也都身体力行。1918 年 1 月,蔡元培发起组织"进德会",提倡正直的德行,期望知识分子成为社会栋梁。他认为"私德不修,祸及社会",提倡"进德",以不嫖、不赌、不娶妾作为基本戒条,分为甲、乙、丙三种会员。朱希祖积极报名参加进德会,成为甲种会员。他们"进德"的努力对大部分师生的风尚,产生了良好的影响,使北大的道德风气为之一变。

批判中国封建的旧文化,大力输入西方先进的新文化,是五四时期知识分子肩负的重要使命。朱希祖和蔡元培都顺应时代发展的潮流,积极支持白话文,宣传民主科学,倡导新道德,表现出思想启蒙时期文化先驱者的胸怀和胆识。他们的改革,促进了新文化运动在北大的蓬勃发展,特别是以科学的方法来研究史学,促使史学界努力打破旧史学的束缚,建设科学的新史学。

三、引进"新史学"

二十世纪初,以德国的兰普雷希特(Karl Lamprecht)和美国的鲁滨逊(J.H.Robinson)为代表的新史学派兴起,他们持进化史观,强调对史料的严密考证,注重普通的人与普通的事,这些思想与朱希祖对史学的思考和理解非常一致。在担任北大史学系主任时,他极力督促何炳松将鲁滨逊的《新史学》译成中文,并亲自审稿作序,推动新史学的引进与传播。

蔡元培接受德国新史学早于朱希祖,他在德国莱比锡大学学习期间(1908 秋—1911 年秋,1912 年秋—1913 年春),曾选听过新史学代表兰普雷希特的文明史课,还一度进入兰氏创设的"文明史与世界

---

① 蔡元培:《北京大学月刊》发刊词,高平叔编:《蔡元培全集》第 3 册,第 210 页。

史研究所"从事比较文明史的研究,并受兰氏委托为其提供有关中国文明史方面的材料。民国五年夏,蔡元培为法国华工办的学校编写讲义,他写道:"历史者,记载已往社会之现象,以垂示将来者也。"提出要编写不同于中国传统史书的"新历史","不偏重政治,而注意于人文进化之轨辙。凡夫风俗之变迁,实业之发展,学术之盛衰,皆分治其条流,而又综论其体系,是谓文明史"①。从蔡元培对新历史的认识,可以看出他基本上接受了兰普雷希特的文化史观。

朱希祖曾谈起他接触新史学的情况:"民国九年的夏天,我担任北京大学史学系的主任,那时我看了德国 Lamprecht(兰普雷希特,引者注)的《近代历史学》。他的最要紧的话就是'近代的历史学,是社会心理学的学问'。现在历史学新旧的论争,就是研究历史,本于社会心的要素?还是本于个人心的要素?稍严密一点说起来,就是历史进程的原动力在全体社会呢?还是在少数英雄?Lamprecht 的意思,以为历史进程的原动力,自然在全体社会;研究历史,应当以社会科学为基本科学。我那时就把北京大学史学系的课程大加改革。"②他指出:"史学之目的,在认识现代社会之来历以谋未来之建设。"③要"以欧美新史学,改革中国旧史学"④。可见,新史学思想是他实施课程改革的指导思想。

蔡元培的改革是从整顿文科入手的。他认为文、理科皆为基础性学科,要打破彼此之间的界线,加强学科之间的融通。他说:

①高平叔编:《蔡元培史学论集》,湖南教育出版社 1987 年,第 139 页。
②朱希祖:《新史学·序》,《北京大学日刊》1921 年 10 月 20 日。
③朱希祖:《史学系课程指导书》,《北京大学日刊》1923 年 9 月 29 日。
④朱希祖:《北大史学系过去之略史与将来之希望》,《北京大学卅一周年纪念刊》,第 70 页。

"文理是不能分科的。例如文科的哲学,必植基于自然科学;而理科学者最后的假定,亦往往牵涉哲学。从前心理学附入哲学,而现在用实验法,应列入理科;教育学与美学,也渐用实验法,有同一趋势。地理学的人文方面,应属文科,而地质地文等方面属理科。历史学自有史以来,属文科,而推原于地质学的冰期与宇宙生成论,则属于理科。"①正是基于这样的理解与定位,在科系重组时,他取消过去北大的分科制度,改设 18 个系,直接隶属于校长及教务长之下,史学不再隶属于文学。史学系被单独划出成为社会科学的一支,与政治学系和经济学系并列。这种分科独立的做法,沿用至今,影响巨大,为史学成为一种社会科学提供了基础。蔡元培还倡导推行分组选科制。按照新制,本科课程分为共同必修科和选修科。共同必修科包括哲学史大纲、科学概论、社会学大意以及第一、第二外国语;选修科分为五组,每组各有所偏重②。蔡元培的一系列改革措施,使北大成为中国第一所现代综合性大学。

　　朱希祖的课程改革,其精神与蔡元培的主张颇相吻合。他大量增加中国史和世界史课程,并把社会学、哲学、生物学、社会心理学、人类学、人种学、政治学、法律学、经济学之类视为史学的基本学科,规定为史学系的必修课。他说:"学史学者,先须习基本科学。盖现代之史学,已为科学的史学,故不习基本科学,则史学无从入门。"③史学史及史学原理课也被定为必修课。在史学系

---

① 蔡元培:《我在北京大学的经历》,高平叔编:《蔡元培全集》第 6 册,第 352 页。

② 《北京大学之最近学制》,《申报》1919 年 10 月 11 日。

③ 朱希祖:《史学系课程指导书》,《北京大学日刊》1923 年 9 月 29 日。

这类课程有:中国史学概论、中国史学名著评论、欧美史学史等。由此可知,他努力让学生们广泛接受史学和其他社会科学的基本知识,以便为进一步从事史学研究打下良好的基础。其实,朱希祖的改革是蔡元培整个北大改革的组成部分,他们共同努力开创了具有现代意义的课程体系。

北京大学史学会成立时,朱希祖和蔡元培分别发表演说,向学生们宣传新史学思想。朱希祖说:"历史的时间是连续的,前后因果,连续不已……研究人类全部的历史,不宜把空间分割。"又说:"历史科学是以社会科学为基础的(近来的历史哲学亦以社会科学为基础),社会科学范围亦很广泛,地理,生物,人类,政治,经济,法律,宗教,伦理……等学,皆包涵在内,而尤以社会学及社会心理学为最重要。我们懂得了社会科学,然后研究历史,方有下手之处。"①蔡元培则说:"诸君须知世界上一切事物的进化,离不开历史,并且是没有止境的。从前欧洲的人以欧洲为天下,中国的人以中国为天下,所以研究历史的,也只是一部分,不是全世界的。后来渐渐进化,知道空间有五大洲,时间有四五千年,历史的范围,是大而无边。"②他们都鼓励学生团结协作,主动研究,以取得实实在在的成绩。

在朱希祖和蔡元培的共同倡导下,"新史学"思想在北大传播开来,进而风行全国史学界。朱希祖的课程改革,成为史学转型过程中一次极有意义的尝试。他开创的北大史学系的课程体系,成为全国其他大学效仿的典范,极大地推进了史学的现代化。顾

①《朱遏先教授在北大史学会成立会的演说》,《北京大学日刊》1922 年 11 月 24 日。
②《蔡元培校长在北大史学会成立会的演说》,《北京大学日刊》1922 年 11 月 24 日。

颉刚就曾盛赞北京大学史学系的成绩,说:"国立北京大学的历史学系比较办得理想……北京大学一向就保持着文史哲三门学科特别有成绩的优良传统。"①由此可见,在新史学的传播过程中,朱希祖和蔡元培的功劳实在不容低估。

四、整理"大内档案"

"大内档案"指的是存放于内阁西库、东房中的部分明朝档案和有清一代的各类文书档案。包括皇帝诏令、臣僚的奏章、皇帝起居注、实录、圣训、会典、历科殿试的卷子等内容,还有部分明末的档案以及从盛京移来的满文老档、满文木牌等入关前的旧档,是研究明清历史的珍贵资料。

1909 年,由于大库年久失修,屋顶一角坍塌,库内几百万件档案被搬了出来,实录、圣训被搬到银库,一部分年代近一点的档案移至文华殿,另一部分年代稍远的,被认为没多大用处的,准备焚毁。经罗振玉建议、张之洞奏请将"准备焚毁"的档案抢救下来。北洋政府时期,军阀连年混战,教育部和历史博物馆因经费困窘,决定仅将其中较为整齐的档案检出保存,剩下的约 8000 麻袋档案以银圆 4000 元卖给西单大街的同懋增纸店,罗振玉以三倍其价赎回。傅振伦回忆说:"先师与陈援庵垣、马叔平衡、沈兼士诸师,闻午门尚有残留档案,乃商之教育部,由北大研究所国学门接收整理,时十一年五月廿五日也。北大所得者,计六十二箱,一千五百零二麻袋,初设明清档案整理会,即由朱陈两师指导史学系同学工作。"②

1922 年 5 月 12 日,蔡元培向教育部提交《请将清内阁档案拨

---

①蒋星煜:《顾颉刚论现代中国史学与史学家》,《文化先锋》第 6 卷 16 期,1947 年。
②傅振伦:《先师朱遏先先生行谊》,《文史杂志》第 5 卷第 11、12 期合刊,1945 年。

为北大史学材料呈》,呈文从近世史的重要性出发阐述请求的缘由:"窃惟史学所重,尤在近代史,良以现代社会,皆由最近世史递嬗而来,因果相连,故关系尤为密切。外国中等学校历史教科书,自古代以至近世史占其半,最近世史亦占其半,吾国史学,首推司马迁,其作《史记》,自皇帝以至秦楚之际,篇数占其半,汉代亦占其半;班固首创断代史,实亦为其最近世史,自是厥后,每当易代之际,首以修前代史为最要,诚知所重也。"接着,谈及北大研究所国学门编修近世史的打算:"方今吾国最近世史,自当起于清代,民国以来,虽有清史馆之设,然前代修明史,约经六十年而后脱稿,清史之成,恐亦遥遥无期,本校研究所国学门及史学系知近世史之重要,特设专科研究,现在广搜材料,用科学之方法,作新式之编纂。"因此,"教育部历史博物馆收藏明末及清代内阁档案,如奏本,膳黄,报销册,试卷等甚夥,皆为清代历史真确可贵之材料"。于是,请求"钧部将此项档案全数拨归本校,即由史学系及研究所国学门组织委员会,率同学生,利用暑假停课之暇,先将目录克期编成,公布于世,以副众望;然后再由专门学者鉴别整理,辑成专书。如此办法,较为轻而易举"[1]。

这份呈文言简意赅、态度诚恳,既充分表达了北大学人搜求史料的迫切心情,又审慎地提出了整理档案的具体规划,具有很强的说服力。教育部随即就答复北大,认为蔡氏的申请"可有裨于史学,且可使该馆所存有问题的历史材料,亦得具有统纪,用意甚善"。所以,"除令知历史博物馆派员协同办理外,仰即派员至该馆接洽拨交事宜,并明定期限于暑假内将目录克编宣布,一俟

---

[1] 蔡元培:《请将清内阁档案拨为北大史学材料呈》,高平叔编:《蔡元培全集》第 4 册,第 198—199 页。

整理成书,仍将原件送达该馆"①。由此可知,这篇呈文在内阁档案拨归北大的过程中发挥了重要作用。

仔细考察该呈文,发现它不仅与朱希祖的几篇文章观点完全一致,而且行文、措辞也颇为相似,使人不免产生疑问:该文是否出自朱希祖之手呢?兹选取呈文和朱希祖的几篇文章之片段对比如下:

表 1.1　蔡元培递交的呈文与朱希祖文章比较表

蔡元培《请将清内阁档案拨为北大史学材料呈》,1922 年 5 月。	朱希祖《中国史学通论》,1919 年开始编纂。	朱希祖《中国近世史要略·序》,作于 1922 年 4 月 20 日。	朱希祖《改良中学校历史地理教法议案》,1922 年 6 月发表。
"窃惟史学所重,尤在近世史,良以现在社会,皆由最近世史递嬗而来,因果相连,故关系尤为密切。外国中等学校历史教科书,自古代以至近代史占其半,最近世史亦占其半。吾国史学,首推司马迁,其作《史记》,自黄帝以至秦、楚之际,篇数占其半,汉代亦占其半。班固首创断代史,实亦为其最	"史学要义,以最近者为最详,良以当代各事,皆由最近历史递嬗而来,其关系尤为密切,吾国史家,颇明斯义。司马迁《史记》,百三十篇,自上古至秦、楚之际,年代绵邈,仅占其半;记载汉事亦占其半。班固记载汉事,共为百篇,每易一代即撰一史……盖以最近之史,于当代尤为切要也。"②	"言史学者,以近世史为最要,良以当今社会,与近世之历史,至有密切之关系,因果相连,不能宰割……欧美教育家知之,故中学校等历史教科书……自上古以来数千年之历史占其半,最近百年以内之历史亦占其半……吾国史家,颇亦知此义。司马迁作《史记》百三十篇,自黄帝以至秦楚之际二千余	"历史以理解现代社会为目的,自以近世现代史为尤密切重要,故宜占全部二分之一。此理欧美教育家固知之,而我国历史大家司马迁亦知之,其作《史记》百三十篇,自黄帝以至秦楚之际篇数占其半,汉代亦占其半;汉代之史,高惠文景略当近世史者占其半,武帝初年以至司马迁作史最后之日略当

①《教育部指令第九九九号》,《北京大学日刊》1922 年 5 月 27 日。
②朱希祖:《中国史学通论》,第 77 页。

续表

近世史。自是厥后，每当易代之际，首以修前代史为最要，诚知所重也。"①		年之历史，篇数占其半，汉以来百余年之历史，篇数亦占其半。班固当东汉之初，即撰汉书百篇，又为光武本纪及列传载记二十八篇。自是厥后，每当易代之际，皆汲汲以修前代史为最要事……盖诚知最近世之史，于人事为最切也。"②	现代史者亦占其半。"③

通过比对，不难发现呈文与朱氏观点的相似之处颇多：（1）都强调近世史重要，因为"现在社会，皆由最近世史递嬗而来，因果相连，故关系尤为密切。"（2）都以欧美教科书为例加以说明；（3）都举司马迁、班固所记历史为事例；（4）都认为易代修史的原因在于认识到最近世与当今的密切关系。再看具体的行文，呈文中的句子和用词都与朱希祖的文辞相似，可以说，呈文第一段中的每一句话几乎都能在朱文中找到。

呈文的第二段提到"吾国最近世史，自当起于清代"，这也符

---

① 蔡元培：《请将内阁档案拨为北大史学材料呈》，高平叔编：《蔡元培全集》第 4 册，第 199 页。

② 朱希祖：《中国近世史要略·序》，《史地丛刊》第 2 卷第 1 期，1922 年 6 月。

③ 朱希祖提议，何炳松附议：《改良中学校历史地理教法议案》，《史地丛刊》第 2 卷第 1 期，1922 年 6 月。

合朱希祖的历史分期。北京大学于 1917 年就设立了史学门,其中必修课中就有"中国近代史",内容是指"自唐至明亡"。在"中国近代史"之外,另设"清代史"①。朱希祖是从 1919 年 12 月开始主持史学系的,所以,1920 年后史学系本科设有"中国近世史"课程,预科中设有"中国最近世史",其目的是"讲明中国最近百年之史事,使明中国现在之大局由何因果而来"②。这里的"中国最近世史"的内容,与我们现在理解的"中国近代史"已开始一致起来。在《清代通史·叙》中,朱希祖说:"清代为近世期,故又名《中国近世史》。"再如,呈文中"清史之成,恐亦遥遥无期"的说法,在朱希祖的《清代通史·叙》中亦有印证:"清史馆之设,十年于兹,史稿之成,邈不可期。"

　　从这几篇文章的撰写或发表时间上看,呈文介乎其中,前有朱希祖《中国史学通论》和《中国近世史要略·序》,后有《改良中学校历史地理教法议案》,各篇贯穿的思想观点和行文语气都极为相似。由此,我们可以推测这份呈文很可能是由朱希祖起草的。这对我们进一步厘清蔡元培与朱希祖的亲密合作关系,认识朱氏在整个档案拨归和整理事件中所起的作用具有重要意义。朱希祖力图为史学系和研究所国学门的师生们争取到这些档案,需要借助北大校长蔡元培之力,而蔡元培同意此事后,吩咐朱希祖草拟初稿也是可以理解的。

　　教育部于 1922 年 5 月 22 日③同意了他们的请求,5 月 25

---

① 《改订文科课程会议纪事》,《北京大学日刊》1917 年 12 月 2 日。
② 《国立北京大学讲授国学之课程并说明书》,《北京大学日刊》1920 年 10 月 19 日。
③ 《教育部指令第九九九号》,《北京大学日刊》1922 年 5 月 27 日。

日,蔡元培派"史学系主任朱教授希祖、研究所国学门主任沈教授兼士、史学系讲师马衡三人前往历史博物馆接收"①。然而,直到1922年6月17日,这1502麻袋"大内档案"才被运到北大②。其中的一波三折,我们虽然无法进行详细的考证,但可以想见,在这批档案在拨归北大的过程中,朱希祖与蔡元培花费了不少心血,起到了关键性的作用。

6月29日,蔡元培又通知朱希祖等人准备整理:"历史博物馆所藏内阁档案,业经全数移校,敬请先生指导整理。兹定于七月三日开始。"③朱希祖主持明清档案整理会,制定了整理计划,开设陈列室,供学者研究,促进了档案整理事业的发展。

为加快工作进度,朱希祖提议北大史学系的学生都参加档案整理,作为实习功课。他指导学生整理的办法分为三步:首就档案的形式分类,区分年代;次则编号摘由;再次者则研究、考证,并分类统计。以整理就绪者,送入陈列室,供人参观,并在《北大日刊》公布其事由。这种整理档案的办法为后来文献馆、史语所反复采用。萧一山在北大曾参加过大内档案的整理,他说:"清代内阁档案自拨归国立北京大学整理后,余亦躬与斯役,披阅所及,取证滋多。此虽案牍之言,实难尽信,然较之官书,胜万万矣。"④傅振伦也随朱希祖整理档案,并因为"经常涉猎史料",对"档案与历史研究的密切关系有所领悟"⑤,他回忆说,重视原始文献的朱希

---

① 《致历史博物馆》,王学珍、郭建荣主编:《北京大学史料》第 2 卷(1912—1937),第 1518 页。

② 《研究所主任沈兼士先生致校长函》,《北京大学日刊》1922 年 6 月 19 日。

③ 蔡元培:《与朱希祖等通知》,高平叔编:《蔡元培全集》第 4 册,第 210 页。

④ 萧一山:《清代通史·叙例》,《清代通史》卷上,第 2 页。

⑤ 傅振伦:《六十年档案工作忆往》,《傅振伦文录类选》,第 407-410 页。

祖先生对他的思想有深刻影响。

　　经过朱希祖与蔡元培的共同努力,"大内档案"成为北大史学系和研究所国学门的师生们开展史学研究的基本史料。沈兼士指出,北大研究所国学门"于古代研究则提倡考古学,注意古器物之采集;于近代研究,则侧重公家档案及民间风俗,持此纵横两界之大宗新资料,以佐证书籍之研究,为学者开一新途径。良以档案为未加造作之珍贵近代史料,固等于考古家之重视遗物遗迹也"①。可见,学者们通过整理"大内档案"提高了对直接史料的认识。

　　朱希祖与蔡元培为保护整理明清档案做出了巨大的贡献。他们不仅开创了近代档案学研究的范例,为后来的档案整理提供了宝贵的经验,而且开启了史学界注重直接史料的风气。蔡元培认为"近世学者对于基本史料,如档案一类,愈益重视"②。还有论者评价说,北京大学的档案整理工作使"史学研究的风气为之一变。一方面是过去那种偏好古史的风气开始转变,另一方面是史学研究一改从前那种徒托空言的风气,渐而采用实证方法"③。

五、其他交往

　　朱希祖和蔡元培都是浙江人,有着同乡之谊,再加上章太炎、鲁迅等人的中介作用,使得双方关系更加亲近。桑兵认为:"中国

---

①沈兼士:《方编清内阁库贮旧档辑刊序》,《沈兼士学术论文集》,中华书局1986年,第343页。
②蔡元培:《清内阁汉文黄册联合目录序》,《文献论丛·论述一》1936年,第1页。
③欧阳军喜:《论"中国近代史"学科的形成》,《史学史研究》2003年第2期。

为人情社会,而且实际上地缘较血缘作用更大,同乡同学又是维系人情的重要纽带,这种感情因素往往制度化为社会组织功能。"①这或许能够说明问题的一个方面,但地缘远不是决定性因素。

早在 1917 年初,文科学长陈独秀试图从文学门中分出一部分教员,恢复史学门。他极力劝说朱希祖"再至日本考察一二年,归为史学门主任,改革一切"。可是,朱希祖认为:"本门(即中国文学门)教员于新文学有不慊者,大都改归中国史学门。"而他自己"方专研究新文学,曾著《文学论》及《白话文之价值》等文,从事鼓吹,不愿改入史学门"②。1919 年"废门改系"的改革中,朱希祖出于对蔡元培工作的支持和北大发展的需要而改变了初衷,开始兼任史学系的课程。

蔡元培对朱希祖的扶掖也是不遗余力。在史学系主任康宝忠逝世后,蔡元培极力举荐朱希祖继任。朱希祖没有辜负蔡元培的重托,对史学系的课程进行了大刀阔斧的改革,不仅证明了自己具有非凡的组织能力,也反映出蔡元培慧眼识人、知人善任的卓越见识。他们之间的相互信赖和支持,促进了北大教育教学改革的顺利进行。

鉴于国内以科学方法治史学者较少,朱希祖提议学校应该通过考试选拔高材生,派往国外留学,学成后回校任教,得到蔡元培支持。于是,北大史学系选派了毛准(子水)和姚从吾(士鳌)赴德留学,后来,毛、姚二人学成归国,任教于北大,成为民国时期的著

---

① 桑兵:《近代中国学术的地缘与流派》,《历史研究》1999 年第 3 期。
② 朱希祖:《北大史学系过去之略史与将来之希望》,《北京大学卅一周年纪念刊》,第 70 页。

名学者。

　　朱希祖和蔡元培长期保持着书信往来。1929年2月20日到3月10日,他两次给蔡元培写信,一封为代表中国史学会向中央研究院请津贴《史学季刊》事。一封则是"荐常伯琦为中央研究院天文研究所研究员"①。1931年4月,时任中央研究院历史博物馆委员长的朱希祖,为保存北平城上明清旧砲,上书中央研究院蔡元培院长:"明代铁砲在天启时有破虏之历史,在崇祯时有亡国之历史,明清兴亡之关键,皆可于此中求之,不可不善加保存也。"②1940年1月26日和2月15日,朱希祖两次接到中央研究院院长蔡元培的书信,聘请他为历史语言研究所通信研究员③。这两封信很可能是中央研究院以蔡元培的名义发出的,因为蔡元培早在1937年11月就已离开上海移居香港了,从此不再顾及中央研究院的事务。

　　在日记中,朱希祖也高度评价了蔡元培对中国教育的巨大贡献,认为"蔡孑民先生自长北京大学后,全国教育因之振兴;其后又为中央研究院院长,其自身又屡长教育行政。迄今各省大学校长及历任教育部长,大都为蔡先生振拔之人,枝叶扶疏,弥漫全国。"④

　　朱希祖还曾为蔡元培的教育思想进行过辩解,以驳斥蒋介石的诋毁。他看到蒋氏的《革命的教育》,文章"痛诋民国二十七年以来之教育为亡国灭种之教育"。朱希祖反驳道:"亡国灭种之

---

① 朱希祖:《十八年日记》手稿,1929年3月10日,现存于中国国家图书馆。
② 朱偰:《先君逷先先生年谱》,张国华主编:《文史大家朱希祖》,第163页。
③ 朱希祖:《重庆日记》,1940年1月26日、2月15日。
④ 朱偰:《先君逷先先生年谱》,张国华主编:《文史大家朱希祖》,第185页。

责,政治方面当负最重大之罪。然蒋氏之意盖谓北京大学校长蔡
元培容纳共产党教育,故谬种流传,遍布亡国灭种之教育,然此等
现象世界各国均有之,未必为亡国灭种之总原因也。亡国灭种之
总原因其过必归于政治……"①又历数蒋氏政权贪污腐败致使民
不聊生的事实,深刻揭露当时政治的黑暗,从历史的角度,论证出
政治腐败是造成国难家亡的根本原因。他说:"最高当局不能正
以齐家治国,使民不信,民于汝偕亡,何爱乎国? 以有如此之国反
不能聊生也。今当局诋二十七年以来之教育皆亡国灭种之教育,
而欲提倡本国历史、地理之教育,以培养爱国心……姑无论历史
为全人类之产物,不能枉曲为一国一党之御用宣传品,且历史全
为进化的革命的,唯物史观固不容资本主义之走卒,唯心史观亦
不容人格不备为执政。一知半解,蔽聪塞明,谗谄面谀,故旧亲戚
满朝,国欲治可得乎?"②揭露国民党统治的黑暗腐败,为蔡元培
辩护,反映了朱希祖与蔡元培教育思想的一致。

　　1940 年 3 月 5 日,蔡元培于香港逝世,朱希祖深为伤悼和痛
惜。3 月 16、17 日,朱希祖花费了两天时间,撰写《哀中央研究院
院长蔡子民四绝句》,颂扬蔡元培为中国教育和革命事业所作的
贡献。24 日参加了公祭蔡元培的活动。

哀中央研究院院长蔡子民四绝句

一

革命起词林,上庠尊祭酒。愧煞吴骏公,华夷未分剖。

二

陈李恣左倾,刘胡任右迈。岂为眉睫谋,学术求其大。

---

① 朱希祖:《重庆日记》,1938 年 11 月 12 日。
② 朱希祖:《重庆日记》,1938 年 11 月 13 日。

三

识拔惟才俊,翩翩李奕流。深谋贻国学,传统足千秋。

四

穆生机早见,夫子竟居夷。庠序悲风起,蒙涓百世师。

（按:原诗有注,陈指陈独秀,李指李大钊,刘指刘师培,胡指胡适。）

　　朱希祖和蔡元培力行"兼容并包"思想,使北大成为新思想、新文化的萌生之地;他们协力倡导"白话文",共同宣传民主和科学,推动了五四运动的爆发;而积极引进"新史学",指导史学系的课程改革,促进了中国史学的专业化和近代化;合作呈请整理"大内档案",又导致北大史学研究的学风发生重大变化。限于资料关系,我们仅可以看到朱希祖与蔡元培交往的点滴,但从中已经可以窥见其非凡的意义。

第二章　中国史学史研究

　　20 世纪初,进化史观猛烈地冲击着中国的史学界,许多史家开始面向西方,寻求先进的史学理论来指导建设"新史学"。朱希祖就非常重视史学理论,不仅引进了以德国史家兰普雷希特的"新史学",还以此为指导梳理了中国的传统史学,撰写《中国史学通论》,启发学生以新的思想方法进行史学研究,从实际上开创了"史学史"学科。下面就以《中国史学通论》为例,说明朱希祖在史学史研究方面的贡献。

第一节　最早的中国史学史讲义

　　关于"史学史"由谁首创、出现于何时的问题,史学界目前还有多种说法。有人认为是胡适最先提出来的,有人则以梁启超为最早,还有人指出由朱希祖首创。杨翼骧说:"首先在大学课堂上讲授中国史学史的,应推北京大学史学系主任朱希祖先生。他于 1919 至 1920 年间开了《中国史学概论》一课,并编写了约有三万四千字的讲稿,内容包括《中国史学之起源》与《中国史学之派别》两大部分。"①向

---

① 宁泊:《史学史研究的今与昔——访杨翼骧先生》,《史学史研究》1994 年第 4 期。

燕南也认为朱希祖"率先将中国史学史课程搬上大学讲堂"①。经过考证，发现这一说法确有道理。

　　朱希祖曾言："《中国史学通论》，原名《中国史学概论》……此书本为国立北京大学史学系讲稿，编于民国八九年间。"②也就是说，在 1919 至 1920 年间，他就开始在北大史学系为学生讲授本国史学概论了。考察《1917—1937 年北京大学史学系教员名录》表，可以看到在 1919 年至 1927 年和 1929 年至 1931 年这两个时间段里，朱希祖在史学系讲授过中国史学概论、战国史、本国史学名著研究、宋史、清史、中国史学史和中国近百年史等课程③。为了进一步确定上述课程开设的具体时间，查阅《北京大学日刊》有关史学系的课程设置，发现《文本科史学系三二一学年课程时间表》上赫然印有："史学史　朱；哲学史大纲　胡；本国通史　陈……"④由此可知，早在 1919 年朱氏就已经开始给学生讲授史学史了。而这份"课程时间表"，也正好为杨翼骧和向燕南的说法提供了史实依据。

　　将史学史作为一门课程设置足以表明：朱希祖已有了明确的史学史意识，并且认为史学史完全可以成为一门独立的学科。由此，我们可以将"史学史"概念提出的时间追溯到 1919 年。朱希祖是目前我们所知的最早提出"史学史"的史家，他的《中国史学通论》应该是最早的中国史学史讲义。

------

① 向燕南：《中国史学史还可以这样写》，《中国图书商报》2006 年 7 月 18 日。
② 朱希祖：《中国史学通论·序》，《中国史学通论》，第 1 页。
③ 郭卫东、牛大勇主编：《北京大学史学系简史》（初稿），第 34 页。
④《文本科史学系三二一学年课程时间表》，《北京大学日刊》1919 年 10 月
　24 日。

在反思和追溯史学史学科的起源时,史家们基本一致地认为:明确提出中国史学史学科的是梁启超,他在1927年的《中国历史研究法补编》中,阐述了对撰写中国史学史的看法。的确,梁启超倡导建立史学史学科的影响是非常巨大的。他最早设计了史学史学科体系的框架,在他的号召和引导下,多部体现其设想的史学史论著如雨后春笋般纷纷出现,史学史遂发展成为一门生机勃勃的学科。

但梁启超是否受到了朱希祖的启发呢?他提出史学史的做法时,朱希祖在北京大学开设史学史(或中国史学概论)课已经七八年了,在当时的学术交流非常频繁的情况下,梁氏对朱希祖的史学史课程不可能一无所知。抛开这一问题,仅就他所提出中国史学史研究的基本内容来看,"史官、史家、史学的成立与发展、最近史学的趋势"等四个方面,朱希祖大都已经进行了初步探讨。由于处于学科初创阶段,他没有像梁氏那样从理论上加以阐发,也没有给史学史提出清晰的研究轮廓。不过,单从时间上看,朱希祖对中国史学史学科的提出和创立就居功甚伟。

第二节　基本内容与编写出版过程

《中国史学通论》的内容由三部分构成:一,中国史学之起源;二,中国史学之派别;三,附录,即论文两篇:《太史公解》和《汉十二世著纪考》。第一部分包括七个小专题:1、"史"字之本谊;2、有文字而后有记载之史;3、再论书记官之史;4、未有文字以前之记载;5、再论追记伪托之史;6、论历史之萌芽(上);7、论历史之萌芽(下)。第二部分"中国史学之派别"包括:记述主义史学和推理主义史学。由于我国"既无有系统之哲学,又无求实证之社会学",

所以推理主义不能发达。因此,朱希祖又专门把代表记述主义史学的史书加以分类,共有六个小专题:编年史、国别史、传记、政治史和文化史、正史、纪事本末等。从以上内容看,该讲义的第一部分讨论了远古史学起源的相关问题,涉及史官及其职责的变化;第二部分则将中国古代史学分类考察,对各种史书的体裁、源流、得失等详加评述,并论及将来开展某一专题史研究的方法,已初步勾画出史学史的雏形。

　　然而,这些内容与作为讲义的《中国史学概论》(或《史学史》)还稍有差异,原本的第三部分应该是探讨史学思想的专章,朱希祖在《史学系指导书》(1926—1927年度)里介绍自己的本国史学概论课,说:"本课分三编讲授,第一编叙述本国史学之起源……第二编叙述本国历史之种类派别,并评论其利病得失。第三编叙述本国历史学思想之发展及进步,并规划改良之方法。"①袁同礼也提到朱希祖的《中国史学概论》分三篇,其中第三篇为"历史哲学"②。然而在出版的《中国史学通论》中,第三部分被删改替换,不知何故。

　　朱希祖编写这本史学史讲义,很可能是受到了文学史讲义的启发。早在1916年,他任文科教授时,就给学生讲授《中国古代文学史》,其内容文史不分,涉及了许多史学发展演变的问题。1919年,他兼任史学系教授,思想已发生很大变化,主张文史独立,其史学史讲义的许多内容是从文学史讲义中抽绎出来的,与文学史讲义的联系非常密切,只是某些观点和视角发生了变化。

---

① 朱希祖:《史学系课程指导书》,《北京大学日刊》1927年1月12日。
② 袁同礼:《朱遏先先生与目录学》,张国华主编:《文史大家朱希祖》,第233页。

　　1919 年所设的"史学史"课程,第二年就换上了新名称"中国史学概论",并从此长期沿用。1920 年 10 月,本科史学系课程中有朱希祖讲授的"中国史学概论",计划一年讲完,该课程"说明中国史学之源流变迁及编纂方法并评论其利弊,盖撷《史通》、《文史通义》之精华而组织稍有系统并与西洋史学相比较,使研究史学者有所取资焉"①。在多年使用《中国史学概论》的名称后,1928 年他却说:"余尝为《中国史学史》,叙吾国史学之渐次进化。"②这说明他把这两种名目的课程看作是一回事,实际使用的也应该是同一讲义。

　　作为多年使用的讲义稿,变换名称和不断补充新内容都是可以理解的,而名称的变化可能就意味着内容的不同。朱希祖回忆说:"民国九年的夏天,我担任北京大学史学系的主任,那时我看了德国 Lamprecht(兰普雷希特,引者注)的《近代历史学》。"③而《中国史学概论》中的《论历史之萌芽》上、下两篇就是有关兰普雷希特(Lamprecht)理论的介绍和运用。可以推测,《论历史之萌芽》的撰写不会早于 1920 年夏。可见,史学概论是在史学史讲义的基础上增添了"与西洋史学相比较"的新内容,理论水平有所提高,已经不完全等同于 1919 年的史学史了。

　　1922 年 2 月,他在《随笔》中这样写道:"前月编《史学概论》,述《中西纪事》一书,不知撰人姓名,兹阅《谭复堂日记》谓《中西纪事》为当涂夏燮嘿父撰。"④在民国十一年九月八日(即 1922 年 9

---

① 朱希祖:《国立北京大学讲授国学之课程并说明书》,《北京大学日刊》1920
　　年 10 月 19 日。
② 朱希祖:《中西交通史料汇篇·序》,张星烺:《中西交通史料汇篇》,北平辅
　　仁大学图书馆 1930 年。
③ 朱希祖:《新史学·序》,《北京大学日刊》1921 年 10 月 20 日。
④ 朱希祖:《随笔》手稿,1922 年 2 月 13 日,现存于南京图书馆。

月 8 日）写给张元济的信中又说："《中国史学概论》一书为史学系所编，自谓稍有精义，且为近时所作，已成三分之二，今年冬可以脱稿。"①由此可知，朱希祖的这本史学史讲义并非"民国八九年间"的"急就之章"，而是一本历经多年不断修改和完善的论著。

这部讲义稿直到 1942 年应女婿罗香林之请，才决定出版。朱氏一向谦虚谨慎，自认为"此书谬误脱略之处尚多，终非完书"，要出版的话，还需要稍作修改。而罗香林却劝阻他不必修改，说："世界无完书，以孔子之史学，今日议其非者多矣，以康德之哲学，今日议其非者亦多矣，然终有不可磨灭者在，不如仍原书之具，以表曩日之造诣如此。"②朱希祖认为此说确有道理，于是，顺从了罗氏所言。由于出版时间已至此，《中国史学通论》往往被列入 20 世纪 40 年代的史学史成果之中，使得人们不能真正认识此书的意义所在，这多少有些令人遗憾。

第三节　影响较大的创见

朱希祖说："余编讲义，不取浮词泛论，亦不取新式铺排。"其中的"绝大问题、重要断案，皆出自余之心得"③，这就使得《中国史学通论》"文简意富，珍义如珠玉，络绎不绝"④。兹将其影响较大的创见分别进行论述：

---

① 朱希祖：《致张元济》，周文玖选编：《朱希祖文存》，第 423 页。
② 朱希祖：《中国史学通论·序》，《中国史学通论》，第 3 页。
③ 朱希祖：《辩驳〈北京大学史学系全体学生驱逐主任朱希祖宣言书〉》，《北京大学日刊》1930 年 12 月 9 日。
④ 朱希祖：《中国史学通论·序》，《中国史学通论》，第 3 页。

一、关于"史"字之释义

朱希祖开篇即探讨"史"字之形义,举出许慎、戴侗、吴大澂、江永、章太炎等诸家之说,并做了进一步分析说明。许慎《说文解字》云:"史,记事者也。从又持中。中,正也。"戴侗、吴大澂已提出"中为简册",江永、章太炎也持这种观点,而且"引证始更确实"。朱希祖认为"史"为"记事者"是合乎理解的,但"中"非"正"也。他依据江永和章太炎的说法,阐释出自己的观点:"又,为右字……中为册字,右手持册,正为书记官之职。"①由于古文"册"字的写法与"中"类似,所以,"后世误认为中正之中",然"中正为无形之物德,非可手持","史"字从右从中,是"以右手持册之记事者"。

朱希祖还驳正了王国维对"史"的解释,王氏在《释史》篇中取日本饭岛忠夫说,认为"中"为盛算之器。朱希祖认为这种说法适宜于周制,最初造字的时候,并没有"盛算之器","史之本职,仅为记事,历数属史,皆为后起"②。因此,他不采王说。后来,王国维也重新修改了《释史》一文,并兼采了朱希祖的说法③。周谷城认为朱希祖的解释"于义颇谐",但与甲骨文中的"史"字相比,"于形为不合",所以,他仍采王说,认为"史"为手持盛算之器,为记录的象征④。虽然周氏不完全赞同朱希祖的说法,但也可以表明朱氏观点的影响之大。

---

①朱希祖:《中国史学通论》,第2页。
②朱希祖:《中国史学通论》,第2页。
③朱希祖:《辩驳〈北京大学史学系全体学生驱逐主任朱希祖宣言书〉》,《北京大学日刊》1930年12月9日。
④周谷城:《中国史学史提纲》,转引自瞿林东编《中国史学史研究》,湖北教育出版社2006年,第174页。

后来的许多史家在探讨史学问题时总是毫不例外地解释"史"字，比如，金毓黻的《中国史学史》、刘节的《中国史学史稿》和瞿林东的《中国史学史纲》等，他们或采纳朱氏的说法，或将其列为一家之言。

二、"有文字而后有记载之史"

朱希祖特别强调"史学发生"的必要条件——文字。认为"神农以前为结绳之世"，"结绳为记事之发端，亦为史之权舆"。"春秋以前，年代不明。虽历人亦多争执异同，此谱系之所以不能称为历史也。"①《尚书·尧典》记录年代不明，《尚书·皋陶谟》不书皋陶为何地人，这是史学上空间观念尚未发达的缘故，是史学还处于幼稚时期的作品。他又根据司马迁《史记》的本纪起于黄帝，且《货殖传》也说不知道神农以前的事情，得出结论："盖亦以有文字而后有史，故起黄帝。"未有文字以前的记载，"不出追记，便出伪托"，而伪托之书，多为神话，不足以当信史。这一观点也为后世史家所接受，金毓黻说："吾国史籍之生，应在制字之后，故远古无史可言。"②杨翼骧先生在《我国史学的起源和奴隶社会的史学》一文中，开篇就讲："探究我国史学的起源，应该从文字出现的时候谈起。因为有了文字才能有历史记载，有了历史记载才能编纂成为史书，在记录史实和编纂史书的过程中才产生了史学。"③

朱希祖还区分了史学与史料的不同：史学要有明确的时间、空间要素，否则，史学不足以成立。他说："小史外史所掌，皆系谱

①朱希祖：《中国史学通论》，第20页。
②金毓黻：《中国史学史》，商务印书馆1999年，第28页。
③吴泽主编：《中国史学史论集》第1册，上海人民出版社1980年，第10页。

牒政令之属,可称史材,未成历史,断非《鲁春秋》等所可比拟也。"①又根据德国历史学家兰普雷希特之说,论证中国史学起源有两元倾向,两元进化,谱牒起于周代,编年起于春秋,历史专官起于魏晋等,这些论断对后来的史学研究都产生了深远影响。

三、"书记官"与"历史官"

关于中国古代史官的职责问题,朱希祖提出了"书记官"一说,认为:"记事者即后世之书记官。"比如,仓颉为黄帝史官,但"惟此史官,为书记官,非历史官,必须严为分别,不可混淆"②。历史官与书记官有本质的区别,历史官是以后引申出来的。先秦时期的史官仅仅"掌管册籍起草文书",所以,只是书记官,类似于今天的秘书或秘书长。他强调说:"因果之关系,时间之观念,为历史最粗浅之条件。"因此,"历史之法,必为治历明时者所创"③。远古史官的记录远不是历史记载。

他认为《春秋》应该算是第一部编年体历史著作,而"西周以前,无成家之历史"。"历史之记载,必萌芽于太史","汉之太史,至后汉时尚专掌星历,奏时节禁忌,记瑞应灾异……后汉之时,尚无历史官专职也。至魏太和中,始置著作郎,隶中书。晋元康初,改隶秘书,专掌史任。梁、陈二代,又置撰史学士,历史官之专职,盖始乎此"。所以,"魏晋以前,无历史之专官"。至于刘知几的《史通·史官篇》中的"史官之作,肇自黄帝,备于周室"④,是把书记官误以为历史官了。

　　朱希祖对书记官与历史官之区别的详细考辨,是一种颇为新颖的见解,启发了众多史家的思维,破除了千余年来历史官起于黄帝之旧说,在史学界产生了深远影响。李大钊在他的《史学要论》中,也探讨了史官的职责,采用了朱希祖的"书记官"之说①。金毓黻的《中国史学史》和赵吕甫的《史通新校注》都引用了朱希祖的说法。当代台湾著名史学家王尔敏说:"史官原始,本掌秘书之任。"朱希祖所言的"史官掌秘书之职司,为近世学者普遍承认,毫无疑义"②。

　　四、"名"与"实"

　　名实之辩,历来为史家所重视。刘知几在《史通》的《题目》、《称谓》等许多篇目中都论及名实问题,强调"名者,实之宾也",即名称必须依附于具体内容。朱希祖在考察中国古代的历史典籍时,也同样注重核其名实,考其源流,且力图探明史学发展进化之迹。他发现中国古代许多史籍"体例淆乱,名实纠纷"③,"《尧典》、《皋陶谟》虽无纪传之名,已有纪传之实"④。"陈寿《三国志》、路振《九国志》,名为国别,实则纪传。"⑤"司马彪之《九州春秋》,州为一篇,实为后世地方统志之权舆。"⑥

　　关于司马迁立《秦本纪》、《项羽本纪》的问题,刘知几认为名

①李守常:《史学要论》,商务印书馆 2000 年,第 55 页。
②王尔敏:《史学方法》,广西师范大学出版社 2005 年,第 36 页。
③朱希祖:《中国史学通论》,第 42 页
④朱希祖:《中国史学通论》,第 22—23 页。
⑤朱希祖:《中国史学通论》,第 42 页。
⑥朱希祖:《中国史学通论》,第 42 页。

实不符,因为"纪之为体,犹《春秋》之经,系日月以成岁时,书君上以显国统"。然而,"嬴自伯翳至于庄襄,爵乃诸侯",项羽僭盗而死,没有成为国君,虽号西楚霸王,然"霸王者,即当时诸侯。诸侯而称本纪,求名责实,再三乖谬"①。而朱希祖则提出了不同的观点,认为名实纠纷中更应该重视"实",也就是说,要以历史人物的实际作用来决定其该入本纪或是世家。他说:"自周赧王亡至秦始皇称帝,中间无统者三十四年,而灭周者秦,故列秦为本纪。自秦子婴亡至汉高祖称帝,中间无统者四年,而杀子婴封诸王者项羽,故列项羽为本纪。必欲称项羽为僭盗,则刘邦何尝非僭盗乎?子玄以成败论人,实非公论。"②他还分析了本纪的内涵:"述其祖宗曰本,奉其正朔曰纪。"认为刘知几"以天子为本纪,诸侯为世家",实际上对于本纪二字之义,尚未了然也。

朱希祖对名实纠纷的评论,得到以后许多史家的认同,罗香林从"驳正《史通》"的角度,赞赏朱希祖的名实之说"均为精深之论"③。王尔敏也注意到"近人朱希祖就名实考辨,以言撰著之史之所昉"④,肯定了朱氏的做法。

五、关于史籍分类

最值得称道的是,朱希祖以新的视角和标准将古代史籍加以分类。他批判地继承了刘知几的"六家"之说,把古代史书分为两

---

①（唐）刘知几撰,赵吕甫校注:《史通新校注》,重庆出版社 1990 年,第 85—86 页。

②朱希祖:《中国史学通论》,第 74 页

③朱希祖:《中国史学通论·序》,《中国史学通论》,第 1 页。

④王尔敏:《史学方法》,第 45 页。

大派别,一是推理主义,二是记述主义。由于推理主义不发达,故略而不再细分,而将记述主义又分为六类:编年史(以时区别者)、国别史(以地区别者)、传记(以人区别者)、政治史与文化史(以事区别者)、正史(混合各体者,有通史、断代史)、纪事本末(以事之本末区别者)等。其分类简明通俗,便于检寻,给后学以很大启发。

目录学家袁同礼认为,朱希祖对史籍的整理和分类,早于梁启超和柳诒徵,比章太炎的文学总论之分类更为精密。他"以科学方法董理旧籍,为国学开一新纪元"。又说:"目录学之可贵,在于辨章学术,考镜源流者。观于此篇之所论,深能达此功效矣。"①金毓黻在撰写《中国史学史》时,参考了朱希祖的《中国史学概论》讲义,并在日记中将朱氏的分类目录详细记录下来,认为"分析至为精密,执此以绳史籍,罔有或外者矣"②。另外,台湾学者刘龙心对此也给予了很高的评价,她认为"朱希祖的史学概论是以现代史学的眼光部勒旧史的一次尝试"③,他"以史学独具的时间、空间和事类等标准作为类别史著的方式,说明现代学人已开始懂得从学科本身的特质上去把握这门学科"④。

朱希祖还把政治史和文化史分出各种专史,政治史有综合者,有单独者。单独者包括法制、经济、法律、军事、社党、外交等;文化史有综合者,有单独者。单独者又分为学术、宗教、文学、艺

①袁同礼:《朱逷先先生与目录学》,张国华主编:《文史大家朱希祖》,第234页。
②金毓黻:《静晤室日记》第2册,第999页。
③刘龙心:《学术与制度》,第165页。
④刘龙心:《学术与制度》,第168页。

术、农业、工业、商业、风俗等。这种分类方法,将社会各部门置于平等的地位,不再偏重于政治和军事,甚至把过去常常被忽略的农业、风俗等内容也单独列出,为后来专史的分类研究提供了指南,促进了史学的专门化。朱希祖在新史学思想的指导下,创造出新的分类标准,抓住了浩瀚史籍的本质特征,既科学又简明,直至今天仍有重要的学术价值。

第四节　小结

任何学术思潮的形成,学术成果的出现,本质上都是一定时代的产物,朱希祖的史学史讲义也不例外。20世纪初,中国社会发生巨大变革,新文化运动的"民主"与"科学"思潮冲击着社会的各个领域,史学也在发生根本性变革,批判旧史学,建立科学的史学成为当时史学界的首要目标。

正是在这样的历史背景下,顺应北京大学的教育教学改革,朱希祖运用"新史学"思想反思中国古代史学,重新评价其利弊得失,把中西史学有机地结合在一起。他力图通过开设"史学史"课程,启发学生寻求研究史学的方法,因此,《中国史学史讲义》应运而生。

虽是讲义之作,却饱含作者的"心裁别识"。无论是内容的编排还是体裁的构思,都是"以科学之律,精为分析,善为布勒"①的,是一部能够引导学生很快进入史学研究门径的佳作。他的学生金毓黻、傅振伦、姚从吾和朱杰勤等人受其影响,在史学史研究方面都有很深的造诣。

①朱希祖:《中国史学通论》,第49页。

　　金毓黻说:"尝谓吾师之史学,可在国内自树一帜,发前人所未发者甚多……近撰《史学史》,引用师说甚多,即缘此故。"①朱希祖的《中国史学通论》是史学史学科建设道路上的一座丰碑,永远铭刻着他的开拓之功。他最早开设史学史课程,尤其是明确提出"史学史"这一概念,使这本讲义的学术价值远远超出它自身。可以说,他实际上开创了一门新的历史学分支学科,中国近代之有史学史,实在是从朱希祖开始的。

　　但他却没有像梁启超那样,将史学史的研究上升到理论的层面,也没有指明"史学史的作法"。他提出"史学史、史籍举要,亦当用其一种,不必重设"②,这确有一定道理,因为史学史从内容上不仅包含史籍举要,而且,从理论深度上也远远超过后者。所以,开设史学史课程就没有必要再上史籍举要了。然而,他的这种说法也容易使人们将史学史与史籍举要混为一谈,在某种程度上反映出朱希祖对中国史学史的理论认识还不够深入。

---

① 金毓黻:《静晤室日记》第 6 册,第 4445 页。又见朱希祖《重庆日记》1940年 1 月 13 日。金毓黻,1913 年至 1916 年就读于北京大学文科,听过朱希祖的中国文学史课,后来与朱希祖交往甚多,每每以师相称,而朱希祖亦将金氏视为弟子门人。金毓黻说,朱希祖的《中国文学史》是他在北京大学肄业的课本。(《静晤室日记》第 2 册,第 1061 页)金在日记中常提及朱希祖,称朱逷先先生、朱师逷先、逷师等。朱希祖也称金毓黻是他的北大老学生。(见朱希祖致朱偰的信,1937 年 1 月 8 日)周文玖认为,金毓黻、姚从吾、傅振伦、朱杰勤等,当属于朱希祖系谱的学者。(《从梁启超到白寿彝——中国史学史学科发展的学术系谱》,《回族研究》2005 年第 2 期)

② 罗香林:《朱逷先先生行述》,《文史杂志》第 5 卷第 11、12 期合刊,1945 年。

第三章　史馆修史

设馆修史是我国历史上一项影响深远的重要制度，唐朝时期已正式确立。此后，每个新的朝代建立，照例要为前朝修史，同时编纂实录和国史，前后相沿，成为定制。民国时期，政府曾多次开馆纂修清史和国史，而朱希祖也曾两次参与，一为1914年开设的清史馆，一为1940年开始筹备的国史馆。朱希祖在史馆修史方面颇有建树，撰写过不少探讨古代史馆的文章，对史馆制度、史官名称以及史书体例等许多理论问题都进行过比较深入的研究。在清史馆和国史馆，他都为编纂史书拟订了体例，并提出了积极可行的建议，在一定程度上起到了发凡起例的作用。

第一节　参与编修《清史稿》

中华民国建立后，政权很快落入袁世凯之手，北洋军阀统治开始。袁世凯于1914年3月9日批准了国务院的呈请，按照"易代修史"的惯例，下令在故宫东华门内设立清史馆，聘原东三省总督赵尔巽为馆长，主持修撰清史。史馆初开，赵尔巽立即"近取翰苑名流，远征文章耆宿"①，陆续延聘百余人，分任总纂、纂修、协

---

① 转引自韩永福：《〈清史稿〉的编修过程》，《历史档案》2004年第1期。

修、提调等职,组成了庞大的修史队伍。时任北京大学国文教授
的朱希祖,于 1914 年 9 月被聘为协修。

一、担任清史馆协修

与明、清两朝的史馆①不同,清史馆没有明确统一的管理制
度,人员也没有固定编制,组织非常松散,所聘史官不受严格的考
勤制度之约束,不必每天上班签到。因此,朱希祖参与纂修的具
体情况也很难知晓。从《清史稿》的各种版本看,关内本和关外本
所列的"协修"人员中均有朱希祖的名字。金梁《清史稿校刻记》
云:"选举为张君启后、朱君希祖、袁君励准等分稿,张君书云复
辑。"②据朱师辙的考证,朱希祖"曾撰写《选举志·封荫》一卷"③。
然而,朱希祖在致邵翼如的信中却说:"清史馆初设,希祖亦尝滥
厕协修之列,其后袁世凯称帝,欲全罗馆员于硕学通儒榜以备劝
进,二三人不允,皆立即被斥而去。希祖辞职,故于清史中未尝留
只字。"④可见,《清史稿》中所采纳的《选举志·封荫》一卷应该不
是朱希祖撰写的稿子⑤。

---

① 谢贵安:《明代史馆探微》,《史学史研究》2000 年第 2 期。王记录:《清代史
　馆的人员设置与管理机制》,《史学史研究》2005 年第 4 期。
② 金梁:《清史稿校刻记》,朱师辙:《清史述闻》,生活·读书·新知三联书店
　1957 年,第 89 页。
③ 朱师辙:《〈清史稿〉撰人考》,《国立中山大学文学院研究所集刊》第 1 册,
　第 18 页。《清史述闻·撰人变迁》,朱师辙:《清史述闻》,第 59 页。
④ 朱希祖:《致邵翼如书》,手稿,现存于中国国家图书馆。
⑤ 南开大学的杜家骥先生从台湾复印了一份朱希祖的《选举志·封荫》一
　卷,笔者借来与《清史稿》(中华书局点校本,1977 年)中的该篇进行了详细
　的比对,发现二者行文的句子虽不尽相同,但主体线索一致,大体可以推
　测,张启后在撰写或张书云在补辑时,很可能参考了朱希祖的稿子。

刚入清史馆,朱希祖就"时有辞志"①。因为馆中纂修者大多是眷恋清朝的遗老,他与这些人的立场、观点存在很大差异,有时甚至针锋相对,所以,馆中事务往往不能合意。1915 年冬,袁世凯加紧了复辟的步伐,为网罗海内名士,特设博学鸿词科,朱希祖也在被征选的行列,但他坚辞不就。而馆长赵尔巽却赞同袁世凯称帝,朱希祖羞与为伍,愤而辞职。长女朱倩在日记中写道:"四年冬帝制议起,政府欲罗致名士,使为己用,不持异议,特于议会中设硕学通儒一格。而清史馆中延请十人,其时家君与张先生(张卿五,名书云,与朱希祖同为清史馆协修,引者注)皆在其列。首唱抗辞不就之议,赵世骏、蓝钰二先生尤烈,竟辞馆职而去,而吴廷燮、秦树声、邓邦述、夏孙桐、顾瑗、金兆丰六人或为纂修或为协修,竟腼然就之。其后西南义师起,帝制歇,帝制党人咸罢斥,思欲藏身史馆,于是家君首上书馆长辞职,以为史者,首以诛绝贰臣为职,今若以赵孟𫖯、钱谦益辈任之,必颠倒是非,何足为伍,遂谢史职。"②可见,朱希祖奉行"道不同不相为谋"的原则,以辞职表明其坚决反对袁世凯复辟,维护中华民国的态度。

然而,辞职也并非心之所愿。离开清史馆之后,朱希祖还常关注清史纂修情况。1917 年 11 月 9 日,他心情不佳,写下《自广》诗一首。云:"梨洲蹈海滨,季野隐冀北,一任彭朱辈,鸿博倾全国。"③暗指章太炎去了上海,自己隐居北京,都没有参与纂修清史。同时,也表达了对清史馆遗老们的怨愤和不齿。

---

① 朱倩:《朱倩日记》,1917 年 11 月 16 日。
② 朱倩:《朱倩日记》,1917 年 11 月 18 日。
③ 转引自《朱倩日记》,1917 年 11 月 9 日。

二、提议"先修志表而后纪传"

刘知几曾言:"史之有例,犹国之有法。国无法,则上下靡定;史无例,则是非莫准。"①所以,历代修史无不先定体例。朱希祖深晓其理,一入清史馆就积极地畅论史例,认为"清史宜先修志表而后纪传"。他从志、表的起源、发展及其作用等方面阐述其理由,强调纂修的顺序和总体上的协调,虽没有摆脱纪、传、志、表的史体模式,但各志、表目录和细则也反映出新颖的史学思想和方法。

朱希祖认为先修志表而后纪传的主要理由有三:(1)"作史之难,莫难于表志"。因为"表祖世本,志出三礼"。所以,治史者"非通经术,罕能撰述"。如果先将难度较大的志、表撰写出来,再写纪传就非常容易了。(2)"夫有志表,而后纪传之详略去取乃可定。"他认为古代有些史书,如《隋书》、《新唐书》等,虽有志表,但因写作顺序先后倒置,内容安排不尽合理。所以,纂修清史必须从宏观上把握各部分之间的关系,使之详略得当。(3)"史之职,固在藏往知来,不专在褒善贬恶也。"清朝统治刚刚被推翻,如果"急为纪传,恐无足观览。惟先成志表,徐图纪传。既不戾乎次叙,又或少谬是非"。而且,"志表为一代之成宪,为当世所借鉴者孔急且繁。法令具昭乎中外,典籍类陈其始末,探赜索隐,尚易为力。夫法令有张弛,行事有善恶,张弛固无所容其隐耀,善恶不免有所掩饰。故征信于志表易,征信于纪传难。夫纪传实易而今难,表志实难而今易"②。由此可见,朱希祖的建议合情合理,既

①(唐)刘知几著,赵吕甫校注:《史通新校注》,第 208 页。
②朱希祖:《拟清史宜先修志表后记传议》,朱师辙:《清史述闻》,第 260—262 页。

能够及时实现清史纂修的价值，又有利于保证整个史书的质量。

在讨论修史体例的过程中，馆内外人士各抒己见，建议颇多。于式枚、缪荃孙、吴士鉴等6人合上《谨拟开馆办法九条》，梁启超的《清史商例》第一书、第二书，金兆蕃《拟修清史略例》等。除了"梁启超建议偏重创新史体裁"[①]外，各家所上史例，多数偏于旧史体裁。朱师辙言："众以清史为结束旧史之时，不妨依据旧史，稍广类目……故馆中所采，以于氏九条为主，而参取各家所长以补之。大体近法明史，而稍有变通。"[②]其实，朱希祖拟定的体例和志、表诸目也与《清史稿》大同小异，可见，他在一定程度上起到了发凡起例的作用。那些最终未被采纳的条目，又往往与梁启超相同或类似，明显反映出他新颖而进步的观点。鉴于人们多认为梁启超所拟目录比较趋新，下面列表参照分析。

表 3.1　朱希祖与《清史稿》、梁启超的"志"目对照表：

	朱希祖	《清史稿》		梁启超	
1	历象志	天文志、灾异志、时宪志	似	历象志	同
2	地理志	地理志	同	地理志	同
3	职官志	职官志	同	职官志	同
4	选举志	选举志	同	选举志	同
5	食货志	食货志	同		
6	度支志			国用志	似
7	礼仪志	礼志	同	礼志	同
8	乐律志	乐志	同	乐志	同

①朱师辙：《清史述闻》，第 4 页。
②朱师辙：《清史述闻》，第 4 页。

续表

	朱希祖	《清史稿》		梁启超	
9	舆服志	舆服志	同	舆服志	同
10	军备志	兵志	似	兵志	似
11	刑罚志	刑法志	似	法典志	似
12	河渠志	河渠志	同	水利志	似
13	邮传志	交通志	似	邮传志	同
14	八旗志				
15	藩服志				
16	外交志	邦交志	同	邦交志	同
17	宗教志			宗教志	同
18	艺文志	艺文志	同	艺文志	同
19				物产志	
20				贡赋志	
21				户役志	
22				征榷志	
23				盐法志	
24				钱法志	
25				都市志	
26				学校志	
27				乡政志	
28				古物志	
29				国书志	

朱希祖拟志目十八,《清史稿》有志目十六,梁启超设立志目二十六。前两者大同小异,《清史稿》中的各志基本包含于朱氏志目中。而朱氏志目与《清史稿》的不同之处,往往与梁启超不谋而合,他们都有历象志和宗教志,朱氏的度支志与梁氏的国用志也大体一致。但梁氏志目比较繁杂,略显琐屑。

三者都从天文历法开始,朱希祖的历象志大体涵盖《清史稿》的天文、灾异、时宪三志,但二者存在观念上的根本差异。朱希祖主张:"废五行、符瑞、灵征等志。"至于"天变水旱,事关时政。故凡君德修省,民艰赈恤,悉入本纪"①。同时强调清代"任西洋人为钦天监正,而时宪推步,一迈往代。康熙、乾隆、道光三次实测,星多于古者且三百余。历象之学,后密于昔,史所必详,事既增繁,文亦不能过省"②。后来,在审查《清史稿》中,他曾"阅清史《文苑传》清初诸家,于施闰章摘出迷信语二条"③。表明了朱希祖提倡科学、反对迷信的进步思想。梁启超的观点与朱希祖一致,认为清代的天文历法运用了西方的科学知识,"精迈前古",但他比朱氏更明确地指出"五行、灾异等篇,与科学太不相容,当从删汰"④。

朱希祖所设度支志、八旗志、藩服志、宗教志都是《清史稿》所没有的,然而,这些正反映了他关注现实的精神、非凡的见识和进步的思想。将度支志从食货志中单独列出,目的是强调清代具有许多不同于前代的经济现象,食货志不能涵盖军国大事的支出问题。所以,"宜分农、工、商部所属事立食货志,而以赋税、课厘、国

①朱希祖:《拟清史宜先修志表后记传议》,朱师辙:《清史述闻》,第262页。
②朱希祖:《拟清史宜先修志表后记传议》,朱师辙:《清史述闻》,第263页。
③朱希祖:《十八年日记》,1929年3月25日。
④梁启超:《清史商例第一书》,朱师辙:《清史述闻》,第131页。

产、官产所入，俸给、饷糈、国债、赔款所出，别为度支志"①。梁启超的国用志，强调政府支出问题是关乎兴亡盛衰之大事，因此，从食货志中提出单列，"以鉴来兹"。

朱希祖在"八旗志"中指出，八旗制度"乃清代特制"，有着"事事与汉人不同"的特殊性，八旗子弟可以"不营生计，坐享饷糈"。他设"八旗志"，目的是说明清政府民族政策的特殊性，并表达对该政策的不满。"藩服志"则表明了他对边疆问题的重视。朱希祖和梁启超都设有"宗教志"，反映了他们对宗教的社会作用认识比较深刻。

表 3.2　朱希祖与《清史稿》、梁启超的"表"目比较表

	朱希祖	《清史稿》		梁启超	
1	后妃表			后妃表	同
2	宗室世系表	皇子世表	似	宗室世系表	同
3	公主表	公主表	同		
4	外戚表	外戚表	同		
5	藩部世爵表	藩部世表	同	藩部世爵表	同
6	功臣世表	诸臣封爵世表	似	诸臣世爵表	似
7	内阁大学士表	大学士年表	同	大学士表	同
8	军机大臣表	军机大臣年表	同		
9	总理各国事务衙门大臣表				
10	尚侍都御史表	部院大臣年表	似	尚侍都宪表	同

①朱希祖：《拟清史宜先修志表后记传议》，朱师辙：《清史述闻》，第264页。

	朱希祖	《清史稿》	梁启超
11	封疆大臣表	疆臣年表　　　同	
12	出使大臣表	交聘年表　似	使臣表　　　同
13	税务司表		
14	属国表		藩服年表　　　同
15			开国年表
16			顺康之际靖乱年表
17			西北拓境年表
18			西南拓境年表
19			嘉道之际靖乱年表
20			咸同之际靖乱年表
21			外交和战年表
22			庚申之役月表
23			甲午之役月表
24			庚子之役月表
25			逊国月表
26			与国年表
27			大事通表
28			满蒙氏族表
29			执政表
30			将帅表
31			督抚表

　　朱希祖拟表目十四,《清史稿》有表目十,而梁启超则列事表十四和人表十一,合为二十五表。前两者还是大同小异。朱希祖的表目比《清史稿》多出四类,这四类中,与梁启超一致的是后妃表和属国表(梁氏所列为藩服年表)。另有总理各国事务衙门大臣表、税务司表。

　　朱希祖和梁启超都认为清代对后妃控制甚严,大都无事可传,入表比较合理。属国表(梁氏所列为藩服年表)陈述的观点也非常一致。总理各国事务衙门大臣表和税务司表的设立,则反映出朱希祖对外交事务的关注。他非常敏锐地注意到这些清代特有的新机构、新官职之重要,总理各国事务衙门是清政府为办洋务及外交事务而设立的中央机构,最初主管外交与通商,后来权力越来越大,几乎控制了所有与外国有关的财政、军事、教育等各种事务。中国近代的海关总税务司一职,长期由外国人担任,掌中国的海关管理权。总理衙门和总税务司的设立便利了外国侵略者对清政府的控制,反映了中国社会半殖民地化程度的加深。

　　朱希祖简要论述了总理衙门的产生和演变过程,“感慨有足志者”,所以,“拟总理各国事务衙门大臣表第九”①。梁启超列出庚申、甲午、庚子之役月表、外交和战年表等,其名目虽与朱希祖所列大相径庭,但实际上都对近代出现的新问题给予了高度重视,反映出他们顺应历史发展潮流的进步思想。

　　朱希祖所拟的志目,有些与《清史稿》一致,但同样显示出与时俱进的创新精神。《清史稿》新增《交通》、《邦交》二志,前者从《兵志》中分出,将铁路、轮船、电报、邮政部分列为《交通志》。因为交通、邦交所涉及的内容,都随时代发展日益显示出其重要作

———————

① 朱希祖:《拟清史宜先修志表后记传议》,朱师辙:《清史述闻》,第 269 页。

用,有必要单独划分以详述。

　　尽管《清史稿》的体例是以于式枚、缪荃孙等人的九条为基础的,但从前边的比较中,我们发现朱希祖拟定的体例与《清史稿》一致,其志、表目录与《清史稿》采用的志、表也大体上一致,可见,他在编修《清史稿》中也起到了发凡起例的作用。张宗祥回忆说:"馆中集会数次,言人人殊,而大体不甚相霄壤。"①所以,《清史稿》的体例是"以多数人建议为基础"②的。然而,朱希祖的提议没有关于纪传的论列,使人们无法了解他这方面的设想,也是一个遗憾。

　　邹爱莲评论说:"由于主持体例制定的人,多是清朝遗老和旧学出身之人,在传统史学思想支配下,许多有价值的建议他们认为'不合义例'而未采纳,而一些封建陈旧的内容却仍被纳了进来。"所以,《清史稿》中"有的例目取舍不当"③。

　　对朱希祖"先修志表后修纪传"的建议,清史馆没有予以足够的重视,致使《清史稿》的许多内容详略失当,出现不少疏漏。王钟翰说:"《史稿》成于众手,遗老遗少各自为政,如一盘散沙,每人编写,与他人很少联系或商榷,几无照应。史文有详略,多有不尽人意之处,甚至纪、志、表、传间有自相牴牾者,固在所难免。"④

第二节　主持审查《清史稿》

　　1928 年,当国民党的北伐军即将进入北京时,《清史稿》基本

①张宗祥:《〈清史述闻〉张记》,朱师辙:《清史述闻》,第 3 页。
②邹爱莲:《〈清史稿〉体例的讨论与确立》,《清史研究》2003 年第 3 期。
③邹爱莲:《〈清史稿〉体例的讨论与确立》,《清史研究》2003 年第 3 期。
④王钟翰:《〈清史稿〉说略》,《清史补考》,辽宁大学出版社 2004 年,第
　198 页。

修成。由于编修者多为清室遗老,加上经费不继、仓促成书等诸多因素,使得该书政治观点、内容文字等各方面都存在不少问题。所以,《清史稿》一出,议者纷纭,褒贬不一。国民政府的一些官员和学者发现史稿中多有违碍之处,遂于1928年11月成立故宫博物院《清史稿》审查委员会,推举朱希祖为主任,负责审查工作①。

一、审查事件的前因后果

朱希祖曾言:"因故宫博物院委员会委员有不满意于稿中之书法叙论对于革命党有不敬之辞,欲扣留不准发行,乃召集北平学界十六人,中有委员五人,议决发行与否。希祖当时主张发行,惟略事审查其不妥及重要遗漏之处,群多赞成此说,不料即以总汇之责加诸吾身,惟校课繁忙,学殖浅陋,实难当此重任……盖此事本以塞不欲发行者之口,非欲为此未完备之稿浪作纠谬也。"②由此可知,《清史稿》审查委员会是故宫博物院组织的一个临时性学术机构,审查工作的主要目的不是纠谬,而是"塞不欲发行者之口"。

傅振伦回忆说:"1928年北大复校,6月28日易培基接收故

①朱希祖的《十八年日记》1929年1月3日条云:"余去岁十二月初被举为故宫博物院审查《清史稿》主任也。"而《国立清华大学校刊》(1928年11月30日)载:"历史学系教授朱希祖被推为审查清史主任,十一月二十四日组织召开审查会,到会者有朱希祖、李宗侗、钱玄同、吴承仕、周作人、张继、陈垣、刘半农、马裕藻、叶礼、袁同礼及故宫委员数人。由各审查员就清史研究中存在问题负责审查,限定三个月后审查完成呈报中央。"可见,朱希祖日记中回忆的时间稍有误差。

②朱希祖:《致张元济信札》1929年4月12日。上海图书馆历史文献研究所编:《历史文献》第9辑,第220页。

宫及清史馆,由朱先生审查前清遗老所编成的《清史稿》,先生交我协助审查。三月之间我写成审查报告,论次其优缺点,其中有反国民(疑为反民国之误,引者注)、藐视先烈、体例不合、简陋错误者19项,国府乃颁为禁书,不准发行。"①其实,故宫博物院理事李石曾、易培基,想纠合北平各大学教授朱希祖、陈垣、沈兼士等人,编辑《北平志》、《北方革命史》,并打算"利用故宫及流传在外的清代档案,核以实录、起居注,参以私家著作,以编《清代通鉴长编》"②。1929年12月,故宫博物院院长易培基呈文国民党行政院,建议禁止《清史稿》的发行,他说:此书"悉用亡清遗老主持其事……彼辈自诩忠于前朝,乃以诽谤民国为能事,并不顾其既食周粟之嫌,遂至乖谬百出,开千百年未有之奇……故其体例文字之错谬百出,尤属指不胜屈。此书若任其发行,实为民国之奇耻大辱",请求"将背逆之清史稿一书,永久封存,禁其发行"③。

对《清史稿》遭查禁的原因,朱希祖作了如下分析:"《清史稿》事颇多内幕,其始因馆员索欠薪须售史稿以偿,故借审查之名以相拒,其实审查不过托辞耳。希祖等二三人颇有纠误数百条,屡催开会报告,而故宫博物院竟置之不理。其后因赵尔巽家上呈国府催售《清史稿》,偿还赵氏印刷费二万元,于是故宫博物院秘书长李宗侗以'反革命'三字禁止《清史稿》之发行,报上发表之审查报告十余条,即复呈国府之文,皆系李君一人所为,希祖等实未预闻。且希祖派为审查员,实非国府所派,系集合故宫博物院专门

①傅振伦:《蒲梢沧桑——九十忆往》,华东师范大学出版社1997年,第53页。
②傅振伦:《〈清史稿〉的查禁与〈清史〉的重修》,《傅振伦文录类选》,第89页。
③易培基:《故宫博物院呈请严禁清史稿发行文》,《清史述闻》,第423页。

委员分任其事,而群推希祖为主任,此事李君实不赞成,故早无形消灭。此次一人单独发表,不开会通过,其私衷益昭然矣。赵氏诈索印费固为可恶,盖印刷费系公款,且系辽宁方面所付,故《清史稿》印出时辽方即取去四百部,以偿此款矣。"①30年代中期,他在给邵翼如的信中说:"侧闻《清史稿》之禁,虽因其载笔不慎,微有触犯,然略加修改,何至泯弃全功?实因一二大员,不为其先德立传,或立传而不惬意,故遭禁锢。"②看来,朱希祖认为《清史稿》还是有一定价值的,对查禁原因的分析也有独到之处。

随着研究的深入,学界对《清史稿》的查禁原因有了更新的认识。王钟翰说:"查禁之原动力,或谓出于李石曾,或谓出于谭组庵(延闿)。一则因李石曾之父《李鸿藻传》为不佳;一则因谭延闿之父谭钟麟未予立传。其实亦不尽然,必究其因素,无非南北互争,内外相倾,彼此结合而成之耳。不得谓李、谭二人之私心而遭禁锢之灾也。"③

《清史稿》遭到禁锢之后,清史专家北京大学史学系教授孟心史(森)先生首先提出异议,认为《清史稿》"为大宗之史料"④,毁禁此书只会给本国学者研究清史制造障碍,呼吁政府为《清史稿》解禁。抗战爆发后,《清史稿》之禁令逐渐变成一纸空文,自行解除了。

二、审查过程

根据学者们的研究领域和各人所长,朱希祖采取了分工合作

---

①朱希祖:《致张元济信札》1930年2月7日。上海图书馆历史文献研究所
　编:《历史文献》第9辑,第222页。
②朱希祖:《致邵翼如书》。
③王钟翰:《〈清史稿〉说略》,《清史补考》,第190页。
④孟森:《清史稿应否禁锢之商榷》,朱师辙:《清史述闻》,第404页。

的方式进行审查,将《清史稿》各部分分派给故宫博物院审查委员会的成员。在审查《清史稿》的过程中,又聘请了其他审查员,包括北京大学史学系的部分学生。他在日记中写道:"至北京大学东斋宿舍,考察史学系学生审查《清史稿》事。人数虽不多,然略有成绩。""至团城晤庄尚严……又催其分送《清史稿》于审查人。"①

　　他请擅长天文历法的常福元审查《清史稿》中的《天文志》、《时宪志》②。请周作人审查列传部分共十九本,陈寅恪则参与审查《高宗本纪》等内容。朱希祖曾说:"至陈寅恪君处谈清史审查事,陈君亦有纠谬十余条,尚拟再审。"③有的部分由撰稿人自己审查,如,金兆蕃编写了列传一至一百廿六,他在给朱希祖的信中说:"已领到稿本,自己检查,已得不少,印误更多。"④

　　朱希祖自己也忙于审查《清史稿》,从《十八年日记》中随处可见校阅的记录:"《清史稿·儒林传》不录沈钦韩、汤球,实属不公";"阅《清史稿》林则徐等传数篇,摘录与鸦片战争有关系之文武官员姓氏数十人,以备交与清华大学史学会会员,分至各图书馆调查其著述";"阅《清史稿》阿哈出等传一卷。此卷系金兆蕃先生作,颇佳。曾将明代实录凡关建州卫事均录出,断定董山诸人非清室祖宗,

①朱希祖:《十八年日记》,1929 年 1 月 7 日、12 日。
②朱希祖:《十八年日记》,1929 年 2 月 13 日。据朱希祖介绍:"常伯琦,名福元,江苏江宁人,明常遇春之裔,北洋水师学堂毕业生,其长于天文历算,著有《天文仪器志略》、《中星仪说》、《泰公历法通考》、《中西对照恒星录》及《象数杂记》等。前为北京观象台台长,年五十。"朱希祖请其审查《清史稿》的《天文志》、《时宪志》,指摘签注颇多。
③朱希祖:《十八年日记》,1929 年 3 月 25 日。
④转引自朱元曙《关于清史馆及〈清史稿〉审查委员会二三事》,《万象》第 8 卷第 5 期,2006 年 8 月。

故列于列传卷九。然余对于此事仍有怀疑,将来拟详考之"①。朱希祖在审阅的同时,既关注历史史实又对史稿加以评论,既有纠谬也有赞叹,还写下答故宫博物院催缴《清史稿》审查稿件信以及大量的研究笔记。

1940年2月,朱希祖负责筹备国史馆,再次负责审查《清史稿》。在《国史馆筹备大纲》中,他对审查和修订清史稿事宜做了系统的安排,并多次与张继等人商议此事,亲自审查《清史稿》的《德宗本纪》和《宣统本纪》,举其纰缪。又指导朱焕尧摘录其中"书法之谬者数十条,以备纠正"②。还吩咐馆内人员多方搜寻《清史稿》,他在日记中写道:"朱焕尧自白沙回,借得国立编译馆《清史稿》列传部分,内缺藩封等丛传十册,然合之前所借得之中山文化教育馆所藏史稿本纪、志、表七十册,则纠正纰缪之举,已可开始进行。"③

第三节　负责筹备国史馆

民国时期的国史馆,其设立过程十分曲折,几经提议,多次筹备,前后经历数十年,未有任何纂修成果。1936年,朱希祖与邵翼如谈论起纂修国史问题,他认为:"今之国史亦决不宜从缓。吾国历史延绵不绝数千载者,实因汉唐以来,一日有一日之起居注,一代有一代之实录,一朝有一朝之国史,故其之美富,实冠冕万国。

外族猾夏,国祚再亡,然而终能光复者,实赖此有以维系民族。"①
可见,朱希祖非常重视国史并积极倡议其纂修工作。

一、担任总干事始末

1938 年 12 月 31 日,朱希祖与张继畅谈保存档案和建立国史
馆的问题。他慨然接受张氏委托,作提案一篇,以备在五中全会
上提出。1939 年 1 月 17 日至 22 日,他以极高的热情撰写和修改
《请建立总档案库筹设国史馆议》。该议案遂由张继、吴敬恒、邹
鲁等十三人提出,并获得通过。

到 1939 年底,国民政府决议设立国史馆筹备委员会,以张
继、邹鲁、叶楚伧、邓家彦、胡毅生、王伯群、杨庶堪等七人为委员,
张继为主任委员。1940 年 1 月,张继特意委托朱希祖周密计划国
史馆筹委会事宜。

朱希祖接受了委托,就兴致勃勃地向张继提出建议,"国史馆
之组织非破除情面、综核程功不能奏效"。因为学术之事,"非统
一指麾不可,否则,人自为政,反致冲突推诿,一事难成"。所以,
"筹备之际,必先求得若万斯同其人者,专任以提调一切事宜,若
今秘书长之职。则其人乃能负责赴事,不致为其同侪所掣肘,破
除情面,综核程功,此其最要矣。凡调查材料,筹划事业,审核要
件,决定大计及奉行委员会决议案,皆惟彼一人是赖,如此则主任
乃可不劳而成,无为而治"。同时,强调史馆总裁必须专任。明史
之所以比较出色,原因就在于"历任总裁皆能专任。万斯同为名
义之总裁,鸿词科五十名纂修官之撰稿,皆归斯同一人去取、整
理、考订、修饰,故《明史稿》皆为斯同一人部勒而成,此则历任总

① 朱希祖:《致邵翼如书》。

裁之卓识为前代之所不可及也"①。

最初，张继打算让朱希祖担任秘书长，全权负责筹备国史馆。1月25日开成立会，公推朱希祖为秘书长，由国民政府主席简任，月薪六百元七折②。仅仅十天后，国史馆筹备委员会第二次会议就将第一次决议全行推翻，改秘书长为总干事，不支薪，仅有办公费月二百六十元，仍由朱希祖担任，可不辞中央大学教授，支原薪。秘书改为副总干事，由国民政府秘书但焘兼任，办公费月二百四十。顾问加为六人，每人月二百元。一、二组主任以下支薪，专员改为干事，一、二组各三人，另聘名誉顾问若干员③。

朱希祖认为："筹备委员会聘人愈多，将来国史馆人愈杂，必无好结果。如此重要机关，其中重要人员皆系兼职，无专职办事之人，亦属儿戏。顾问人多而无明定职掌，而组主任又非能采访设计之人，如何指挥？总干事不预闻组织大计，有其名而无其实，将来外人批评则丛罪于其身。又兼职而又责以专职办事，终日坐办于会中，亦属笑谈。总干事岂可为哉？"④2月7日，朱希祖写信致张继，表示不就总干事之职，但又被慰留。2月12日朱希祖作咏物绝句《鸠》，抒发自己心中的愤懑。云："耀采远差雄雉美，扬声仅借小筝高。力难攫搏供传达，伎巧偏能占鹊巢。"⑤讽刺了国史馆中那些尸位素餐的人。

筹备之初，朱希祖天天忙于史馆制度的探讨和遴选史学人才，部署会务。然而，事情进展相当缓慢，难以如他所愿。他说：

①朱希祖：《重庆日记》，1940年1月10日。
②朱希祖：《重庆日记》，1940年1月25日。
③朱希祖：《重庆日记》，1940年2月5日。
④朱希祖：《重庆日记》，1940年2月5日。
⑤朱希祖：《重庆日记》，1940年2月12日。

"国史馆筹备会已蹉跎三阅月,尚未开始编纂,全因经费支领转辗机关太多始领出,以致聘人购物皆致拖延,下月一日起须积极加工进行一切。"①朱希祖不满国史馆的办事效率,但还是满怀信心地展望未来。

由于馆内人员组织涣散,效率低下,朱希祖撰写《增进效率三原则》以谏张继。在与汪旭初的和诗中,他写道:"缔造千秋业,艰虞百尺基。散沙难强固,独木不支危。"②表达了他对筹备工作的重视和对馆中一盘散沙状况的忧虑。为加强管理,他召开干事及书记会,"约定书记每日写字至少须有四千字,兼职者改半,多者自当奖励,并戒不许无故交谈,妨碍他人工作"③。他希望馆员都能够自觉负起责任,切实提高工作效率。

由于史馆事务难以开展,朱希祖决定辞职。首先,他认为"溥泉(张继,引者注)用人不择才只徇情面,又不给人以权,动辄掣肘,而大权反旁落,用财只知节省不知发展事业,以致史馆难奏绩"④。其次,在国史馆制度规划和国史体例的议定方面,他与但焘的观点存在很大分歧,许多问题虽经一再讨论,最终双方还是各执己见,这给国史馆的筹备工作带来了一定困难。朱希祖在给女儿朱倓的信中说:"国史馆方面余仍坚辞总干事,已三留三辞,至今尚未解决。以事业言,因不宜舍置;以人事言,实早应离开。以彼辈败坏事业则有余,襄成事业决不能,徒然使余日受恼耳。"⑤再次,朱希祖

①朱希祖:《致罗香林书》,1940年4月26日。
②朱希祖:《重庆日记》,1940年8月6日。
③朱希祖:《重庆日记》,1940年8月30日。
④朱希祖:《重庆日记》,1940年8月12日。
⑤朱希祖:《致朱倓书》,1940年12月18日。

还担任考试院的考选委员会委员,工作比较繁重,而他的身体状况亦不佳,时常患病,所以考虑减轻事务。1941 年 2 月 10 日,他在筹委会第八次会议上递交了辞职报告,后经委员会一再慰留,改任顾问。

二、规划史馆制度

被聘为国史馆筹备委员会的秘书长后,朱希祖全力以赴地投入到筹备工作中。1940 年 1 月 21 日,他草拟《国史馆筹备委员会组织大纲》12 条,规定了国史馆筹备委员会的地位、职掌、人员组成和主要任务。其中第一条明确指出:"国史馆筹备委员会直隶于国民政府,掌理国史馆成立前后各种筹备事宜。"①筹委会设委员七人,其中主任委员一人,总理本会事务,负责每月召集一次委员会议,商讨和议决本会的重要事务。主任委员之下设总干事、副总干事各一名,承主任委员之命处理本会一切事务。筹委会下设两个小组,第一组掌规划国史体例、史料整理及起草有关国史馆法规,并采访事宜,第二组掌文书、出纳、庶务等事宜。每组设主任一名,干事三名。由于事务繁多,人数又少,所以另聘顾问六人和其他事务人员六至十人。由此可见,筹委会的特点是机构人员精简,正、副总干事在担任领导工作的同时也参与具体的编纂工作,顾问也不是虚职,他们的主要任务是采访搜集史料和编写国史。

1940 年 2 月 5 日,朱希祖改任筹委会总干事。2 月 19 日撰写《国史馆筹备大纲》一篇,分四纲十三目,在人员组织、史料搜集、馆舍选择、国史编纂四方面进行了详细的规划,拟定了国史馆官

---

① 朱希祖:《国民政府国史馆筹备委员会组织大纲》,《朱希祖先生文集》第 2 册,第 1028 页。

制草案、史官标准法及登庸法、储才馆条例,强调为搜集史料须调查档案和筹备档案总库,多方搜集采访史料、筹建书库,还对商榷国史体例、修订《清史稿》、编纂月表和年表等工作做了纲要性的安排。

针对大纲,但焘提出异议,主张"顾问列总干事之上,因为顾问等于翰林院修撰"①。王伯群委员提出《国史馆筹备大纲草案意见书》②,认为:史馆的名称历代虽有差异,但大多数情况还是称"馆",所以称国史馆较国史院为宜。对此,朱希祖提出《改国史馆为国史院议》,历数中国历代修史机构的名称,认为机构名称的变化往往意味着地位的升降,称"国史院"有利于提高修史机构的地位,获得政府和社会的尊重。况且,孙中山批准设立的本为国史院,而袁世凯继任却降为国史馆,所以,称"国史院"更为妥当。但焘虽然也主张将国史馆改为国史院,然其理由与朱希祖却大相径庭。他主要是为了便于在国史院下设六馆。"一曰明史馆,掌重修明史及新修晚明史;一曰清史馆,掌重修清史;一曰太平天国史馆,掌修太平天国史;一曰中国通史馆,掌修中国通史;一曰列国通史馆,掌修列国通史;一曰会典馆,掌修民国会典。"③朱希祖批驳说,国史院既然以国史称,自然应该"以当代本国史为主,即中华民国国史也"④。其他如列国通史之类,都不属于国史应该撰写的范围。

对于但焘提出的国史院隶属行政院之说,朱希祖认为其中弊

①转引自朱希祖《重庆日记》,1940年2月25日。
②王伯群:《国史馆筹备大纲草案意见书》,现存于中国第二历史档案馆。
③朱希祖:《国史事例杂议质疑》,《朱希祖先生文集》第2册,第1065页。
④朱希祖:《国史事例杂议质疑》,《朱希祖先生文集》第2册,第1066页。

端甚多,一如唐代的宰相监修国史,史官受宰相牵制,难以做到
"奋笔直书"。国史院应直接隶属国民政府,在搜集档案资料、行
使史馆的权力时可以不受执政牵制。

为了使馆内人员的日常事务更加有规可循,朱希祖参考西方各
国的法规和制度,拟定出《国史馆筹备委员会办事细则》。5月2日,
国史馆筹备会召开分配工作会议,朱希祖作了主要发言。他在日记中
写下了会上情况:"余任草国史馆官制及史例;干事朱焕尧佐检材料及
季刊编辑校对;但焘自任史例,又请其助调查档案;张圣奘任检查历代
史官制度……"①明确和详细的分工,对于编纂民国史这样的大型
项目,是很有必要的,朱希祖所做的工作非常具体而切合实际。

朱希祖认为规划史馆制度是筹委会的中心任务之一,需要大
家共同探讨,集思广益。他撰写了《改国史馆为国史院议》、《史官
名称议》、《驳史通元魏著作局及修史局说》、《史阁考》等系列文
章,为同事们商讨制度问题提供了历史依据。

三、举荐人才

朱希祖认为明史之所以"较为杰构",原因就在于"历任明史
馆总裁皆虚心延揽真才,清廷又特开博学鸿词科,网罗全国积学
能文之士",而且,使史官们"各奏所长"②。所以,为确保修史工
作的顺利进行,他首先强调选拔人才。在他的心目中,史家应该
具备的素质和能力标准为:"一文章雅洁,二考订精确,三识见高
深,须明社会科学及哲学。"③但以这样的标准,合格者肯定很少。

---

① 朱希祖:《重庆日记》,1940年5月2日
② 朱希祖:《重庆日记》,1940年1月10日。
③ 朱希祖:《致朱偰书,附告香林》,1940年3月25日。

于是,他提议在"史馆中特设储才馆",培养史学人才。王伯群则认为,史官必须品德端正,才能够秉笔直书;须有专门的史学素养,熟悉掌故,勤于考证,深通史学方法,才能够在正史体例的基础上随时代而变通。而史学人才应该由大学负责培养,只需在各大学史学系毕业生中选拔成绩优异者即可,不必专设储才馆。

但焘提出的史官标准为:"非高材博学、躬与创业者,不得受任大著作,而著作则以文辞雅正,多识旧闻者居之。"朱希祖对但焘的史官标准法提出了诸多异议,以"高材博学、躬与创业"作为大著作的资格,恐怕很难有合适人选。又言:"史贵三长,曰才学识。今但君仅以高才博学为大著作标准,而遗却识之一端,夫才高而无识则华而不实,学博而无识,则博而寡要。"①

朱希祖认为选拔史官应该"采前代成法,拟用类似考度法,如平日之史籍著作、传记文章为第一必需条件,临时再试作名人传一篇(仿晋代例),以定位置之高下,盖此等作品可以见其才学识三长如何程度也"②。在这一点上,王伯群与朱希祖的观点基本一致,他认为既不能完全依靠考试,也不能完全讲究资历,应根据标准由大学、学术机构、各省政府举荐,再由国史馆考查后择优聘用。但焘虽然赞同设馆储才,但他选拔史官的标准比较特别,他说:"设史学馆,取白衣及学校史学高才生,肄业其中,倘急欲得良史,则当依清代博学宏词之故事,设特科以招之,每开一馆则举行,不为常格,学馆以储史才,特科以延宿儒。"③朱希祖认为白衣宿儒皆不习科学,不能真正了解当今社会的政治、经济,不可能写

①朱希祖:《国史事例杂议质疑》,《朱希祖先生文集》第2册,第1086页。
②朱希祖:《致罗香林书》,1940年3月25日。
③朱希祖:《国史事例杂议质疑》,《朱希祖先生文集》第2册,第1089—1090页。

出合乎当代社会的历史。所以,当务之急是设馆储才,专招大学史学系毕业的高材生,"以科学方法训练其史学,以史法论理学训练其文章"①。几年之后,方有可能培养出合格的史官。关于史官的员额,朱希祖与但焘意见也不一致。

除了理论上的探讨,朱希祖还亲自考察和选聘史官。他首先推荐"于中国史学颇有根底"②的张圣奘为设计组主任,聘请善于"搜辑史料"的金毓黻为秘书兼采访组主任,又聘请"颇能考证"的李菊田、"文笔雅洁"③的蒋逸雪为干事,还多次力荐"笃志专精"④的钱海岳为顾问,推荐弟子傅振伦担任练习干事。可见,朱希祖选聘馆员非常注重才学和能力。

朱希祖为史馆订立的人才标准和选拔方法,保证了史官的质量,为筹备工作的顺利进行提供了良好的条件。而他亲自举荐和选聘的史官,从一开始就能够积极投入工作,颇有成绩。对此,他自己也较为满意:"国史馆筹备委员会……所聘请人物余所物色者仅四人,尚称合意。当局所用委员所荐,皆不能办事,反多掣肘,官场用人大都如此。"⑤

四、议定国史体例

朱希祖于 1939 年初就指出,国史是正史,应按正史的纪、传、表、志体裁撰写,但可以"参酌新史,略为变通"。国史馆筹备委员

---

① 朱希祖:《国史事例杂议质疑》,《朱希祖先生文集》第 2 册,第 1092 页。
② 朱希祖:《重庆日记》,1940 年 1 月 19 日。
③ 朱希祖:《致朱偰书,附告香林》,1940 年 3 月 25 日。
④ 朱希祖:《重庆日记》,1940 年 5 月 8 日。
⑤ 朱希祖:《致罗香林书》,1940 年 3 月 25 日。

会成立后，朱希祖又鼓励大家畅所欲言，共同探讨国史体例。为此，他撰写了多篇相关文章，如《筹备大纲·编纂史例》、《国史长篇释例一书名字职位例三条》、《国史长编释例记年月日时例》、《国史分为三体议》、《国史中纪传表志名称议》、《国史体例》，另外还有《国史事例杂议质疑》中的《国史史体驳议》和《国史史例驳议》，全面而系统地阐述了他对纂修国史体例的见解。

王伯群、金毓黻都赞同朱希祖所拟的体例，即民国史与历代正史一致，采用纪传体，删去世家部分。正式修史之前，先作国史长编作为初稿。长编包括民国通纪和民国会要，根据通纪来撰写纪，依据会要撰写志。

但焘则撰写了《国史体例杂议》，发表自己的见解。该文分总论、本纪、表、志、列传、图谱、论赞、序传、自注、长编十个部分。总论部分介绍了中国古代史书已有的编年体、纪传体、纪事本末体三种体裁，认为"三种体裁各有利弊"。他还指出，日历和时政记宜于采用编年体，作为编纂正史的基础材料，国史则应当采用纪传体，以延续历代正史的系统。从总体上看，上述各家的建议大同小异，采用纪传体成为国史体例商榷中的主流意见。

然而，在体例的细节问题上，朱希祖与但焘分歧较多。他曾多次申述民国史不宜用本纪之名，然而但焘却仍旧坚持列本纪一体。朱希祖认为，"本"者，追述其祖先。"纪"者，尊奉其正朔。而但焘却说："民国正史，仍须用本纪之名……本者，本于革命也。"朱希祖无奈地感言："此等理论真是匪夷所思。"①

尽管许多史例问题已经过多次讨论，然但焘的《国史事例杂议》依旧坚持其观点。1940年8月，朱希祖奋笔写下洋洋洒洒的

---

① 朱希祖：《重庆日记》，1940年4月16日。

万言驳议,意在通过辩论,使大家认清是非,确立比较合适的国史体例。但他的这篇文章生前一直没有发表。

虽然,朱希祖与但焘对修史的某些问题看法不一,但他们还是保持着较好的私人关系,这也是可以理解的。朱希祖欣赏但焘的学问,尝言:"但君文章尔雅、学问广博,凤所钦佩。"①他们都是太炎弟子,在共同筹备国史馆的过程中,相互间进行了多次协商和探讨。平时,他们工作中同甘共苦,常常一起散步、争论问题,还赋诗往还。朱希祖的《和植之〈史馆诗〉》言:"创业钦躬与,鸿谟奠丕基。行都同出处,山馆共安危。新意都成例,陈编尽可师。史心宜讨论,莫吝教言垂。"②诗中赞扬了但焘为筹备国史馆所做出的努力,表达了共同谋划国史体例,努力创造新史的愿望。

第四节　评价

朱希祖两次参加史馆修史,都积极地就修史体例陈述意见,在一定程度上起到了发凡起例的作用。但两次修史,他在馆中的时间都不长,最后都以辞职方式退出。由于他在清史馆与国史馆所处的地位不同,决定了其作用也大不相同。

参与编修《清史稿》时,他撰写了《清史宜先修志表而后纪传议》,为清史拟定了体例和志、表的目录细则,对清史体例的最终确立起到了积极作用。他所强调的编修次序问题,因没有得到足够的重视,所以,未能产生明显的实际效果。但史馆修史必须统筹安排、相互照应的建议,直到今天仍具有启发意义。两次主持

①朱希祖:《国史事例杂议质疑·序》,《朱希祖先生文集》第2册,第1061页。
②朱希祖:《重庆日记》,1940年8月14日。

审查《清史稿》，既肯定了《清史稿》的价值，也指出了一些错误，态度客观公允。而他以辞职的方式来反对袁世凯复辟，则显示了史学家正直的品格，值得敬佩。

《建立档案总库筹设国史馆议案》阐述了史馆修史的必要性和重要性，对于敦促政府开馆修史起了很大作用，该文被刘成禺誉为"中华建国以来第一大文字"[1]。在筹备国史馆期间，朱希祖分析、总结了历代修史的利弊得失，为国史馆尽职尽责地做了许多工作。在担任总干事仅一年的时间里，他撰写了几十篇文章，为国史馆筹委会拟定了组织条例，制定了各项规章制度和选取史学人才的标准，还探讨了国史体例。同时，他亲自选拔和举荐了一批史学人才，指导他们调查和整理史料，编写中华民国史料长编。可见，无论是在理论上还是在组织管理的实际工作中，朱希祖都出色地履行了总干事的职责，为后人筹备史馆工作和研究馆修史留下了宝贵的思想。

最终，国史馆筹备委员会编出史料长编四编，分别为："自民国纪元前18年孙中山发动革命起至民国元年临时政府成立为第一编，由傅振伦编，成稿三十余册；自民国元年至国民政府成立为第二编，由蒋逸雪编，成稿一百余册；自国民政府成立至1937年七七事变为第三编，由李菊田编，成稿一百五十余册；自七七事变以后为第四编，由朱焕尧编，成稿二百二十余册。"[2]这些长编，辑录了从1911年以后30多年的每日大事史料。史料来源多取材于"当时报刊、公报、档案及私家记载，以月为单位，用按日系事的

---

①朱希祖：《重庆日记》，1940年4月5日。

②国史馆筹备委员会编印：《国史馆筹备委员会结束报告书》，1947年。转引自夏雨《民国国史馆研究》，第16页。

方法编成,具有很高的史料价值"①。

　　这些成果的取得,可以说包含着朱希祖大量的心血。首先,为纂辑"国史史料长编"拟定体例及细则。他曾反复与张圣奘及干事蒋逸雪、傅振伦、李菊田、朱焕尧等人"讨论《国史长编》各项书法",并撰写《国史长编释例》详细说明"年月日时"②和"名字、职位"③的记载方法,提出"废除干支说"④。其次,亲自指导四位撰稿人的具体编写工作,对四位撰稿人"讲司马光《资治通鉴释例》残文及《与范祖禹书》论通鉴长编丛目作法"⑤。再次,不辞辛苦地搜集资料。他几乎跑遍各家书店,在仅仅一个月左右的时间里,就得一百七十种之多,还将这些史料编成《新得民国史料目录》⑥,以便撰稿人查询。

　　朱希祖倡导设馆修史,一再强调"国可亡,但史不可亡",以民族精神激发人们的爱国保家之士气,表现出一个史学家的神圣使命感。他对清史馆、国史馆提出的修史建议至今仍有借鉴意义。

①刘永祥:《民国时期国史馆的变迁》,《学术研究》2015年第2期。
②朱希祖:《重庆日记》,1940年7月18日。
③朱希祖:《重庆日记》,1940年7月17日。
④朱希祖:《重庆日记》,1940年7月18日。
⑤朱希祖:《重庆日记》,1940年7月19日。
⑥朱希祖:《重庆日记》,1941年4月5日。

第四章　历史文献研究

朱希祖搜集、整理了大批珍贵的文献档案资料。尤为突出的是对南明史籍的考证、校勘，对《伪齐录》、《伪楚录》的校补、辑补以及对明清档案的抢救和发掘。他的历史文献研究，一方面严谨精勤，体现其"求真"的思想，另一方面，则关注现实，反映其"经世"的意图。文献整理是朱希祖史学研究的重要组成部分，考察他在这一领域取得的成就，不仅可以更加深入地理解其史学思想，而且有利于全面认识民国史学的发展状况。

第一节　"平生心事南明史"

朱希祖是民国时期著名的南明史专家，致力于南明史研究长达几十年之久。由于记载明朝尤其是南明历史的书籍，在清朝屡遭禁毁，存留者极少，加上刊刻者为逃避禁毁而对书名和内容大肆篡改，造成许多研究障碍。为求得历史真相，激励民族精神，朱希祖一方面将多方搜求的南明史籍详加校勘和考订，撰写了大量的序跋。另一方面，整理、排比南明史料，确定重要人物和重大事件的时空位置，并赋予其意义，进而探讨历史发展的因果关系，重建南明历史。他的南明史研究考释并举、创获颇丰，在其整个史学研究中占有重要地位。

一、对南明史籍的考订

朱希祖对南明史籍、史实的考订,主要是通过序跋的形式,发掘出史籍的作者、存佚、版本以及资料源流,又通过史籍内容发现和考证出大量的历史史实。他所作的大部分题跋,后来由中华书局整理为《明季史料题跋》一书,于1961年出版,成为南明史研究的重要资料。另外一些南明史籍的序跋,正式发表者不多,或为随笔札记或为未定手稿。由于这些资料不易查找,现据《朱希祖先生文集》所载,将其列表如下:

表 4.1　朱希祖南明史籍序、跋一览表(未收录于《明季史料题跋》)

序号	题目	撰述时间	发表情况	载于《文集》	备注
1	记明台湾郑氏亡事叙	1930年5月5日	中央研究院历史语言研究所出版	第5册	史籍原名《平定海寇方略》
2	延平王户官杨英从征实录序	1931年5月28日	同上	同上	史籍原名《先王实录》
3	周二年写本黄石公素书明解跋	1932年1月9日		同上	
4	双遂堂遗集	1932年9月13日		第6册	见于日记
5	李勤襄公奏议	1932年9月14日		同上	见于日记
6	醉经楼存稿	1935年3月13日		同上	见于日记

续表

序号	题目	撰述时间	发表情况	载于《文集》	备注
7	小腆纪传书后		《制言》第31期，1936年12月	同上	
8	诚意伯文集	1937年1月12日		同上	
9	林屋文稿	1937年3月9日		同上	见于日记
10	华岳全集	1937年3月20日		同上	见于日记
11	抚吴疏草	1937年4月7日		同上	见于日记
12	南台遗疏			同上	

朱希祖所作的序、跋，从形式上看是零散的，由许多篇幅不大的小文章构成，每篇的字数多则几千，少则数百。从每一篇序、跋的内容看，考订的史籍多种多样，论述也颇有系统条理，其中不乏独到见解。

(一)涉及内容广泛

朱希祖搜集和考订的明季史籍，涉及内容非常广泛。包括南明各小朝廷的建立及其播迁更替、文人争斗、武人专权、党社纷争、农民起义等史实；明代社会经济发展的状况；台湾郑成功抗清斗争的历史；屈大均和金堡等南明重要朝臣的作品；钱谦益、张凤翔等贰臣的奏议、诗歌、文集；另外还有关于《明史》和东林书院的资料等等。

由于史籍内容繁杂，且绝大部分集中于政治方面，这也决定了序跋所探讨的内容。如,《跋旧钞本明熹宗实录》《弘光实录钞跋》《校钞本思文大纪跋》《永历刻本陈岩野先生集跋》《跋旧钞本幸存录》和《南渡录跋》等篇目都是反映当时政治状况的。在《永历刻本陈岩野先生集跋》中,朱希祖列举了一系列关于皇帝争立的史实:思文帝汀州遇难后,苏观生、何吾驺等一些权臣拥立绍武政权,使其与永历政权争夺,导致统治阶级内部矛盾激化,南明灭亡。朱希祖认为:"绍武之苏、何"与"弘光之马、阮,隆武之二郑"是"一丘之貉",绍武、永历两个政权为争立而"同党相残",因此,"南明之亡,其无故哉!"①

党社纷争是明末非常严重的一大政治问题。夏允彝在《幸存录》中谈到党社各有宗旨,成员门户之见很深,致使他们在政治上的斗争非常激烈。朱希祖《跋旧钞本幸存录》云:"读是录者,可以知几社与复社政见之不同也。"他赞同夏允彝的观点,认为:"明季北都、南都之沦没,皆由东林党与非东林党专事内讧,不顾敌国外患,无高瞻远瞩之识,无和衷共济之量,遂致鹬蚌相争,渔翁得利。故明社之亡,列于党争者,皆有罪焉。"②

关于农民起义的史籍题跋,主要有:《旧钞本细阳御寇记残本跋》《旧钞本守麇纪略跋》和《校补蕲黄四十八寨纪事跋》等。《细阳御寇记》记载的是明崇祯八年四月至十月太和县御寇申报公牍及揭示等文三十五篇。朱希祖从书中的《关庙祭文》一篇,推测出此书应为太和县知事吴世济所辑。认为该书"所录流寇口供,足证史乘者尚多。当时明廷征收辽饷及搜刮钱粮情形,记载尤悉"。

①朱希祖:《永历刻本陈岩野先生集跋》,《明季史料题跋》,中华书局 1961年,第 102—103 页。
②朱希祖:《跋旧钞本幸存录》,《明季史料题跋》,第 7 页。

书中提到"闯天王兴武元年告示",说明闯天王高迎祥曾经有改元之事,然而,许多专门研究纪元的史书中都没有提到过。比如,"叶维庚《纪元通考》载明代流寇纪元有十三家,李自成曰永昌,张献忠曰大顺,而不载高迎祥;李兆洛《纪元编》等亦无之。冯甦《见闻随笔》亦但记高迎祥自号闯王,而不言其改元。惟此书言兴武元年即在崇祯八年",朱希祖认为这一记载"不独可以补史实,即年代学上亦增一故事耳"①。值得注意的是,朱希祖将农民军称为贼寇,站在了农民阶级的对立面。

还有涉及经济史的题跋,如《跋王原明食货志》和《明崇祯刻本度支奏议跋》。朱希祖详细说明《食货志》十二卷的目录:"一《农桑》、二《户口》、三《田制》(附《屯政》)、四《赋役》(附《荒政》)、五《漕运》(附《海运》)、六《仓库》(附《马房》、《仓场》),是为上篇六卷;七《盐法》、八《钱钞》、九《茶矾》、十《课税》、十一《上供采造》、十二《会计》(附《俸饷》),是为下篇六卷。"还追溯出王原《明食货志》是《明史·食货志》史料来源:"钞本王鸿绪《明史稿》,略加删润,为十一卷;刻本王鸿绪《明史稿》,则更删节增饰,合并为六卷。张廷玉《明史》,即刻本《明史稿》改易字句,仍为六卷,其文十之七八皆王原旧作,此《明史·食货志》之源流也。"②这对我们了解《明史·食货志》的史料源流和全面考察明代经济发展状况都很有帮助。

《明崇祯刻本度支奏议跋》介绍了一部向不见于藏书家著录的重要史籍——《度支奏议》,一百十九卷一百十九册,明户部尚书毕自严撰。"内分《堂稿》二十卷、《新饷出入大数疏》一卷、新饷

---

① 朱希祖:《旧钞本细阳御寇记残本跋》,《明季史料题跋》,第26页。
② 朱希祖:《跋王原明食货志》,《明季史料题跋》,第75页。

司三十六卷、边饷司十一卷、山东司七卷……贵州司二卷、云南司十七卷",朱希祖对该书的"洋洋巨观"颇感诧异,认为它"堪称秘籍环宝,对于研究明代财政收支关系殊大"①。

《皇明四朝成仁录跋》、《皇明四朝成仁录补编跋》、《成仁谱跋》、《南明广州殉国诸王考》和《钞本明延平忠节王始末跋》、《延平王户官杨英从征实录序》、《记台湾郑氏亡事叙》等篇目,主要介绍了记载抗清殉节者和有关台湾郑氏的史籍,也考证出许多相关史实。《皇明四朝成仁录》所记为"崇祯、弘光、隆武、永历四朝死事殉难诸人传,故曰《四朝成仁录》,盖取《论语》杀身成仁之义也"②。"流传亦颇稀见"的《成仁谱》二十六卷,记载"自夏、殷以讫宋、元十四卷,而有明一代占十二卷。于弘光、隆武、永历三朝死节者,甄录百一十有二人,附传者尚不可胜计,其裨补史事岂云浅尠?"③而《钞校本明延平忠节王始末》,作者清朝黄冈汪镛钟曾亲至台湾,"本书卷三附考有驳正《小腆纪年》所述台湾历史地理七条,颇多精审……于台湾事迹皆得诸亲历"。其中采录的许多史实,"皆珍如天球,不可多得"④。

朱希祖对屈大均的著述进行了详细考证,作《屈大均著述考》。他依据传统的目录学经、史、子、集四部分类法,将屈氏著作加以整理,其中列入史部的计有:《皇明四朝成仁录》(今存)、《永历遗臣录》(未见)、《安龙逸史》(托名)、《南渡剩篇》(托名)、《广州府志》(未见)、《永安县次志》(今存)、《闽史》(未见)。而被列入子

---

① 朱希祖:《明崇祯刻本度支奏议跋》,《明季史料题跋》,第76页。
② 朱希祖:《皇明四朝成仁录跋》,《明季史料题跋》,第85页。
③ 朱希祖:《成仁谱跋》,《明季史料题跋》,第88页。
④ 朱希祖:《钞本明延平忠节王始末跋》,《明季史料题跋》,第70页。

部的《广东新语》(今存),其实也是屈氏所撰的一部重要史籍①。通过考证和整理,朱希祖深刻认识到屈氏著作的史料价值,说:"屈翁山之著述,大半有关乎南明史实,不特《皇明四朝成仁录》等之大有裨于史也,即其诗文亦然。"②"翁山诗文所以多存史料者,以为其诗文不过形之于外而已,故曰诗外文外,而其存于中者,则史而已矣。"③

另外,朱希祖还曾对南明三朝的官修史籍进行详细考证④,如,《思宗实录》、《威宗实录》、《圣安实录》等,发掘出南明三朝的史官建置、修史制度和官修史籍的基本情况。关于明史稿,朱希祖的《旧钞本万斯同明史稿跋》考证了北平图书馆的万斯同《明史稿》的卷数和所载内容,知其"尚非全书",又将其中的列传部分与康熙钞本万斯同《明史稿列传》对校,发现"馆本改篡之迹甚多,恐尚非全由万氏原稿出也"⑤。而《雍正刻东林书院志跋》不仅追溯出《东林书院志》的版本源流,强调了此书的"难得而可贵",而且揭示了四位作者各自对东林志的贡献。

(二)论述条理系统

对于考订的南明史籍,朱希祖采用序、跋的方式整理出来。每一篇序跋都条理清晰,简明扼要。写法大都遵从传统史学的解题形式,包括考释书名、卷帙、撰者、版本、交代书的来历下落、评估价值等。如,在《旧钞本藏山阁存稿跋》中,他写道:"旧钞本《藏

① 朱希祖:《屈大均著述考》,《朱希祖先生文集》第5册,第3393—3394页。
② 朱希祖:《屈大均著述考》,《朱希祖先生文集》第5册,第3391页。
③ 朱希祖:《广州征访南明史料记》,《朱希祖先生文集》第5册,第3352页。
④ 朱希祖:《南明三朝史官及官修史籍考》,《国史馆馆刊》第1卷第3号,1948年。
⑤ 朱希祖:《旧钞本万斯同明史稿跋》,《明季史料题跋》,第71页。

山阁存稿》，诗十四卷，文四卷，杂文二卷，桐城钱秉镫撰，其裔孙
向阳所辑录……秉镫尝学《易》于黄道周，与陈子龙、夏允彝交最
善，名列复社。弘光时马、阮兴大狱，秉镫名在捕中，变名逸去南
都，亡走闽中，道周荐授为推官。闽亡，自江南入粤。永历三年临
轩亲试，授庶吉士。南雄陷，仓卒移跸，凡大诏令悉秉镫视草。金
堡下狱，营救之，乃改戍堡清浪卫。寻因病乞假至桂林；桂林陷，
祝发为僧，名西顽。久之反里，遂杜足田间，课耕以自给，年八十
二而终……其为诗多自注时事，不啻为当时史诗。"①

　　再如："《岭海焚余》三卷，仁和金堡撰，皆为奏疏，世无刻本。
南浔张氏得旧钞本，始刻入《适园丛书》中。上卷自隆武乙酉十
月，止丙戌八月，十八篇；中卷下卷自永历戊子十一月，止庚寅正
月，三十一篇。堡仕隆武、永历二朝，其重要奏议，颇多具于此
矣。"②简要的介绍使读者未见其书便略知书之概貌。

　　在介绍史籍之后，朱希祖将问题提出并加以论证。比如，《岭
海焚余跋》中，先寻找证据说明此书为什么称"焚余"："温睿临《南
疆逸史》称堡抗直敢言，甫受礼科给事中职，疏陈八事，劾庆国公
陈邦傅十可斩，并及文安侯马吉翔、司礼监庞天寿、大学士严起
恒，由是直声大振"，"其后又连劾侍郎万翔、程源、吴贞毓等，廷臣
无所不掊击，一月章至六十上"。所以，"堡之奏疏，必不止此四十
九篇也"。难道此书是："《禁书总目》之《粤中疏草》和《违碍书目》
之《行都奏议》二书之焚余耶？"接着，又考察了邵廷采《西南纪
事·金堡传》，得知邵氏是根据《行都奏议》写的，其中金堡的奏议
皆在此《岭海焚余》内，于是推测："《岭海焚余》或即为《行都奏议》

---

①朱希祖：《旧钞本藏山阁存稿跋》，《明季史料题跋》，第96页。
②朱希祖：《校本岭海焚余跋》，《明季史料题跋》，第94页。

之变名，以避禁者耳。"

接下来，朱希祖又细究各种相关书籍，辗转发现了重要史料，分析并揭示出此书直到清朝灭亡后才又刊行的原因。在叶廷琯《鸥陂渔话》里记有《遍行堂集》事，其中征引黎里徐达源杂记一则，云："吾乡李观察璜……偶以公事过丹霞寺。寺中有厨，封锁甚固，观察询所藏何物，僧曰：'自康熙年间至今，本寺更一住持即加一封条，所藏何物实未悉。'观察命启视，僧不能阻，启厨得一册，皆谤毁本朝语，则明臣金堡澹归和尚手笔也。观察长子大翰怂恿其父，谓方今书禁极严，此事举发，可冀升擢。是夕观察持册，旋行室中。逾丙夜不寐，竟惑于其子之言，白诸督抚入奏，遂有焚寺磨骸之命。寺僧死者五百余人。"鉴于寺僧五百得祸之酷，金氏之书不敢藏矣①。

《旧钞本恸余杂记跋》，朱希祖先介绍了书的概况："旧钞本《恸余杂记》一卷，明金坛史惇撰。"又说此书是他"十余年来寤寐求之而未得者"，然而顾亭林《答汤荆岘书》中却说它是"日常所见之书"，为什么由常见变为稀有了呢？它为什么被禁毁？考其致毁之由，发现书中记载了"清朝圈田之令与藏匿东人、满人、放债三事，及全书称清为奴与虏耳"②。

可见，朱希祖所写的题跋非常系统条理。他的这一特点早已获得了其师章太炎的赞赏："遍先博览，能知条理。"③弟子傅振伦也评价说："先师研究史学，最重科学方法。所谓科学方法者，即治学有条理系统，而迹象能求其真，进而明其因果关系也。先师

①朱希祖：《校本岭海焚余跋》，《明季史料题跋》，第95页。
②朱希祖：《旧钞本恸余杂记跋》，《明季史料题跋》，第14页。
③章太炎：《章太炎先生自定年谱》，第24页。

于此,实力行之。"①

(三)考证成果颇丰

朱希祖在搜集和整理史籍的过程中,以独特的视角细绎史料,发现了许多过去不为人知的史实,得出富有价值的成果。仔细阅读每一篇跋文,都会发现其精到之处。

在《永历刻本名山集》中,朱希祖认为南明弘光、隆武、永历三朝,以隆武朝史料最为缺乏,而《名山集》所载的"军国大事,可补史阙"②。他从书中发现了隆武年号的含义:即"兴隆洪武"。因为隆武元年七月十二日,皇帝御笔敕谕总兵何成吾兄弟云:"朕前在嘉兴,力拒臣民之戴,情愿转奉潞王。潞惧强虏,偶从谬议,得遇郑之龙胞弟鸿逵,奉朕来闽,闰六月初七监国,廿七登极,年号隆武,朕志必期兴隆洪武也。"③

朱希祖还考证出《劫灰录》即冯甦《见闻随笔》下卷。关于《劫灰录》的作者,历来争议很多,数家说法大致可分为三派:尤侗、刘继庄、温睿临等人谓"此书为临海冯甦著";叶廷琯、缪荃孙则认为"此书为方以智、钱秉镫一辈人手笔"(《劫灰录跋》中,"钱"字误为"录"字,引者注);还有傅以礼所代表的阙疑派。朱希祖经过仔细对比研究,提出自己的见解:"以余观之,《劫灰录》盖袭冯甦《见闻随笔》下卷所变名,特去其上卷《两渠贼传》,而专取其《记西南往事》耳。"④翁山诗云:"年来词赋已无心,早岁《春秋》原有志。书

①傅振伦:《先师朱逷先先生行谊》,《文史杂志》第5卷第11、12期合刊,1945年。

②朱希祖:《永历刻本名山集跋》,《明季史料题跋》,第97页。

③朱希祖:《永历刻本名山集跋》,《明季史料题跋》,第100页。

④朱希祖:《劫灰录跋》,《明季史料题跋》,第66页。

法只今在草野，一部《成仁》吾史记。"①据此，考察出《四朝成仁录》是屈大均（翁山）的最精心之作。

《延平王户官杨英从征实录序》一文，朱希祖先据《闽海纪要》考证出"杨英为户官"。又据《从征实录》，得知杨英"每逢出征，必经理粮饷"，"俨然一军需要人"。书中记载特别重视"军事财政两端，而财政之记载尤详"，"盖多录自六官案卷"，"尤为宝贵"，是该书最为精彩之处。对军事的记载则往往"不能中律"。由于作者"职司会计，只知记载之完备，不顾事端之是非"，把郑氏"搜括民间之米粮与其取赏损失之劫夺"，也毫不避讳地详细记载下来，保存了大量的珍贵史料，"真所谓实录者也"②。

考证《守麇纪略》的作者时，他以地名作为关键点，由《左传》中"楚子伐麇"，知郧阳即春秋时麇地。又从《痛史》第十九种《守郧纪略》知作者为高斗枢，再将旧钞本《守麇纪略》与《痛史》第十九种《守郧纪略》对校，发现二者的内容一致，都记载明季郧阳拒守事。得出结论：《守麇纪略》"即高氏守郧时所手纪"。但二者也有明显不同："《痛史》本为明高斗枢撰，前有葛世振序，末有其子宇启跋，又附仇兆鳌《施太孺人八帙寿序》，施孺人即斗枢侧室也。钞本皆无之。然钞本尚有七节一千五百余字：一为高氏遣守备余廷先往南都上疏乞兵，南都授以楚抚。二为左良玉畏李自成师，至九江；南都闻左师至九江，而满朝疑惧……七为陈万家入山，罗大经辞官。"朱希祖又进一步深究其中原因："盖事涉抗清，高氏子宇启，始欲刻此书上明史馆，冀得为高氏立传，故删之耳。"③

①朱希祖：《皇明四朝成仁录跋》，《明季史料题跋》，第86页。
②朱希祖：《延平王户官杨英从征实录序》，《朱希祖先生文集》第5册，第3087页。
③朱希祖：《旧钞本守麇纪略跋》，《明季史料题跋》，第28—29页。

朱希祖的《跋十愿斋全集》指出,《十愿斋全集》的作者吴钟峦,崇祯甲戌年进士,鲁王时官至礼部尚书。王在瀚洲,钟峦退处普陀,自焚殉节。《再跋十愿斋全集》中提出问题:"吾读乾隆时《禁书总目》等四种,凡南明殉节之臣,其文集往往入于禁书之列,而《十愿斋全集》独不见于禁令,岂其书并无违碍而不必禁耶?"①考察其内容,朱希祖发现处处都是痛骂清朝的文字,认为在文字狱大兴之时,这本书不可能不遭禁毁,大概是雍正、乾隆时期,已经很稀有了。

朱希祖推断出《弘光实录钞》的作者为黄宗羲。江苏古籍出版社新版从之。顾诚的《南明史》也直接引用了黄宗羲《弘光实录钞》的内容作为史料。比如,"浙东史派的创始人黄宗羲就是其中有代表性的一位,他撰写的《弘光实录钞》以'国史'自居,对弘光迎立作了如下的描写……"②看来,朱希祖的这一考证已为后世史家所接受。

《稽古篇》自序所载年号已被剜去,《四库全书总目·史部·别史类存目》亦云所载年月上有阙文。朱希祖通过详细考证,认为此序应作于顺治十五年,即南明永历十二年,作者郭之奇"所题年号必为永历",为清所禁,所以此书皆被"剜去年号,以避禁毁"③。

考证南明史籍和史实的过程中,朱希祖的史学思想和方法也趋于成熟。他总结了"治史三期说"和"校勘二法"。"治史三期说",即把史学研究分为三个阶段,第一,"搜罗务期广博";第二,

---

①朱希祖:《再跋十愿斋全集》,《明季史料题跋》,第91页。
②顾诚:《南明史》,中国青年出版社1997年,第161页。
③朱希祖:《稽古篇跋》,《明季史料题跋》,第115页。

"考订务期精审";第三,"去取务权轻重"①。他的"校勘二法":一是"罗列各本,择善而定,其不善者,弃而不言",校改时只注明原本作某或据某书改。另一种是"择一本为主,罗列各本之异同",善者、误者都记注于上,"以存各本之真面,使后世读此书者,得参校其异同,斟酌其是非,择善而从"②。这些都是朱希祖的经验之谈。

从以上介绍中,我们不难发现朱希祖所撰的序跋,不仅是对南明史籍的研究,也是对南明历史的研究。谢国桢认为朱希祖搜集明季史料,撰写题跋"足以称述",但"犹属于旧史学者目录学家之范畴,仅辨别书籍之存佚,板本之难得"③,笔者以为朱希祖不仅考订史籍的作者、存佚、版本、源流,而且通过史籍内容发现和考证出大量的历史史实,为我们提供了许多南明史的珍贵资料。所以,这些序跋是朱希祖南明史研究的拓荒之作,奠定了他在南明史研究领域的权威地位,也为后学的进一步探索开辟了道路。

二、对南明历史的重建

清末民国时期,许多学者致力于总结传统文化,对几千年来的经史著述进行清理。整理国故运动兴起后,考据学在"科学方法一名词下延续其生命",并"承胜朝之余烈,风靡一世"④。二三十年代的北平弥漫着"非考据不足以言学术"⑤的风气。1928年,

---

① 朱希祖:《晚明史籍考·序》,谢国桢:《增订晚明史籍考》,第1099页。
② 朱希祖:《校本意林跋》,《明季史料题跋》,第123—124页。
③ 转引自王桂云《为史志事业奋斗终身的朱希祖先生》,张国华主编:《文史大家朱希祖》,第282页。
④ 程会昌:《论今日大学中文系教学之蔽》,国立西南联合大学师范学院:《国文月刊》第16期,1942年10月。
⑤ 钱穆:《八十忆双亲·师友杂忆》,生活·读书·新知三联书店1998年,第171页。

傅斯年就提出："历史学不是著史，著史每多多少少带点古世中世的意味，且每取伦理家的手段，作文章家的本事。近代的历史学只是史料学，利用自然科学供给我们的一切工具，整理一切可逢着的史料，所以近代史学所达到的范域，自地质学以至目下新闻纸，而史学外的达尔文论，正是历史方法之大成。"①可以说，当时的中国史研究还正纠缠于浩如烟海的史料，许多史学家只注重"治史书而非治历史"②。

在这样的时代背景下，朱希祖也作了大量的考证文章，据不完全统计，1928年以前，仅考证南明史籍的序跋已有二十篇左右。但他并不认同"史学只是史料学"，更不主张"考史而不著史"。他考史和撰写序跋只是为了鉴别和初步整理史料，而最终目的则是重建南明历史。

(一)《编纂南明史计画》

早年留学日本时，朱希祖就开始"留意于晚明史籍"。经过多年的辛勤努力，到1931年，他搜求的南明史料已经"约二百数十种"，包括"南明诗文集约百五六十种，笔记杂著约数十种。其间颇有旧钞本珍本，海内稀有者"③。而撰写的题跋也有近四十篇之多。通过研究这些文献资料，他对南明历史的政治、经济、军事、思想、文化等各方面的情况都有了一定的认识，同时，又感到南明史的研究和重建工作再也"不容缓图"，所以，提出了编纂南明史的计划。

---

① 傅斯年：《历史语言研究所工作之旨趣》，《中央研究院历史语言研究所集刊》第1本第1分，1928年10月。
② 陈之迈：《蒋廷黻的志事与平生(一)》，《传记文学》8卷3期，第6页。
③ 朱希祖：《编纂南明史计画》，《中央研究院院务月报》第2卷第7期，1931年。

在计划中，他首先确定南明历史的内涵与断限，指出："南明时代，指弘光、隆武、永历三朝而言。自崇祯十七年五月起至永历三十七年八月止（清顺治元年至康熙二十二年），约四十年。其间若鲁监国、郑延平王等事，亦包括在内。"后来的研究者如柳亚子、谢国桢、钱海岳都持南明四十年之说。可见，朱希祖的南明史研究成果在学界颇有影响。

柳亚子认为："所谓南明的范围，是从公元一六四四年即明历崇祯十七年甲申五月三日弘光帝监国南都起，到公元一六八三年即明历永历三十七年癸亥八月十三日汉奸施琅入东宁，延平幼王朱克塽出降为止，共计四十年。"①

钱海岳也指出："明自南渡后，安宗、绍宗、监国鲁王，下暨台湾赐姓之亡，疆域万余里，首尾四十年。"②又陈述了采用这一断限的理由："明自威宗殉国，安宗、绍宗、昭宗相继践祚，大统未坠……及永历十六年黄屋蒙尘，已无寸土而犹书者，援《春秋》'公在乾候'之例也。台湾沿其正朔而犹书者，援《春秋》终'获麟'，《左传》附'悼之四年'之例也。"③

当然，亦有不同观点存在。如，顾诚的《南明史》起于1644年三月十九日，止于1664年。他以"北京被大顺军攻克、崇祯朝廷覆亡"为开端，将南明史的下限定于"夔东抗清基地覆灭"④。

朱希祖编纂南明史的计划分"搜访"、"鉴别"、"归纳"和"编纂"四个步骤。前两步是准备史料，先广泛搜求阅读文献，然后写

①柳亚子：《南明史纲·史料》，上海人民出版社1994年，第291页。
②钱海岳：《南明史·义例》，《南明史》，中华书局2006年第1页。
③钱海岳：《南明史·义例》，《南明史》，第3页。
④顾诚：《南明史·序论》，第1页。

出史学札记。第三步再结合理论方法分析整理史料。第四步是其史学研究的最终目的,即按照新史学的思想编写出新的历史著作。可见,朱希祖治史绝不仅仅是考史,而是有目的有规划地著史。

他指出:"欲编辑《南明史》,其第一步工夫,仍在搜罗史料。"虽然,他的"搜访"工作已经取得一定成绩,但存在的困难依然不少,许多重要史籍尚未找到,"急须搜访"。如:"南明官修之史如永历史臣所撰《圣安实录》、《绍宗实录》;私家所记,如戴笠之《行在阳秋》,林时对之《玺庵逸史》,高宇泰之《雪交亭录》,周齐曾之《闽粤春秋》、《鲁春秋》……此皆当时记载之最重要者。"为寻找资料,他甚至打算"亲至浙江之湖州、宁波、福建之厦门、台湾以及广州、云南旅行一次,以从事采访"①。

"鉴别"史书、史事的真伪也是编纂南明史不可或缺的重要一步。由于"史狱、文字狱之杀戮禁毁","南明各种野史及文集杂志","已刊者多毁弃,未刊者多隐藏"。而"伪书"的存在和"党争"的流弊更使鉴别史料变得尤为必要。所以,校勘考证,矫正事实,都"不可不精审也"。

第三步"归纳",朱希祖首先强调"一代历史,必有一代特别现象,散伏于各种记载之中,非用现代社会科学方法精密观察,详细钩稽,则终隐伏而不可见"。所以,要选择"以极小之题目,作极深之研究,用归纳之方法,发为精确之论文"。值得一提的是,他已经勾勒出南明史的框架和基本内容,包括政治、经济、宗教、学术等几个方面。

"政治方面,则复社与弘光政局之关系,隆武、永历时代各宗王之争立为帝,三朝军政,三朝武人把持政局及军民统

---

① 朱希祖:《编纂南明史计画》,《中央研究院院务月报》第 2 卷第 7 期,1931 年。

治之状况,当时人民种族之观念及义师之始末,乞师日本之真相,通海之禁,遁居各国之遗民。经济方面,如三朝财政,各地筹措军饷情形、东南沿海与各国贸易状况、台湾郑氏之农商政策、东南沿海画界迁民之事实及影响。宗教方面,如南明特殊人物之逃禅、永历朝与基督教之关系。学术方面,如顾炎武等之音韵学为清代考据之先河,黄宗羲等之史学为清代浙东学派之源泉,他若文学、美术亦有特殊作风。又如南明之野史、清初之史狱、海外讲学之人,其影响于后世革命甚巨。而各处复社支流,如同声、慎交等社,为东南人文之渊薮,于清代文化亦有极大影响。"①

关于"编纂",他也列了四种形式:(1)"编年式之长编,所以排列事迹之先后,得以探讨其因果关系";(2)"列传式之碑传集,所以网罗各人物之旧闻遗事,以充裕史籍之资料";(3)"三朝之诏令奏议,须荟萃为一编,以观其政治之得失";(4)"其它若笔记、杂著、诗文之有关三朝史料者,亦条抄而件系,以考其异同"。又言:"此四种编纂为整理史料之初步,方得用归纳方法研究发挥,而为各种论文。最后仍拟用纪、传、表、志旧法,以保存有用之史料,约六七十卷。"②从以上计划的种种条目来看,南明史的概貌已有了比较清晰的眉目,朱希祖重建这段历史的行动也为期不远了。

(二)《南明之国本与政权》

《南明之国本与政权》一文,不知撰于何时。文章载入《朱希祖先生文集》第5册,没有注明写作时间,而朱偰的《先君遹先先生年谱》、罗香林和傅振伦为朱希祖所作的传记皆未提及此文。

---

① 朱希祖:《编纂南明史计画》,《中央研究院院务月报》第2卷第7期,1931年。
② 朱希祖:《编纂南明史计画》,《中央研究院院务月报》第2卷第7期,1931年。

据《海盐县志》主编王健飞讲，朱希祖"1932 年……任广州中山大学教授兼文史研究所所长……先后撰写《南明之国本与政权》、《南明广州殉国诸王考》、《中国最初经营台湾考》、《屈大均传》、《明广东东林党传》等几十篇学术论文和专著，成为我国研究南明史的权威"①。按照朱希祖 1931 年制定的《编纂南明史计画》，他首先需要考察的就是南明的政治状况。而《南明之国本与政权》可谓是一篇简明的南明政治史，这应该是朱希祖编纂南明史的一个尝试。

　　1931 年 3 月，朱希祖撰写《吴三桂周王纪元释疑》，考证出"周王、周帝均系吴三桂自称"，《南明之国本与政权》中则直接采用"吴三桂周王纪元"的史料。所以，此文应撰写于 1931 年 3 月之后。王健飞所言，此文撰于 1932 年南下广州时期应该是可信的。

　　其他各篇都有明确的撰写时间：《南明广州殉国诸王考》，1933 年 3 月；《屈大均传》，1933 年 6 月 22 日；《明广东东林党传》，1933 年 12 月；而《中国最初经营台湾考》则作于 1943 年 1 月②。所以，如果将《中国最初经营台湾考》剔除，王健飞的说法就比较符合实际了。

　　朱希祖本来计划在"大约三四年内"编纂出一部南明史，所以，国本与政权问题是他着力探讨的首要问题。文章围绕"国本"即皇位继承权的问题，摆出了长期存在的"立嫡立贤"二说，追索出各王登基的相关史实，揭露南明政权内部存在的各种矛盾。又

---

① 王健飞：《文史大家朱希祖》，张国华主编：《文史大家朱希祖》，第 262—263 页。
② 各篇文章的撰写时间都依据朱偰的《先君逷先先生年谱》和朱希祖的《重庆日记》。

以政权之更替为线索,考察各组织机构的官员设置和运行情况。如内阁、六部、都察院以及"宦官十二监、四司、八局所谓二十四衙门"等等。

关于南明各朝的国本问题,朱希祖开篇即言:"君主专制之世,一国之政本,出于元首,然帝位之争夺,缘此而生。承平之世,既有立嫡立贤二说,各相是非,当存亡绝续之交,二说之争,乃更甚。主立贤者……反致分崩离析之祸,苟无外患相迫,则强并弱,众兼寡,久乃定于一尊,而人民已不胜烦扰困苦矣。若乃外有强敌,则鹬蚌之争,反贻渔人之利,卒乃见灭于外国。南明亡国之祸,此乃明效大验也。故主立嫡以杜纷争,亦非无理由也。"①

接着,又将弘光、隆武、永历各代的国本之争情况作了简要介绍:如,弘光帝即位前,钱谦益、史可法就有拥立潞王议,但马士英凭借强大的势力,最终逼史可法同意立福王朱由崧为帝。此时,虽然内有党争,但外无诸王争立。若"君主不偏于一党,驾驭得宜,未始不可偏安于江左,而徐图恢复"。然而,弘光帝"徇私情而偏于魏党马、阮",致使"东林党之偏狭者,挟左良玉之师以清君侧",清军乘机迅速南下,直逼南京,弘光政权覆灭。

唐王朱聿键称监国于建安,弘光元年闰六月初七,至福州,二十七日称帝,建立隆武政权。闰六月十八日,鲁王朱以海监国于绍兴。八月,靖江王亨嘉监于桂林。"闽浙自相水火。使两广总督丁魁楚讨灭靖江师,蚕食浙东,闽中坐视不救,卒唇亡齿寒,闽亦随之矣。"

隆武二年九月,思文帝遭难于汀州。十一月初一,苏观生、何吾驺等拥立朱聿𨮁之弟,改元绍武。十一月十八日,丁魁楚、瞿式

---

① 朱希祖:《南明之国本与政权》,《朱希祖先生文集》第5册,第2957页。

耜等拥戴桂王朱由榔于肇庆称帝，以次年为永历元年。十二月十五日，清军李成栋率部攻入广州，绍武政权亡。永历帝奔梧州。永历十六年，"明叛将吴三桂弑帝于云南"。郑成功据台湾后，其子郑经、孙郑克塽三代"皆奉永历正朔"，至永历三十七年十二月降清，"明朔始亡"。另外，吴三桂于康熙十二年也声称奉明周王，恢复明室。"以康熙十三年为周元年"。

关于政权问题，朱希祖认为："君主时代，政权操于君主固无待言，然君主一人知识有限，大都为左右臣僚所转移。明季陈子壮有云，庸主失权，英主揽权而亦失权。诚哉，是言。故欲知政权之所在，必先知官制之大概。"①而南明政权的官制大都"承明之旧，无大更革"。于是，朱希祖又简要介绍了明朝官制。

他特别强调了明朝宦官专权的问题，指出："明代宦官擅权莫盛于英宗之王振，宪宗之汪直，武宗之刘瑾，熙宗之魏忠贤，皆太阿倒持，威福下移。（《明史·职官制》）而其尤甚者，且倒戈相向。如建文三年，燕王因兵屡败，不敢决意南下……中官密遣人赴燕具言京师空虚可取状，约为内应。又崇祯五年七月以太监曹化淳提督京营戎政，后李自成犯阙，化淳开广宁门纳之。（《明史会要》三十九）是明代南北两京皆亡于太监也。"②可见，明朝政权往往掌于宦官之手。

与明朝不同，"南明政权大都握于军人之手，以拥立始，以专擅终，内阁大学士不过具位而已"。但各代具体情况也不尽相同。"弘光时，马士英以凤阳总督连合四镇，拥立福王以与东林、复社为敌，犹能行宰相职权，然有时亦不免内结宦官，以固其权。"而隆武之时，"军政、财政皆操于拥立者郑芝龙之手，内阁、宦官皆退处

---

① 朱希祖：《南明之国本与政权》，《朱希祖先生文集》第 5 册，第 2965 页。
② 朱希祖：《南明之国本与政权》，《朱希祖先生文集》第 5 册，第 2973—2974 页。

于无用之地。帝虽欲威柄独操，尚拟脱去羁勒，赴江西、湖南以图自立。然不免受郑氏挟制，不能出福建一步"①。

永历帝即位后，"外制于强藩，内制于奄监。奸佞之徒，遂内外结纳以挟制"。丁魁楚、瞿式耜拥立有功，皆为大学士，但他们的权力却远不如当时的司礼监秉笔太监王坤。王坤善于弄权，致使永历帝"惟坤言是听"，而"瞿式耜等虽力谏不从也"。后来，永历帝又受制于武冈镇将刘承胤、马吉翔，接着，吴、楚两党针锋相对，"吴党内结马吉翔，外结陈邦傅。楚党外接瞿式耜，内接李元胤"，陈邦傅又"通孙可望而擅许以秦王"，李成栋"败绩于信丰（三年二月），式耜殉节于桂林（四年十一月），邦傅降于孔有德（五年九月），于是，孙可望遂挟帝以自雄矣"②。吴贞毓等人联合李定国袭击孙可望，迎帝至云南，孙可望降清。清军攻入云南后，永历帝出逃缅甸。马吉翔又讨好李定国，独揽"内外大权"，永历帝被吴三桂军从缅甸索回云南，"十六年三月遂被弑"③。

朱希祖采用南明各朝廷年号记载历史史实，叙述简洁，议论公允。他认为："南明一代，人各挟私，不能共抗大敌，以复国为要图。而乃人怀拥戴之功，纷纷割据，散其国力，致使敌人易于摧击，终致灭亡。虽殉国丧元亦何益哉……《传》云，皮之不存，毛将安附？谋国是者惟各争其毛色之是非，而不先共固其皮或且自分割，而自底于灭亡。"④对国本之争和政权旁落表现出极大愤慨，对皇帝昏庸和南明灭亡则表现出十分痛惜。

①朱希祖：《南明之国本与政权》，《朱希祖先生文集》第5册，第2975页。
②朱希祖：《南明之国本与政权》，《朱希祖先生文集》第5册，第2978页。
③朱希祖：《南明之国本与政权》，《朱希祖先生文集》第5册，第2981页。
④朱希祖：《南明之国本与政权》，《朱希祖先生文集》第5册，第2964—2965页。

　　从文章征引的史料看,既有正史,如《明史·职官志》,又有野史,如李清《三垣笔记》、徐鼒《小腆纪年》、陈燕翼《思文大纪》、温睿临《南疆逸史》、刘健《庭闻录》、黄体芳《醉乡琐志》、钱澄之《所知录》等。相比之下,野史的采用更多。可见,朱希祖在尝试重建南明历史时,"以官家史料与私家史料并重而折衷之,与世人之徒执一偏者不同"①。

　　(三)南明人物传记

　　朱希祖重建南明历史的努力还表现在撰写了许多人物传记。如,《屈大均传》、《明广东东林党列传》、《南明广东先哲书画真迹(附传)》、《南明人事迹考》以及《张凤翔列传考证》等。

　　"翁山著作,有关于南明史料者最多"②,然由于屡遭禁毁,致使其"生平大事,亦为之隐而不耀"。朱希祖在广泛搜罗屈大均著述和有关记载的基础上,了解到不少屈氏早已隐没不显的事迹。于是,作《屈大均传》"以发扬其晶光"③。

　　他写道:"屈大均,字翁山(《翁山文外》五为翁生更名说),一字泠君(《文外》五自字泠君说),又字介子(徐鼒《小腆纪传·屈大均传》道光中番禺人沈世良撰有《屈介子年谱》,未刊已佚),番禺人,屈氏自宋绍兴世居沙亭乡,父宜遇则自幼寄养南海邵氏(《文外》七《先考澹足公处士四松阡表》),故大均生于西场(《广东新语》二西场条),初名邵龙(《屈氏族谱》)或曰绍隆(见《岭南诗存小传》),少从陈邦彦学(《粤东遗民录》一、《皇明四朝成仁录》、《顺德给事岩野陈公传》云,予从公受《周易》、《毛诗》,公数赏予文,谓为可教)。"①

又言:"永历二年,李成栋反正。(《南疆逸史·永历帝记略》)八月,帝幸肇庆。(同上)明年,大均赴行在,上中兴六大典书,大学士王化澄疏荐,将官以中秘,闻父疾,遄归,其年冬父卒。(《文外》七……)四年正月,帝西幸,二月,清兵围广州,(《南疆逸史·永历帝记略》)大均乃削发为僧……十二年春,北走京师,求威宗烈皇帝死社稷所在,故中官吴指万岁山寿皇亭之铁梗海棠树下,大均伏拜,哭失声。(《文外逸文·御琴记》,又《翁山诗外》五《燕京述哀诗》:万岁山前树,无春到海棠。)东出榆关,周览辽东、西形胜。(屈大均《道援堂诗》……)吊袁崇焕督师故垒(《诗外》七有《吊袁都师诗》)赋《出塞》(《诗外》二)及《塞上曲》(《诗外》七)而还,流连齐鲁吴越之间。(希祖撰《屈翁山年谱》草稿,此数年行踪,据《文外逸文·御琴记》、《先圣林庙记》及《诗外》、《文外》、吴越间诸诗文,分年排列,约举于此)"②接着,历数了屈大均抗清事迹及其诗文成就。

在会稽,屈大均与魏耕共谋密策,导引郑成功与张煌言举兵攻入长江,"破瓜州、镇江、围南京",魏耕随张煌言"抵芜湖,下附近四府三州二十四县",后来事败,魏耕被杀。"大均亦预谋,其名盖在刊章中,急避地桐庐。"后来,屈大均又参加吴三桂反清队伍,监军桂林,察知吴只想划江称王,遂辞去。"三十七年八月成功孙克塽降于清,明亡。(《小腆纪年》二十)有感事诗,以写悲愤。(《诗外》十一)自是折节与清官吏诗酒交游,以遂其养母之志"。

---

① 朱希祖:《屈大均传》,《朱希祖先生文集》第 5 册,第 3377 页。
② 朱希祖:《屈大均传》,《朱希祖先生文集》第 5 册,第 3378—3381 页。

（《诗外》：翁山晚年与本省官吏交游诗甚多）待给母亲养老送终之后，"大均割股庐墓，（黄廷璋《翁山诗外序》）未几亦卒，年六十七"①。此篇传记的突出特点，即旁征博引，每立一说，必有依据。

朱希祖将有关屈大均的各种记载按时间顺序连缀成篇，使原本零散的史实之间具有了因果意义。《屈大均传》不仅使人们了解了一位南明志士学者的生平事迹，而且，更深刻地认识和理解了南明历史。目前，互联网百度百科上对屈大均生平的介绍与朱希祖的《屈大均传》非常一致，可见，朱希祖的研究成果为后学提供了珍贵资料。

《明广东东林党列传》是朱希祖为《广东通志》作的人物传记，其中包括南明时期的著名人物黄公辅、陈子壮、何吾驺等。他根据县志、正史和野史的有关记载，阐明了黄公辅、陈子壮等东林党人抗清斗争的事迹，表彰了他们对南明的忠诚。如，黄公辅，永历时任刑部侍郎，曾与张家玉、陈子壮、陈邦彦同时起兵抗清。面对清军的诱降，他复书曰："生为明孤臣，死为明故臣。辅志决矣。"②关于陈子壮的事迹，朱希祖记载得更为翔实，传中杂有考证，辩驳一些不实之词。尤其是对陈子壮殉国的描述，特别令人难忘。

> 子壮入见养甲，养甲谓曰，我与公年家也，何苦而反。子壮曰："若知年家所由来乎？若叛本朝，乃名我反。我国之大臣，岂为汝屈。"养甲怒，置子壮高座，设祭三坛，集诸降臣何吾驺、黄士俊……陈世杰等，令拜之，祭毕，剐子壮，子壮垂尽，骂不绝口，养甲举酒属吾驺等曰："诸公畏否？"皆鞠躬曰：

---

① 朱希祖：《屈大均传》，《朱希祖先生文集》第 5 册，第 3382—3385 页。
② 朱希祖：《明广东东林党列传》，《朱希祖先生文集》第 5 册，第 3279 页。

"畏。"亦有改容诧叹者曰："真忠臣！真忠臣！"①

而何吾驺的形象亦极为鲜明，他在朝内虽争胜、好斗，但每遇清军则或逃或降。崇祯朝，与王应熊、温体仁交恶。隆武时，又"与郑子龙议事，辄相抵牾。(《明史》王传)""帝将幸汀州，吾驺有足疾，遣内臣临视，赐以御铒，药金，及八月闽破，吾驺仓皇逃归"②。"十一月，桂王称号于肇庆"。何吾驺与苏观生等却在广州又拥立绍武帝。"十二月十五日，清兵袭广州"，绍武君臣为"追兵所获"，"投环而绝"。而"吾驺及应华等降。(《道光通志》)"③"永历二年，成栋内附，吾驺亦来归。(《南疆逸史》)"他又与袁彭年、金堡等人相龃龉，指使其党"攻彭年，章日数十上，阁臣票拟稍有左右，辄亦入白简，阁中致数日无人，帝使文安侯马吉翔解之，不听"。后辞官，"广州复陷，吾驺逃入海中死。(《永历实录》)或曰，剃发降，久之，卒于家。(《小腆纪传》)"④

其他人物传记，如《南明广东先哲书画真迹(附传)》和《南明人事迹考》皆未刊，所以，未见其书。据朱元曙《海盐朱逖先先生著述总目》得知，《南明人事迹考》为手稿，现存于南京图书馆，其中包括《汤来贺事迹考》、《王应华事迹考》、《丁魁楚事迹考》、《周金汤事迹考》、《王兴事迹考》、《南明宦官事迹》等八篇。另外，由于"张凤翔事迹不见于明史及南明各野史，惟清代《贰臣传》卷九有张凤翔列传"⑤，朱希祖作《张凤翔列传考证》，将各种著述的相

①朱希祖：《明广东东林党列传》，《朱希祖先生文集》第5册，第3294—3295页。
②朱希祖：《明广东东林党列传》，《朱希祖先生文集》第5册，第3298页。
③朱希祖：《明广东东林党列传》，《朱希祖先生文集》第5册，第3300页。
④朱希祖：《明广东东林党列传》，《朱希祖先生文集》第5册，第3302页。
⑤朱希祖：《张凤翔列传考证》，《朱希祖先生文集》第6册，第3747页。

关记载整理出来，也可谓是张凤翔的传记，其中发掘出不少"足补史缺"的内容。

通过南明人物传记，朱希祖从多侧面、多角度展示了南明历史。还有一些文章，虽然不属于人物传记，但也属于对南明历史的研究和重建，如，《郑延平王受明封爵考》、《延平王户官杨英从征实录序》、《清代官书记明台湾郑氏亡事叙》、《延平王奉明正朔考》、《台湾郑氏军政考》和《中国最初经营台湾事略》等。对台湾郑氏历史的考察，使人们对郑成功及其政权的建立和发展产生更全面的认识，从而更客观地感悟南明这段历史。

综合以上引述，朱希祖不仅理清了南明政治史发展的基本线索，而且又通过一系列重要人物事迹的发掘，洞察到南明社会错综复杂的矛盾，从而把握历史运动的大势。他善于使用矛盾分析的方法研究历史，把问题的前因后果及其演变情势阐述得非常简洁明了。其抓纲举目的做法，值得我们效仿。

三、评价

刘勰《文心雕龙·时序》曰："文变染乎世情，兴废系乎时序。"史亦如此，由于时代风气的浸染，南明史研究一度成为一股风潮。朱希祖曾于民国二十年六月写道："余自二十五年前游学日本，初留意晚明史籍……余杭章先生首先传刻张煌言《苍水集》，张斐《莽苍园文稿余》。"①可见，朱希祖早在日本留学期间，已经开始南明史研究了。之后，他几乎一生以此为职志，力图使自己的史学研究服务于国家和社会。

---

① 朱希祖：《晚明史籍考·序》，谢国桢：《增订晚明史籍考》，第 1098 页。

(一)关注现实,经世致用

顾颉刚有言:"南明史的研究,出于民族主义思想的刺激。"①的确,在二十世纪初,帝国主义列强加紧侵略中国,腐朽的清政府也已沦为列强的傀儡,国家危难促使许多史家开始研究南明史。朱希祖也决意利用南明史来阐扬民族大义,激发民族精神,他认为:"盖读此等书者,皆有故国河山之感,故能不数年间,光复旧物,弘我新猷。"②

由于大量的明季史籍惨遭禁毁,"学者欲撰辑南明史者,辄叹史料之难得"③;从事南明史研究的史家,也"少有不望而生畏者"④。刘师培、邓实都打算作《后明书》,章太炎也曾有志于撰写《后明史》,"以三帝作纪,鲁监国、郑成功作世家"⑤,但都未成。民国建立后,南明史研究更是"日就寝歇",而朱希祖却依旧将其作为"千秋之绝业",迎难而上,"收拾烬余,补苴连缀"⑥,将艰苦的研究工作坚持下来。

"九·一八"事变致使东北沦陷,朱希祖深痛国难严重,欲将南明史研究作为鼓舞士气、救亡图存的舆论工具,从而加紧搜集资料,加大研究力度,发表了大量文章。他尝作诗云:"辽海风云急,燕云壁垒危……廿载京尘倦,千秋史业期……冀发兴亡恨,聊抒感慨悲。"⑦可见,朱希祖搜集南明史料,撰写题跋与当时风云

①顾颉刚:《当代中国史学》,第85页。
②朱希祖:《晚明史籍考·序》,谢国桢:《增订晚明史籍考》,第1099页。
③朱希祖:《稿本鲁之春秋跋》,《明季史料题跋》,第44页。
④朱希祖:《晚明史籍考·序》,谢国桢:《增订晚明史籍考》,第1098页。
⑤朱希祖:《章太炎先生之史学》,《文史杂志》第5卷第11、12期合刊,1945年。
⑥朱希祖:《编纂南明史计画》,《中央研究院院务月报》第2卷第7期,1931年。
⑦朱希祖:《题家人亲戚合照像片十六韵》,张国华主编:《文史大家朱希祖》,第105页。

激荡的社会现实是息息相关的,他治史的目的就在于振兴民族精神,拯救国难。

(二)历时长久,搜罗勤苦

朱偰说:"先君致力于南明史料搜集,凡三十年,抄本秘笈,无不悉力致之,故收藏颇富。"[1]考察朱希祖《明季史料题跋》所收录的篇目,除了十几篇没有注明时间外,其余各篇大多写于1927至1933年。自最早的1925年12月9日的《跋旧钞本明熹宗实录》至1937年2月的《南渡录跋(二)》,仅撰写时间的跨度就达十几年之久。到1942年9月,他仍在作"南明史籍跋文"[2]。

为了通过实地考察搜集史料,1932年,朱希祖接受邹鲁邀请,任教广州中山大学。他认为南方是南明诸王兴兵抗清之地,"乃三朝史料之渊薮,不可以坐致于北方也。乃拟次第亲历其地,以凭吊其遗墟,征访其遗著"[3]。在广州,他搜寻并发现了绍武君臣墓冢,并进行了详细考证。《广州征访南明史料记》记载了他在南方访书、借书、读书、抄书以及实地考察寻找遗冢、碑碣的情况。顾颉刚挽诗云:"入粤为寻绍武来,金陵旧院拔蒿莱,平生心事南明史,历劫终教志不灰。"[4]

虽然朱希祖没有写出一部系统的南明史乘,但在搜集整理史料、考订史实中,所经历的艰辛却是难以想象的。他自己对此曾慨叹:"余廿余年来,南北奔走,亦尝从事采访,略有藏庋;传抄摘录,时有所获。然积之愈多,读之愈艰,考订编纂,更难为力,岁月

---

①朱偰:《先君遏先先生对于史学之贡献》,《东方杂志》第40卷第16号,1944年。

②朱希祖:《重庆日记》,1942年8、9月间,多篇日记有"写南明史籍跋文"。

③朱希祖:《广州征访南明史料记》,《朱希祖先生文集》第5册,第3314页。

④顾颉刚为朱希祖写的挽诗,《朱希祖先生文集》第6册,第4382页。

蹉跎,讫无成就。"①其实任何史家,在搜集整理资料时都会遇到很多困难,更何况是开拓一个新的研究领域呢!

正如梁启超所言:"往古来今之史料,殆如江浪淘沙,滔滔代逝。盖幸存至今者,殆不逮吾侪所需求之百一也。其幸而存者,又散在各种遗器、遗籍中,东鳞西爪,不易寻觅;即偶寻得一二,而孤证不足以成说,非荟萃而比观不可,则或费莫大之勤劳而无所获。其普通公认之史料,又或误或伪,非经别裁审定,不堪引用。又斯学所函范围太广,各人观察点不同,虽有极佳良现存之史料,苟求之不以其道,或竟熟视无睹也。合以上诸种原因,故史学较诸他种科学,其搜集资料与选择资料,实最劳而最难。"②可想而知,朱希祖为南明史研究付出了多少心血!

(三)筚路蓝缕,嘉惠后学

朱希祖尝言:"南明史料之纠纷难理……几为史学之榛途棘径,其于学术进化之阻碍不浅,余故不惮烦劳而率先为之芟除荒芜,以待后来者之易于寻觅途径。"③可见,朱希祖所作的序跋是南明史研究的拓荒之作,它提供的大量罕见史料,有力地推动相关课题研究的深入,影响后世甚大,嘉惠后学亦甚巨。

对于朱希祖在南明史研究方面所下的功夫,顾颉刚给予了高度评价:"南明史的研究……最近则以朱希祖先生用力最深。"④谢国桢也说:"朱氏一生搜集明季稗乘,用力甚勤,多所创获,给后

---

① 朱希祖:《晚明史籍考・序》,谢国桢:《增订晚明史籍考》,第 1099 页。
② 梁启超:《中国历史研究法・说史料》,商务印书馆 1922 年,第 37 页。
③ 朱希祖:《永历大狱十八先生史料评》,《国立北京大学国学季刊》第 2 卷第 2 号,1929 年 12 月。
④ 顾颉刚:《当代中国史学》,第 85 页。

人以启迪之功。"①他的《晚明史籍考》收录了朱希祖的部分研究成果,如:"邓凯从难缅甸,同时作《也是录》、《求野录》二书……黄宗羲《弘光实录》……冯甦之《劫灰录》、《见闻随笔》,实即一书。"②钱海岳在撰写《南明史》的过程中,曾与朱希祖多次商讨体例,采纳了朱氏以往设想的纪、传、志、表四体,并借阅了朱氏秘藏的典籍。他说:"戊辰以后,蛰居南曹,尝晤朱君希祖,希祖固治南明史而未遑成书者,相与往复,上下议论,并承假史材,颇窥羽陵酉阳之秘……发凡起例,以次笔削,粗有规模。"③

柳亚子在南明史研究中,也深受朱希祖的启发。他说:"海盐朱希祖(遏先)著有《钞本甲乙事案跋》,考证此书确为文秉作,而非亭林,举证三事……据此,则《圣安本纪》之疑问可以解决矣。"④在南明史料《思文大纪》的提要中,他也参考和采纳了朱氏的观点:"隆武一朝,史料最少,此书虽嫌繁琐,要为最详之本,有裨于掌故不少也……作者系福都缙绅,书中证据甚多。杨凤苞《南疆逸史》称闽人某《思文大纪》,亦一确证。朱遏先考为侯官陈燕翼撰,语极可据。"⑤顾诚在评价东林、复社人士时明显地参考了朱希祖的观点。他指出,因为反清义士夏允彝的遗著《幸存录》持论比较公允,黄宗羲竟然大动肝火,专门写了一篇《汰存录》痛加驳斥,指责夏允彝"是非倒置"⑥。这与朱希祖的《跋旧钞本幸存录》观点一致。可见,后

---

①转引自王桂云《为史志事业奋斗终身的朱希祖先生》,张国华主编:《文史大家朱希祖》,第282页。

②谢国桢:《增订晚明史籍考·自序》,第8页

③钱海岳:《南明史》,第4页。

④柳亚子:《南明史纲·史料》,第429页。

⑤谢国桢:《增订晚明史籍考》,第512页。

⑥顾诚:《南明史》,第72页

来南明史研究取得的巨大成就,与朱希祖的开创之功密不可分。

　　早在 1931 年,朱希祖就制定了宏伟的《编纂南明史计画》,拟用"纪、传、表、志旧法,以保存有用之史料,约六七十卷"①。然而,由于日本侵华,国难家危,社会动荡,朱希祖"九徙流离",缺乏充分的治学条件,"所藏分散南北,史料无以自随"②。所以,最终也"未竟所志",这不能不说是一种遗憾。或许正因为他没有留下一部系统的《南明史》,才使得其研究成果更显得弥足珍贵。

　　周一良评价邓广铭的学术成就时说:"与一般史学家不同的一点是,他不但研究历史,而且写历史。他的几本传记,像《王安石》、《岳飞传》、《辛弃疾传》等等,都是一流的史书,表现出他的史才也是非凡的……当代研究断代史的人,很少有人既能研究这一段历史,又能写这一段历史。"③此言也可以用来评价朱希祖,他既有对南明史籍的考订又有对南明历史的重建,而这也正是其不同凡响之处。

第二节　发掘和整理档案史料

　　朱希祖是较早接触和利用明清档案史料的学者,是"中国档

---

①朱希祖:《编纂南明史计画》,《中央研究院院务月报》第 2 卷第 7 期,1931 年。
②罗香林:《朱希祖先生小传》,张国华主编:《文史大家朱希祖》,第 308 页。1940 年 6 月,朱希祖接到教育部史地教育委员会委托信函,请以一年的时间"编二十万言之明史"。他认为"重庆无参考书,此等急就章何能成佳史"。(朱希祖:《重庆日记》,1940 年 6 月 26 日)可见其作史的审慎态度。
③周一良:《纪念邓先生》,载《仰止集——纪念邓广铭先生》,河北教育出版社 1999 年。转引自刘浦江《邓广铭与二十世纪的宋代史学》,《历史研究》1999 年第 5 期。

案整理事业的第一代拓垦者"①。作为一个史学家,他对档案的史料价值有比较充分的认识,曾以敏锐的学术眼光抢救和保护了内阁大库档案,又在发现和整理升平署档案的过程中立下了汗马功劳。他三次参与指导明清档案的整理工作,在实践中摸索出许多切实可行的方法,对后来档案事业的发展具有重要意义。然而,这一问题尚未引起学界关注,有必要进行一番梳理。

一、抢救保护明清档案

前边已经提到,所谓内阁大库档案,指的是存放于内阁西库、东房中的部分明朝档案和有清一代的各类文书档案。明代档案数千件,大多是清初为修明史而征集的明代天启、崇祯年间兵部的文件,清代档案则浩如烟海。由于清代内阁"在雍乾以前为国家庶政所自出之地,在雍乾以后犹为制诰典册之府,所存档案都是当时构成史迹者自身的叙述"②。所以,内阁大库档案对历史研究者的重要性是不言而喻的。

清代对档案的管理比较严密,但由于大库空间有限,日积月累的档案因数量巨大而难以保存。许多档案因"木格已满","潮湿霉烂","远年旧档"而被检出焚毁。1909 年,内阁大库因屋角坍塌,实录、圣训被移到红本库南面的银库,当时认为重要的档案,被移存到文华殿两庑。一批被视为无用旧档的则准备焚毁,被罗振玉、张之洞发现抢救下来,用 8000 余麻袋装好后分贮于国子监南学和学部大堂后楼。

---

①陈以爱:《中国现代学术研究机构的兴起》,第 225 页。
②徐中舒:《内阁档案之由来及其整理》,《明清史料》甲编第 1 本,第 1 页。国立中央研究院历史语言研究所,1930 年。

　　辛亥革命以后,北京政权几经更迭,这批大内档案屡次迁移。民国初年,教育部设立历史博物馆,将这批档案交其保藏。1916年,历史博物馆移至午门,档案也随之搬到此处。但是历史博物馆对这些档案并没有进行整理,"司其事者,部曹数十人,倾于地上,各执一杖,拨取其稍整齐者,余仍入麻袋"①。1921年,教育部和历史博物馆因财政困难,决定仅将其中较为整齐的档案检出保存,剩下的约8000麻袋卖给西单大街的同懋增纸店,罗振玉又以三倍其价赎回。

　　当时任职教育部的鲁迅先生在《谈所谓"大内档案"》中慨叹:"中国公共的东西,实在不容易保存。如果当局是外行,他便将东西糟完,倘是内行,他便将东西偷完。"②确如鲁迅先生所说,大内档案多舛的命运,就从一个侧面反映了当时政府的昏庸,也在近代档案史上留下了令人痛惜的一页。流出宫门的珍贵档案,其流散损失无法估量。

(一)恳请将部分内阁大库档案拨归北大

　　内阁大库档案"八千麻袋"事件在社会上引起了震动,学界更是纷纷谴责北京政府倒卖档案。当时,北京大学国学门刚刚成立,许多学者敏锐地意识到内阁大库档案的价值,他们非常关心档案的去向,积极投入到抢救和整理大库档案的工作中,使得这批档案终于结束了被糟蹋的命运。朱希祖就是这些学者中的一员,当他得知教育部在售出8000麻袋档案之后,历史博物馆还存有1502麻袋,就与沈兼士、马衡等人商议,极力请求校长蔡元培向教育部力争,将明清档案拨归北大整理研究。可见,在这批档

---

① 邓之诚:《红本》,《骨董琐记》,北京出版社1996年,第49页。
② 鲁迅:《谈所谓'大内档案'》,《语丝》第4卷7期,1928年。

案拨归北大的过程中,朱希祖等人花费了不少心血,功不可没。由蔡元培提交教育部的《请将清内阁档案拨为北大史学材料呈》,很可能是朱希祖起草的,本书《朱希祖与蔡元培》一节中已有详细的分析和论述,此处不再赘言。

正因为朱希祖与沈兼士、马衡等人的恳求极其殷切,再加上蔡元培、陈垣等人共同努力,最终使北京政府教育部接受了北大的请求,将此项档案移交北大代为整理。5月25日,蔡校长派"史学系主任朱教授希祖、研究所国学门主任沈教授兼士、史学系讲师马衡三人前往历史博物馆接收"①。"此项档案,自明迄清之题本、报销册、揭帖、贺表、膳黄、金榜、起居注、实录……等均在其中。共计装运六十二木箱,一千五百零二麻袋。"②6月17日,这1502麻袋"大内档案"被运到北大③。6月29日,蔡校长又通知朱希祖等人准备整理:"历史博物馆所藏内阁档案,业经全数移校,敬请先生指导整理。兹定于七月三日开始。"④朱希祖开始主持明清档案整理会⑤,制定了整理计划,指导教师和学生整理,并开

①《致历史博物馆》,王学珍、郭建荣主编:《北京大学史料》第2卷(1912—1937),北京大学出版社2000年,第1518页。

②《研究所国学门重要纪事》,《国立北京大学国学季刊》,第1卷第1号,1923年。

③《研究所主任沈兼士先生致校长函》,《北京大学日刊》1922年6月19日。

④《与朱希祖等通知》,高平叔编:《蔡元培全集》第4册,第210页。

⑤北京大学史学系对朱希祖的简介:"1922年5月,朱希祖主持明清档案整理会,开设陈列室,供学者研究。"《史学理论大辞典》介绍朱希祖:"主持收购整理内阁大库档案,并提出分三步整理:首先为形式之分类,并区别年代;次则摘要;再则研究考证、统计。"(蒋大椿、陈启能主编:《史学理论大辞典》,第593页)傅振伦回忆说:"当时朱遏先(名希祖)教授主持明清内阁大库档案工作,我也经常涉猎史料。"(《六十年档案工作忆往》,《傅振伦文录类选》,第407页)

设陈列室,供学者研究。

(二)购买和转让升平署档案

升平署为清代宫廷的演剧机构。每逢清廷举行各种喜庆大典,升平署乐工、伶人就承应奏乐、演剧等事务。升平署档案记载着当时宫中的各种演剧活动,包括供演剧目、戏单、剧本及署中伶人的起居、职责等,对于研究清代戏曲发展史具有重要意义。

1924年12月10日,朱希祖在北京宣武门外大街汇记书局购得清升平署档案及钞本戏曲共一千数百册。因为早在两年前,他就曾主持接收和整理内阁大库档案,所以,非常重视档案的史料价值。当发现升平署档案时,他立刻就意识到,必须马上买下才能使其免遭流散。他说:"升平署档案,仅此一份,别无副本。近百年来戏曲之流变,名伶之递代,以及宫廷起居之大略,朝贺册封以及婚丧之大典,皆可于此征之。故此档案,不可不特加保护,编为一目,以备抽绎。"①

升平署档案为什么会流散出来呢?这与时局关系甚密。1924年10月,倾向民主革命的直系将领冯玉祥发动了"北京政变",11月5日,清朝逊帝溥仪被逐出故宫,国民政府成立清室善后委员会,对故宫及其珍贵文物进行清点和移交。"一切宫殿及附属衙署,均收归民国政府委员管理。各宫殿衙署太监皆纷纷散去,出宫城者,搜检极严,故未有失物。惟升平署在宫城外,故其太监得私以档案及戏曲稿件,售于小书铺。"②

朱希祖购得的升平署档案为第一次售出者。"其中档案较全。戏曲,惟清廷自制大戏曲亦较全,其它皆为升平署演习曲本,

---

①朱希祖:《整理升平署档案记》,《朱希祖先生文集》第1册,第530—531页。
②朱希祖:《整理升平署档案记》,《朱希祖先生文集》第1册,第529页。

有六七百种，不全者多。"他将买到的升平署档案进行了初步整理，撰写了《整理升平署档案记》。先把档案分类：主要有日记档、差事档、花名档、旨意档、恩赏档以及分钱档等，又发现、考证出不少戏曲史料，勾勒出清代升平署的大致轮廓，为后学的研究提供了一定的指导，朱希祖也因此而成为研究升平署档案的专家。

更为可贵的是，朱希祖将这批档案低价出让于北平图书馆，使学界同仁得以一睹为快。由于清升平署档案涉及文学、史学、音乐等，范围极广，史料价值很高，遂成为研究者的珍贵资料。周明泰《清升平署存档事例漫抄》和王芷章《清升平署志略》等著作很快行世。近年来也不乏优秀成果：丁汝芹的《清代内廷演戏史话》、朱家溍的《故宫退食录》以及王芷章的《中国京剧编年史》（上、下）等，这些成果在一定程度上实现了朱希祖购买和转让档案时的愿望。

朱希祖曾言："余之志趣乃偏于明季史事，与此颇不相涉，膈秘籍于私室，杜摹者之殷望，甚无谓也。乃出让于北平图书馆，以公诸同好。乃不久即有秋浦周明泰君之《清升平署存档事例漫抄》及平山王芷章君之《清升平署志略》。此二书皆取材于是，各成巨著，慰余网罗放佚之初心，补余有志未迨之伟业，前此整理之微劳，至此始觉不虚掷也。"①由此可见朱希祖恢宏的学术雅量。试想，朱希祖"当时若不竭力购入，则人且以废纸视之，或已化为还魂之纸，或且变为灰烬矣！"②从后来的研究成果反观朱希祖购买、整理和转赠升平署档案一事，其意义之大可以不言而自明。

---

①朱希祖：《清升平署志略·序》，王芷章：《清升平署志略》，国立北平研究院史学研究会 1937 年。
②朱希祖：《整理升平署档案记》，《朱希祖先生文集》第 1 册，第 531 页。

二、指导整理明清档案

朱希祖先后参加和指导了北大研究所国学门、故宫博物院文献馆和中央研究院历史语言研究所三个机构的明清档案整理工作,提出了许多切实有效的整理、保管和开放利用的办法,为民国时期档案事业的起步和发展做出了突出贡献。

(一)北京大学研究所国学门

1922 年 1 月,北京大学研究所国学门成立,这是中国现代大学中最早建立的一所研究机构。以蔡元培为所长,沈兼士为主任,由朱希祖等 22 位教授组成研究所国学门委员会。国学门下设 3 室 5 会,其中成立于 1922 年 5 月的内阁大库整理档案会(后改称明清史料整理会),即由朱希祖主持。

内阁大库档案拨交北京大学后,研究所国学门、史学系和中国文学系的教职员和部分学生,迅速投入到档案整理及研究工作中。据《北京大学国学季刊》所载的《研究所国学门重要纪事》可知:"沈兼士、朱希祖、马衡、单不庵、杨栋林、沈士远、马裕藻、陈汉章……及毕业生王光玮,在校学生连荫元、魏建功、张步武、潘傅林、傅汝林、魏江枫、陈友揆……等富有整理档案之兴趣者,组织一整理档案会;于七月四日着手整理。"[①]

1.提出整理办法

朱希祖主持的整理档案会,许多成员都是当时北大的硕学健将,还有从校外聘请的著名学者陈垣等也担任委员,指导档案整理,学术阵容极为强大。但面对如此浩繁的档案资料,大家都没

---

① 《研究所国学门重要纪事》,《国立北京大学国学季刊》第 1 卷第 1 号,1923 年 1 月。

有经验可循,因此,共同探讨一种科学的整理方法乃是当务之急。

朱希祖与陈垣、沈兼士、马衡等人共同商议出整理档案的办法,约分三步:

第一步手续为分类及区别年代,形式分类则分膳黄,敕谕,诰命,实录……等类。年代则分天启,崇祯,顺治,康熙……等朝。

第二步手续为编号摘由,如题本,报销册,两项为档案之大宗,并多系重要史料,故先着手,题本则就内容摘录年月,机关或区域及事实因果情形,再以事实性质归纳成若干总类(如命案,盗案,钱粮俸饷,建筑,财政,军政……等);总类之下,又分细目(如命案中分因奸谋杀,因仇谋杀,因戏误杀……等目);然后编号上架。报销册摘录年月,机关或区域及名目……至于各项档案中之特别重要者,随时提出公布。

第三步手续为报告整理成绩,研究考证各重要事件,及分别编制统计表。凡各项已编号摘由之档案,分别编目,或录全文登载本校日刊公布。其他如大政变,文字狱,及一切史乘不详之事件,则加以考证,编为报告。题本,报销册分类后,即编成各地风俗状况,犯罪行为,历朝对于人民之待遇……其余如公文程式及文字递变之调查,历朝官印之编谱,皆拟酌量缓急,分别进行。①

当时参加档案整理的傅振伦回忆说:"朱(希祖)、陈(垣)两师指导史学系同学工作,整理方法,皆四位师长所定,其办法分为三步:先就其形式分类统计,并区别年代;次则编号、摘由;再次则研

---

① 《整理清内阁档案之始末》,《国立北京大学国学季刊》第1卷第1号,1923年1月。

究考证，分类统计。整理就绪者，即置诸陈列室中展览，并于北大日刊公布其事由。"①可见，整理档案会的工作就是按照朱希祖等人的办法有条不紊地展开的。值得一提的是，这种"近乎科学"的方法，成为"后来谈整理档案者的一个楷模"②。

2.主要成果

首先，在朱希祖的指导下，整理档案会对内阁大库档案进行了初步分类。全部档案先被分为两部分，一部分是要件，一部分是报销册。再分成 54 类，分储地支子字至亥字等十二柜。"计为：诏、榜、敕、诰册、文、墨谕、朱谕、谕及上谕清册、底册、敕谕、手本、诏敕、贺表、谢表、讣表、投降表、咨文、宝训、圣训、赏格、实录、起居注、史稿、史传、世谱、行述、墓志铭、志传、则例、档册、勘合、札付、呈文及结状、申、遵依卷（即甘结）、图、外国文、登科录、会试录、事实清册、题奏、题稿、揭帖、奏、启、折、呈、乡试、题名录、试卷、杂件、书籍、五花册、勘查功次选簿、编审黄册及进出黄册等。"③

其次，档案的及时公布为史学研究提供便利。朱希祖、沈兼士、陈垣等学者都秉持"档案应对外开放"的观念，对于"有关于历史之重要文件"，一经发现，立即刊出，"以供为研究史学者之参考"④。将各种整理好的档案储存于陈列室内，供国内外学者参观、研究，同时将摘录的档案目录与重要资料，陆续在《北大日刊》

---

① 傅振伦：《先师朱遏先先生行谊》，《文史杂志》第 5 卷第 11、12 期合刊，1945 年。

② 方甦生：《整理档案方法的初步研究》，《国立北平故宫博物院年刊》，1936 年，第 78—79 页。

③ 傅振伦：《先师朱遏先先生行谊》，《文史杂志》第 5 卷第 11、12 期合刊，1945 年。《傅振伦文录类选》，第 393 页。因为两处资料稍有出入，此处所引参照了两处，有改动。

④《整理档案会第三次公布（续）附志》，《北京大学日刊》1922 年 8 月 2 日。

上发表,然后汇编成册出版,使学者开始重视利用档案史料从事"各种有价值的研究"①。从 1922 年 7 月 22 日到 9 月 16 日,整理档案会在《北大日刊》先后公布 7 次档案整理结果。9 月 16 日以后,档案开始以要件形式随时登载,不再有时间限制②。还出版了《明清史料学会要件陈列室目录》、《清九朝京省报销册目录》、《清嘉庆三年太上皇起居注》、《顺治元年内外官署奏疏》等书。

再次,培养了从事档案管理和史学研究的人才。1922 年 12 月,为庆祝北大成立 25 周年,整理档案会展出他们半年的成果,"颇蒙观者之赞许"③,但总体上说,档案整理工作的进展速度还嫌过于缓慢。为加快进度,朱希祖让"史学系的学生多数加入整理,作为实习功课"④。不久,学校当局更通告全体学生,"对于整理此项档案,具有兴趣情愿加入者,请到第三院工字楼整理档案会办公处报名"⑤。学生们的参与,加快了工作的进度,也使他们得到了极好的训练。学生们在实践中掌握了搜集、整理史料的方法,成为功底深厚的档案管理和史学研究人才。郑天挺说:"我在作研究生期间,在研究所加入了'清代内阁大库整理档案会',参加了明清档案的整理工作,这无论对国家、对我个人都是一件大事情,从而奠定了我以后从事明清史研究的基础。"⑥傅振伦也曾回忆:"当时朱逖先(名希祖)教授主持整理明清内阁大库档案工作,我也经常涉

①顾颉刚:《禹贡学会的清季档案》,《文献论丛·论述一》,1936 年,第 74 页。
②《整理档案会启事》,《北京大学日刊》1922 年 9 月 16 日。
③《整理档案会纪事》,《国立北京大学国学季刊》第 1 卷第 2 号,1923 年 4 月。
④《整理档案会纪事》,《国立北京大学国学季刊》第 1 卷第 2 号,1923 年 4 月。
⑤《整理档案会启事》,《北京大学日刊》1923 年 4 月 24 日。
⑥郑天挺:《深切怀念陈援庵先生》,陈智超编:《励耘书屋问学记》,生活·读书·新知三联书店 2006 年,第 15 页。

猎史料。对于档案与历史研究的密切关系有所领悟。"①

　　朱希祖指导的整理档案工作也有不足之处。比如，分类问题、打乱档案本身的次序等，都造成了一定的损失。后来，郑天挺总结说："过去我们在北大整理的历史档案，也有分类，但是不十分科学，有些是主观的……不是客观地根据历史档案内容去分，而是凭一点历史知识和主观的爱好去分。也编了号，分了类。分类有的太宽，有的太细，许多分类很难划清，分错的也有，可能一个问题分入两类了。这都不是从历史档案本身来分的，主要是没有按档案科学办事。"②

　　学生们参与整理也直接导致了档案整理工作的失误。据李光涛回忆，北大整理的档案，有些题本、揭帖"本系一全件而乃至分为多数的残件"，李对北大史学系教授孟森谈及此事时，孟氏说："这些题本、揭帖分家的原因，都是当初的一群史学系的学生干的事，因为他们对于档案都特别好奇，一经奉到学校方面令他们都来帮忙整理博物馆移来的档案，他们都一窝蜂似的参加整理，打开木箱或麻袋，大家便七手八脚的你也抢，我也抢，抢得'不亦乐乎'，于是档案就遭殃了，往往原是一件有头有尾的本章，被扯得张也拿一段在手，李也拿一段在手，结果残件自然也就变多了。"③

（二）故宫博物院文献馆

　　故宫博物院文献馆是由故宫博物院掌故部改组而来的。1925 年 10 月，北洋政府成立故宫博物院，设古物、图书两馆，图书

①傅振伦：《六十年档案工作忆往》，《傅振伦文录类选》，第 407 页。
②郑天挺：《清史研究和档案》，《历史档案》1981 年第 1 期。
③李光涛：《记内阁大库残余档案》，《明清档案》第 1 册，联经出版事业公司 1986 年，第 130 页。

馆又设图书、文献二部。图书馆馆长陈垣,副馆长沈兼士、袁同礼,由沈兼士主持文献部。1927 年 6 月文献部改称掌故部。1928 年,南京国民政府委派易培基接收故宫,后颁布组织条例,决定设立古物、图书、文献三馆。1929 年 3 月,故宫博物院改组,掌故部改为文献馆,馆长张继、副馆长沈兼士。

　　1929 年 6 月,故宫博物院文献馆成立专门委员会,指导职员分别整理各项档案。委员会由沈兼士、陈垣、朱希祖、徐炳昶、吴承仕、朱师辙、许宝蘅、陈寅恪、傅斯年、罗家伦等人组成①。这些委员都是当时非常著名的学者,特别是朱希祖、沈兼士、陈垣等人曾在北大指导过内阁大库档案的整理,拥有特别丰富的档案史料整理经验。

　　早在 1924 年 11 月,清室善后委员会成立,李石曾出任委员长,决定延揽学者专家,点查古物,筹办博物院,"为学术公开张本"。朱希祖被聘参与善委会组织的故宫文物点查工作。到故宫博物院成立时,"业经点查登册者,已居泰半。嗣后叠因政局改变关系,点查工作,数经停顿,时断时辍"②。1929 年文献馆成立后,故宫博物院的文物点查工作还未进行完毕,秘书处"以为点查一事,亟宜办毕,告以结束……商由各处馆人员,全体加入点查工作"③。朱希祖一方面参与点查文物,一方面开始指导档案文献的整理。

---

① 《北平故宫博物院文献馆一览·沿革》,故宫博物院编:《北平故宫博物院文献馆一览》1932 年,第 1 页。
② 《故宫博物院事务报告》,故宫博物院编:《北平故宫博物院报告》1929 年,第 13 页。
③ 《故宫博物院事务报告》,故宫博物院编:《北平故宫博物院报告》1929 年,第 13 页。

作为文献馆的专业领导，朱希祖等专门委员为档案整理工作付出了很多心血。首先，参与重要决策。在故宫博物院文献馆，专门委员责任重大，他们在档案整理工作中起决定作用。虽然馆内也设有行政机构"二科六股：第一科，下设保管、陈列、事务三股；第二科，下设整理、编印、阅览三股。但实际上并未按此规定分科治事，而是按档案来源，分组管理。计分五组：内阁大库档案组（兼管清史馆档案）、军机处档案组、内务府档案组、宗人府档案组和宫中档案组。另设事务组，负责行政事务工作。后来又增设物品组，负责各项档案、物品的整理、保管、陈列、编辑等事项"①。专门委员会规定："凡关于专门学术之事，咸由专门委员决定施行。"②档案整理中遇到问题，都要由专门委员开会讨论决议。如"《互校折包随手档试行办法》五条"，就是经过"第二次专门委员会通过实行"③的。

其次，完善整理办法。朱希祖与沈兼士、陈垣等人将北大档案整理中摸索出的有效方法带到了文献馆，并吸取教训，避免将档案本身的次序打乱。比如，陈垣先生提出的"秤不离砣"④和"整理档案八法"。在档案分类问题上，也更加细致合理。方甦生指出，一是"依原来行政系统、档案的来源、程式及其大名，订定一

---

①中国第一历史档案馆编著：《中国第一历史档案馆馆藏档案概述》，档案出版社1985年，第1页。

②《故宫博物院组织法》，故宫博物院编：《北平故宫博物院报告》1929年，第27页。

③《故宫博物院事务报告》，故宫博物院编：《北平故宫博物院报告》1929年，第31页。

④"秤不离砣"即在收集和整理档案的过程中，不破坏档案的原有包装，尽力保存原件上所附有的一切文字、记号，保持档案原件的本来面目以及文件间的历史联系。

个提纲挈领的清代中央档案分类表",再仿"杜威十进编号法来编订分类号"①。这样分类既避免了繁琐的手续,可以通过简单训练就能让馆员分类编目。而且编制出主体索引,也便于学者引用。仿照杜威十进法编号,可以打破平列式的分类方法,逐层十分,以简驭繁。后来,文献馆又总结出三大原则,"整理以不失其原来之真相为原则,编纂以普遍编目为原则,陈列以就文物之性质相互连贯照映为原则"②。这些方法和原则都是从朱希祖、陈垣、沈兼士等专门委员的经验中提炼出来的。

再次,撰写序言跋文。文献馆编辑出版的史料,其序、跋等概述性文字多出自专门委员之手。陈垣曾为《康熙与罗马使节关系文书》作序,朱希祖和翁文灏分别为《清乾隆内府舆图》作序,他们为史料所做的介绍,不仅涉及档案的内容及整理经过,还对档案中的史实进行考证,具有较高的权威性,扩大了档案史料在社会上的影响。朱希祖的《抚畿疏草跋》融介绍、考证于一体,还有精辟的评论,是国内较早研究史料的专门性文章,为后学征引史料提供了很大方便。

朱希祖从1924年点查故宫文物开始,一直参与故宫博物院的筹建和档案文献的整理工作。开始的时候,文献馆所存的各种档案散置数处,种类复杂,使工作人员常常感觉"无从下手"③。朱希祖、陈垣等专门委员遵循不避繁琐、不求速效的原则,指导馆

---

① 方甦生:《清代档案分类问题》,《文献论丛·论述二》1936年,第44页。
② 《文献馆二十五年份总报告》,故宫博物院编:《文献丛编》第1辑,1937年,第3页。
③ 王梅庄:《整理内阁大库杂乱档案记》,《文献论丛·论述二》1936年,第199页。

员对档案进行分类、编目和出版,到 1932 年,所有档案"排架编目已经约略就绪"①,"而在这个时期出版的丛书、刊物,也颇不少"②。可见,在朱希祖等人的指导下,文献馆的档案整理工作成就巨大。

朱希祖与文献馆诸位学人不畏艰难地整理出大量的档案史料,为后学的研究工作提供了最宝贵的第一手材料。正如蔡元培所言:"任事者之勤苦,即阅览者之便利。"③而整理档案中所积累的经验和教训,也被后来的档案工作者学习和汲取,促进了中国档案整理事业的发展。

(三)中央研究院历史语言研究所

1928 年,中央研究院历史语言研究所成立于广州。首任所长傅斯年十分重视第一手资料,很想利用大内档案开展史学研究。他认为:"明清历史、私家记载,究竟见闻有限;官书则历朝改换,全靠不住。政治实情,全在此档案中也……此后《明史》改修,《清史》编纂,此为第一种有价值之材料。"④经过几番艰苦努力,他终于在 1929 年 3 月从李盛铎手中购入大批内阁大库档案。这些档案乃是宣统元年整修大库时移出的一部分,是罗振玉卖给李盛铎"八千麻袋"中的大部分。几经辗转后的档案"次序极为凌乱,事

---

① 《北平故宫博物院文献馆一览·档案之整理》,《北平故宫博物院文献馆一览》1932 年,第 6 页。
② 方甦生:《整理档案方法的初步研究》,故宫博物院编:《国立北平故宫博物院年刊》1936 年,第 82 页。
③ 蔡元培:《清内阁汉文黄册联合目录序》,《文献论丛·论述一》1936 年,第 1 页。
④ 傅斯年:《致蔡元培》,1928 年 9 月 11 日。欧阳哲生主编:《傅斯年全集》第 7 卷,湖南教育出版社 2002 年,第 70 页。

体颇多残损"①,而且,"数量相当庞大,种类十分繁杂",将这些档案整理出来,实在是嘉惠后学的盛事。

1929年9月,史语所组织"历史语言研究所明清史料编刊会",朱希祖与陈寅恪、陈垣一同被傅斯年聘为编刊委员。他们名为编刊委员,实为特聘顾问。而朱希祖、陈垣曾是北大国学门档案整理会的主持者,又成为史语所整理档案的学术导师,这就为档案整理的优质高效提供了学术上的保证。

由于史语所接收的档案破损严重,有些甚至是经过水浸的,所以,整理工作异常艰苦。他们首先制定了比较完整的档案整理计划,大致分为初步整理、分类上架、档案研究三个步骤。同时一边进行清理、分类、编目,一边刊布印行,公诸于世。经过艰苦努力,到1930年9月底,"第一步之工作,即于此时结束……至于编号上架之工作仍相去甚远。故此类档案欲其可供史家之利用,实有待第二步之分类整理工作"②。

在指导整理时,朱希祖还是坚持整理与刊布相结合的原则。1930年9月到1931年7月,《明清史料》甲编出版,共十本一千页。第一本至第六本,是整理初期随时检出的档案。第七本,朝鲜史料。第八本至第十本,明季边情。《明清史料》的出版,使史语所内阁大库残余档案以最快的速度,最原始的形式公布出来,给"近代史家以贵重的直接史料"③。

方甦生曾总结说,北大的整理分类"为近年来整理档案的分

①《明清档案·序》,《明清档案》第1册,第3页。
②《历史语言研究所报告》,《国立中央研究院十九年度总报告》,1930年,第281—282页。
③徐中舒:《内阁档案之由来及其整理》,《明清史料》甲编第1本,第14页。

类方法的开山之作,有几点是直到现在所不能废除的"①。虽然,我们无法找到更为详实的史料去证明朱希祖在档案整理中的具体贡献,但可以肯定,他与陈垣、陈寅恪等人一起运用现代方法整理档案,意义非常重大,其探索精神值得我们学习。

三、利用明清档案进行史学研究

明清时期,档案的收藏和保管是非常严密的。不仅一般士民无从知晓,就是一些高级官吏也不能随便查阅。阮葵生在《茶余客话》中就指出:"九卿翰林部员,有终身不得窥其一字者。"②对社会各界来说,当然就更谈不上利用它们了。

20世纪初,内阁大库档案的发现引起人们的极大兴趣,其史料价值也得到了学界广泛的重视。王国维将"内阁大库之元明以来书籍档册"与"殷墟甲骨文字、敦煌塞上及西域各处之汉晋木简、敦煌千佛洞之六朝及唐人写本书卷"并列,同孔子壁中书、汲冢书一起,称作"汉代以来,中国学问上最大的三个发现"③。"最早组织明清档案整理的朱希祖"④充分认识到档案的史料价值,不仅及时刊布档案内容,供学者研究,还利用档案促进自己的史学研究。

(一)研究档案考证史实

朱希祖利用档案史料,考证出一些不为学界所知的史实。他

①方甦生:《清代档案分类整理问题》,《文献论丛·论述二》1936年,第31页。
②阮葵生:《茶余客话》第2卷,商务印书馆1936年,第11页。
③王国维:《最近二三十年中中国新发见之学问》,《论衡》第45期,1925年。
④冯尔康:《清史研究与政治》,《史学月刊》2005年第3期。

在指导北大学生整理内阁大库档案时，发现了各衙门交收明季天
启、崇祯事迹清单一折。通过考察推断，这份折子很可能是"内阁
收到各衙门案卷书籍时，呈堂之清单也"，读此，"可以知道天启、
崇祯各案卷书籍的来历"。于是，他对清单所涉及的许多问题进
行了详细考证，撰写了《清内阁所收明天启崇祯档案清折跋》。

根据清单上所列的多位大学士、学士之姓氏，朱希祖对照《清
史稿》的内阁大臣年表，搞清了各位大学士、学士的名字，考证出
这份清单的时间必在康熙三年至五年之内。

清单记载的各衙门所交天启、崇祯各案卷书籍，有全与不全
之别。朱希祖认为："盖为流贼李自成据北京时所残毁。"因为档
案中有顺治二年十二月十六日的揭帖，由六部都察院等衙门办事
吏书徐仕进等百余人所进，揭帖云："顺治元年五月初二日，恭逢
大兵入城，蒙内院传唤，各衙门吏书，俱照旧办事，此当时闯逆残
虐之后，各署案卷，有遭贼焚毁者，亦有被贼遗弃者，进（徐仕进，
引者注）等从头整理，迄今二十余月。"①

对《清嘉庆三年太上皇帝起居注》进行整理研究时，朱希祖也
发现了诸多问题并进行了考证。他认为："清高宗之为太上皇，盖
取法乎高宗（指宋高宗，引者注）。"因为清高宗不同于某些太上
皇，"如唐玄宗、宋徽宗，皆以丧败余生"。而与宋高宗则颇为相
似："宋高宗即位三十六年内禅孝宗，为太上皇帝。二十六年居德
寿宫，年八十一而崩。清高宗即位六十年而内禅仁宗为太上皇
帝，居宁寿宫，年八十九而崩。宋高宗为太上皇帝有《德寿宫起居
注》，清高宗因之，并使起居注官为《太上皇起居注》。及其崩也，

清仁宗亦承其志谥之曰高宗。"①

　　嘉庆四年正月初三,乾隆皇帝崩。所以,"此嘉庆三年之《太上皇帝起居注》,实为太上皇帝与皇帝相水火之最后一年,相接愈厉,尤不可不于此书窥其底蕴"。当时,川、楚教匪势已燎原,而和珅秉政,乘高宗昏耄,颇有挟太上皇以号令皇帝之势。"盖高宗虽内禅,尚干预政事,批阅章奏","太上皇训政之日,其政务皆被和珅把持。太上皇帝信之愈深,皇帝恨之愈切。太上皇愈以为功高,皇帝愈以为罪大。不除和珅,则祸害无已。欲除和珅,则投鼠伤器"。因此,"史载太上皇正月初二辛酉不豫,初三日戊辰即崩。清代学者多疑其令终,亦非无因"②。

　　朱希祖还研究推断出乾隆内府铜版地图。翁文灏言:"北平故宫博物院文献馆民国十四年五月点收故宫造办处存物,发见地图铜版一百零四方。经朱遏先先生整理审定,认为逊清乾隆朝皇舆全图。"③朱希祖则详细说明了其审定过程。依据仁和邵懿辰《四库简明目录标注》,得知"乾隆十三排地图,南至琼海,北极俄罗斯北海,东至东海,西至地中海,西南至五印度、南海合为一图,维横数丈而剖分为十三排,合若干页,每页注明经纬度数,盖本康熙图而制,极其精,推极其广,从古地图未有能及此者也","将铜版陈列广庭之内,排比完整,数之为十三排,又见前有清高宗御制诗二首,始知地图为乾隆二十五年所铸。而图之四至又适于邵氏

①朱希祖:《嘉庆三年太上皇帝起居注叙》,《清嘉庆三年太上皇帝起居注》,
　　北京大学研究所国学门影印本 1930 年,第 1 页。
②朱希祖:《嘉庆三年太上皇帝起居注叙》,《清嘉庆三年太上皇帝起居注》,
　　第 2—3 页。
③翁文灏:《重印乾隆内府舆图序》,《清乾隆内府舆图》,故宫博物院 1932 年
　　重印,第 1 页。

所记合。遂审定为乾隆十三排地图"①。朱希祖的这一发现,使得该地图在铸成后"越一百七十年"而再显于世。翁文灏认为:"此图于中国地图之沿革极有关系","将有以振起国人地理之兴味而思有所发挥而光大之者乎"②。

在《整理升平署档案记》中,朱希祖对升平署之制度、沿革、位置等都作了比较详尽的考证和说明,指出:"升平署之制度见于光绪初年所刻《宫中现行则例》太监条内。"③关于升平署之来历,他考察出升平署初名南府,"道光七年二月初七日,奉旨南府着改为升平署"④。而改名又意味着规模的缩小,"南府有外学与内学",改为升平署之后,则"仅有内学而无外学矣"。以后其总管官职也下降一品,即六品降为七品,但当时之总管品级依旧。朱希祖又根据恩赏日记档,探究了升平署不用外学的原因:"外学艺术较高而生事亦较多,盖外学民籍较内学太监更难管束也。"⑤

据咸丰十年恩赏日记档,得知从咸丰九年,宫中又拟采用外边学生教习。"咸丰十年以后,外边学生教习均由各戏班挑选。与道光七年以前之外学别有总管首领以统辖,别有衙署以居住迥不相同。来去较自由,若不在当差时,则归其原班出外演戏亦可。"朱希祖认为,正是因为这种制度上的变通,使得"清季戏剧所以进步,名伶所以辈出"⑥。

从升平署档案中,朱希祖还发现各代皇帝喜欢的戏曲颇不相

①朱希祖:《乾隆内府铜版地图序》,《清乾隆内府舆图》,第 3 页。
②翁文灏:《重印乾隆内府舆图序》,《清乾隆内府舆图》,第 1—2 页。
③朱希祖:《整理升平署档案记》,《朱希祖先生文集》第 1 册,第 531 页。
④朱希祖:《整理升平署档案记》,《朱希祖先生文集》第 1 册,第 540 页。
⑤朱希祖:《整理升平署档案记》,《朱希祖先生文集》第 1 册,第 549 页。
⑥朱希祖:《整理升平署档案记》,《朱希祖先生文集》第 1 册,第 571 页。

同,由此总结出戏曲发展的简史。道光时戏曲唱本及乾隆时所编大戏曲皆以昆腔、弋腔为主。咸丰时代颇尚秦腔,即所谓帮腔。至同治时,则推崇昆腔及乱弹,末年又有二簧。光绪年间,外边教习夺内学之席,于是二簧遂独霸京师。

朱希祖的考证旁征博引,层层推论,靠着史料内在的逻辑把事物联系起来,显示了其深厚的学术功底。

(二)利用档案补正史书

朱希祖认为档案可以正史书之误,补史书之阙。关于南府制度,他认为升平署档案可以补充《清史稿·职官志》的相关内容。《清史稿·职官志》载:"南府执守侍总管一人,侍监首领四人,委署首领无品级无恒类。"据升平署档案,道光七年以前"南府有总管三人,内学总管为六品","外学总管似有二名,十番学首领二名,太监十八名"。而道光七年南府改为升平署后,"总管一名,官七品,内学首领四名","侍监三名,官八品"。由此,《清史稿·职官志》的纂修者"不知南府后改为升平署,《宫中现行则例》且未寓目,而又何知南府与升平署之异同哉!"①

关于清代乐制,《升平署档案》中有许多问题都可以补充《清会典》和《清史稿·乐志》。《清史稿·乐志》言:"乐部凡太常寺神乐观所司祭祀之乐,和署掌仪司所司朝会宴乡之乐……以礼部内务府大臣、各部院大臣谙晓音律者总理之,设署正、署丞、侍从待诏供奉,供用官、鼓手、乐工总曰署吏。"可见,其中全然没有提及升平署承应的各种音乐事宜。朱希祖根据档案所载认为:"清代乐制,其最要者有中和韶乐、丹陛大乐、中和清乐……而其乐人则由升平署太监为之,故升平署中有学中和乐器副首领二名,太监

---

① 朱希祖:《整理升平署档案记》,《朱希祖先生文集》第 1 册,第 550 页。

八名,其下尚有太监无定额而上列诸乐悉归其承应。"①

在《抚畿疏草跋·附张凤翔列传考证》中,朱希祖利用档案史料证明:贰臣张凤翔虽于清初顺治三年投降,但早在顺治元年就已经考虑过是否归顺清朝的问题。《清史稿·部院大臣年表》载,顺治三年五月甲子,张凤翔任户部侍郎。而根据北京大学所藏清内阁档案中的顺治元年各衙门奏稿,得知户部右侍郎王鳌永《荐地方人才疏》,开列山东地方人才三十九人,其中第六名为原任兵部左侍郎张凤翔。吏部左侍郎沈惟炳的《荐近地人才疏》,山东首列兵部侍郎张凤翔。据此,则凤翔之于清,早膺荐举,叠奉清摄政王令旨,催取来京擢用。既然有王、沈荐举于前,所以,张凤翔在清兵攻下福建时,当即投降。朱希祖认为:"迹其所为,盖亦首鼠两端,惟以一己之功名利禄是图,而不知有国家种族者也。"②由此,以档案之史料信息进一步论证出张凤翔的叛臣面目,补充了史书之记载。

朱希祖在故纸堆中辛勤爬梳取剔、钩沉索隐,对某些档案涉及的问题,都征引翔实的资料考证求实,最终得出可信的结论。他揭示出的许多错综复杂的史实,对明清史的研究具有拾遗补缺、匡谬纠误的作用。他在明清档案研究中的拓荒之功,不可磨灭。

四、阐发档案学思想

在整理明清档案的过程中,朱希祖形成了自己的档案学思

---

① 朱希祖:《整理升平署档案记》,《朱希祖先生文集》第 1 册,第 584—586 页。
② 朱希祖:《抚畿疏草跋·附张凤翔列传考证》,《朱希祖先生文集》第 6 册,第 3753 页。

想。他在多种著述如《伪楚录辑补》、《史料展览会征集史料启文》、《滇南碑传集叙》中，都对档案及其价值有所论及，而相对系统的档案学思想，则阐发于《建立总档案库筹设国史馆议》一文中。

（一）档案是"史料之渊海"

朱希祖认为："档案，宜正名曰公文案卷，惟今日已约定俗成，故从此简名。"[①]它是"政府为施政之枢纽，亦即为史事所荟萃"[②]，是历代修史、修志者赖以取资的史料。修地方之史志，"非搜辑旧日省、府、厅、州、县档案不为功"[③]。

朱希祖在《伪楚录辑补目录》、《史料展览会征集史料启文》等著述中都议及档案的史料价值。他说，诸如宋高宗赐张邦昌死诏之类的文书，"即今所谓档案，皆系直接史料，未经史臣饰染，最可宝贵"[④]。在发起史料展览会征集史料时，他列举出十种史料，其中，前六种皆为档案史料："明代内阁六部等残存档案；明代满洲档案；清代一切重要档案；民国北都重要档案；广东革命政府重要档案；江西等处剿匪重要档案。"[⑤]可见朱希祖对档案史料的重视程度。

朱希祖说："国家档案，为史料之渊海，国史之根柢，实为至高无上之国宝，当局缔造经营之苦心寄焉，国民劳苦建设之精神系

---

① 朱希祖：《滇南碑传集叙》，《重庆日记》，1940年1月24日。
② 朱希祖：《史料展览会征集史料启文》，《先君文存》第5册，手抄本，现存于南京图书馆。
③ 朱希祖：《滇南碑传集叙》，《重庆日记》，1940年1月24日。
④ 朱希祖：《伪楚录辑补目录》，《朱希祖先生文集》第4册，第2713页。
⑤ 朱希祖：《史料展览会征集史料启文》，《先君文存》第5册。

焉。"①档案为"原始资料",可以视"已成之史实","若历代档案皆在,更原始史料均存,则不难重事搜辑,蔚为完史。不特纠其偏私,补其缺漏,明其真伪,正其疏误已也"②。

(二)"设档案总库"以保存史料

由于"国人蔑视史料",使得"我国自元代以上一切藏于政府之史料皆毁灭而无遗",而"民国初建售内阁大库档案者有之,焚明代刑部档案者有之,国都南迁则段氏执政时之重要档案亦时见于故都市肆,其他零星散佚者不知凡几","此诚可痛惜者也"③,所以,朱希祖建议:"欲续历史,不可不设国史馆,欲保存史料,不可不设档案总库。"④他倡议"每省建一档案库,每三年或五年,将各署档案择要聚存于此,分类整理编纂,蔚为地方史之志材"⑤。

朱希祖结合中外历史,提出了保存档案的方法。周朝将"档案保存于祖庙之守藏,与国之大宝器同掌于天府,则视档案亦如国之重宝,尊之至、重之至也。若迁都,则档案与国之大宝器随祖庙之迁移",这种方法值得效法,所以,"取《周官》天府之法,设一总档案库,将少数秘密及重要案卷藏入此库,既易严密保守,又易全部迁移"。同时,"采英国蓝皮书制度,将全国重要案卷分为二期,一为当时可发表者,即印于蓝皮书,而公布发表,使国民咸知。则此类档案已保存于蓝皮书,藏于图书馆,可以不烦再为录副,特别保存,一为秘密档案,一时不可发表者,则存于特别档案库,而严

---

①朱希祖:《建立总档案库筹设国史馆议》,《朱希祖先生文集》第2册,第1015页。
②朱希祖:《史料展览会征集史料启文》,《先君文存》第5册。
③朱希祖:《史料展览会征集史料启文》,《先君文存》第5册。
④朱希祖:《建立总档案库筹设国史馆议》,《朱希祖先生文集》第2册,第1015页。
⑤朱希祖:《滇南碑传集叙》,《重庆日记》,1940年1月24日。

密保存，将来即可用为史料。如此，则保存档案之法，简而易守"①。

（三）保管档案以"供史家之探索"

更值得称道的是，朱希祖认为保管档案旨在利用。早在北京大学研究所国学门整理明清档案时，他和陈垣、沈兼士等人就采用边整理边刊布的办法，分门别类，编制索引既利于保管，也便于利用。他们将整理好的档案进行展览，并公布于《北京大学日刊》，力图尽早贡献于学术界，供大家研究之用。在故宫博物院文献馆和中央研究院史语所也是同样如此，他们编辑出版了《掌故丛编》、《文献丛编》、《史料旬刊》、《清季教案史料》、《明清史料》甲编等。

他还为出版刊行的档案文献撰写序言和跋文，以便于学界利用。在《顺治元年内外官署奏疏序》中，他认为这批奏疏对于进一步了解顺治初年的"南北之争"非常重要，所以，"不可以不急谋流播而供史家之探索也"②。将自己购买的升平署档案转让于北平图书馆，则更体现了他的这一思想。

在强调档案开放和利用的同时，朱希祖还谈到档案"事关机要"，所以，保存必须注意严格保密。他认为"总档案库设于国民政府，所藏皆各院部会之机密重要档案正本，国府文官长管其钥……各院部会自藏其副本，俟时效已过，或取出发表于时政记，或终藏于档案库，将来择其宜者，作为史料"③。可见其严格的保密意识。他的这些思想对今天的档案工作仍有十分重要的指导意义。

---

① 朱希祖：《建立总档案库筹设国史馆议》，《朱希祖先生文集》第 2 册，第 1020 页。
② 朱希祖：《清顺治元年内外官署奏疏序》，《先君文存》第 1 册。
③ 朱希祖：《建立总档案库筹设国史馆议》，《朱希祖先生文集》第 2 册，第 1021 页。

五、小结

朱希祖以卓越的学术眼光，积极投身于抢救和整理明清档案，意义非常重大。1929年陈寅恪与傅斯年讨论购买大内档案的时候，就说过："此项档案归于一外国教会之手，国史之责托于洋人，以旧式感情言之，国之耻也。"①陈垣也说："我们若是自己不来整理，恐怕不久以后，烧又烧不成，而外人却越俎代庖来替我们整理了，那才是我们的大耻辱呢！"②朱希祖等人的努力不仅使这批珍贵的档案资料避免了流散、亡佚的命运，而且，为国人"研究中国历史、整理中国史料、确立中国人对中国的解释"③提供了有利条件。

朱希祖促成将内阁大库档案拨归北大，成为中国近代最早抢救和整理明清档案的学者之一。在主持明清档案整理会期间，他规划出比较科学的档案整理办法。其中，档案整理的三步法和档案分类法，不仅为北大研究所国学门所运用，也成为后来其他学术机构整理档案的准绳。而及时刊布档案内容的做法也为后来的整理者树立了典范。当时的档案保管机构，"都忙于传抄出版和利用"④档案史料。应该说，朱希祖在明清档案史料的整理中居有开拓之功，开启了学界在史学研究中重视直接史料的风气，

①陈寅恪：《陈寅恪集·书信集》，生活·读书·新知三联书店2001年，第24页。
②陈垣讲，翁独健笔述《中国史料的整理》，燕京大学《史学年报》第1卷第1期，1929年。
③葛兆光：《〈新史学〉之后——1929年的中国历史学界》，《历史研究》2003年第1期。
④顾颉刚：《禹贡学会的清季档案》，《文献论丛·论述一》1936年，第72页。

此后,"档案更加为学人所重视"①。

朱希祖发现并购买了升平署档案,在初步整理后,又将这批档案以底价转让给北平图书馆,为后学提供了研究的第一手资料。学界对该档案的研究成果层出不穷,愈加显示出朱希祖的转让之举所蕴含的非凡意义。

作为一个史学家,朱希祖以严谨的态度,深入研究档案,并利用其中的资料修正官修史书的不实之处,还历史以真实。又依据档案原件,参证其他文献,发现许多新问题,弥补以往史书记载之缺略。他对明清代档案的研究成果,至今仍然被众多学者传承发扬。

正是由于他和同事们的辛勤工作和出色研究,才使明清档案得到妥善保管并为人们所利用,才有了我国近代史上整理和编印档案的第一次高潮。朱希祖参与的"大规模的明清档案整理运动是近代中国档案学产生的重要助推器"②。

然而,由于朱希祖的《整理明清档案笔记》(现存于南京图书馆)尚无法寓目,我们只能对其他的有关资料进行研究和梳理。随着人们对朱希祖史学研究的深入,更多的资料将被发掘出来,对于朱希祖在整理明清档案中所做出的贡献,我们还会得出进一步的认识。

第三节　《伪齐录校补》和《伪楚录辑补》

《伪齐录校补》和《伪楚录辑补》是朱希祖在史籍辑佚、校勘方面取得的重大成就。由于日本帝国主义扶植伪"满洲国",并以此为基地扩大侵华战争,中华民族面临的危机日趋严重。感于时

---

① 顾颉刚:《禹贡学会的清季档案》,《文献论丛·论述一》1936 年,第 72 页。
② 李财富:《中国档案学史论》,《档案学通讯》2003 年第 6 期。

事,许多爱国学者纷纷投身到与现实密切相关的历史研究中,朱希祖就是其中的一位。

出于对民族败类卖国行径的痛恨和对日寇沿袭金人封建刘豫、张邦昌故技的愤慨,朱希祖选择对伪齐、伪楚的历史进行研究,借古讽今,揭露敌人阴谋和汉奸秽迹。然而,宋代文献《伪齐录》和《伪楚录》流传甚少,而且各种版本因多次传抄、刊刻,都存在许多错误和脱略之处,使读者难以卒读。所以,他不辞辛苦,从各种相关书籍中钩稽史料,辑佚、辨伪、校勘,补充了许多内容,不仅保存了珍贵的历史文献,而且,使古代史籍在新的历史条件下又发挥其史学功能。

一、《伪齐录校补》的内容简介

《伪齐录校补》原名《伪齐录校证》,内容包括三部分:第一部分《伪齐录校证》二卷,是依据各种相关史籍对《伪齐录》进行的考校;第二部分《伪齐录校勘记》二卷,是对校勘内容的详细说明;第三部分附录,其中有些文章是对史实的考证,有些则是他的史论与政论。《伪齐录校补》是在《伪齐录校证》的基础上扩充而成的,附录为新增部分。书名随着内容而变化,说明朱希祖对附录部分非常重视。

第一部分包括上、下二卷,上卷九篇:《伪豫传》、《金虏立伪齐册文》、《伪齐僭位赦文》、《伪齐求直言诏》、《伪齐迁都汴京诏》、《伪齐立钱后册文》、《伪齐戒守令劝农桑诏》、《伪齐牒官删修什一税法》和《伪齐告谕士民榜》。下卷七篇:《金虏废刘豫诏》、《金虏废伪齐指挥》、《金虏废伪齐后差除》、《刘豫进封曹王册》、《刘豫谢晋封曹王表》、《伪齐状元罗诱上南征议》和《伪齐宰相张孝纯上大宋书》。其中第一篇《伪豫传》所占篇幅最长,记载伪齐政权刘豫罪恶的一生,是《伪齐录》的主体内容。所以,对《伪豫传》的考校、补充是《伪齐录校补》的重点问题。

朱希祖以《藕香零拾》本《伪齐录》二卷为蓝本,参照鲍(廷博)知不足斋的抄校本《伪齐录》、《大金国志》、《三朝北盟会编》、《建炎以来系年要录》、《大金吊伐录》以及晁公武《郡斋读书志》、陈振孙《直斋书录解题》等相关资料加以校勘和补辑。他采取在原文中加括号的方式,将原来的脱文补出,放入括号中,接着以小字注释"原脱几字"。对更正的内容,则直接改在原文中,以小字注释"某字或某词原作某某"。如"《伪豫传》(伪原作刘,今改正。说详校勘记,下仿此),宋从政郎杨尧弼撰(案,原作从政郎杨尧弼六字,且误列于《伪齐录》大题下第二行)"①。这种校改方式使读者阅读起来感觉顺畅,从字面看,原文与补证内容也能清晰可辨。

第二部分《校勘记》。由于校勘之处太多,且补正内容过长,以加括号注释的方式就会影响到正文的阅读,所以,朱希祖另作《校勘记》,详细说明各相关书籍、版本记载的异同,并陈述其校勘的理由以及史实的考证。与第一部分考校、补正的内容相比,《校勘记》中所引用的资料更加丰富,考证也更为细致。

第三部分《附录》。附录一有五篇文章,分别为:《杨尧弼传》、《伪齐宰辅年表》、《伪齐阜昌钱考》、《金以陕西地与伪齐年月考》和《伪齐宰相张孝纯上大宋书稽疑》。附录二则有八篇:《金立伪楚伪齐之原因》、《宋高宗不耻自侪于伪楚伪齐而为金之附庸国》、《宋高宗退守苟安不乐用有为之人刘豫与宋高宗用人之比较》、《伪齐观察宋财政枯窘并计划断绝其财源》、《伪齐欲利用外交以分裂南宋土地》、《宋败伪齐后李纲上和攻守之策》、《金统制伪齐

---

① 朱希祖:《伪齐录校补·伪豫传》,《朱希祖先生文集》第4册,第2371页。

之事迹》和《金废伪齐之原因》。其中,既有考证,又有著述,既有对历史史实的评论,又有对社会现状的认识。

这三个部分的内容,密切相关,层层递进,由发现问题、到考证史实,再到研究史实,得出认识。由此,可以看出朱希祖对《伪楚录》、《伪齐录》的研究是不断深入的。尤其是第三部分附录,大多出自朱希祖的读书笔记,其中,不乏独到见解。对此,他曾解释说:"附录一之五篇为研究史学之作,附录二之八篇为研究政治之作,阅者分别观之可也。八篇之作,尤为区区精义所在,探微索隐,陈古鉴今,幸勿作寻常史论观也。"①

二、《伪齐录校补》的编纂特点

首先,以"春秋笔法"褒贬人物。考察《伪齐录校补》,其最突出的特点莫过于这一点,因为从书名上就已经清楚地显示出来了。对叛臣刘豫,朱希祖一直称其为"伪豫",对"伪豫"之政权则称"伪齐"。

在《杨尧弼传》中,他特意把杨尧弼《伪豫传》所采用的"春秋笔法"列举出来,大加赞赏,以彰显其爱国精神。认为杨尧弼采用这种写作手法,揭露了伪齐政权的卖国行径,对叛逆奸臣进行了无情鞭挞。

朱希祖还仿照杨尧弼的"春秋笔法",编写《伪齐录校补》。他引用了"尧弼自序"中的解释:"春秋之法,贱之则书名,削去官秩,除去族氏,以示诛绝,而彰暴罪恶于万世。今豫虽废,得免万死为幸,然尚称为伪齐,若不诛绝,何以昭示惩戒,当削其僭号,贬其官,除其姓氏,作伪豫传,以为乱臣、贼子之戒云。"②实际上,杨尧

---

① 朱希祖:《伪齐录附录目录》,《朱希祖先生文集》第 4 册,第 2566—2567 页。
② 朱希祖:《伪齐录校补自序》,《朱希祖先生文集》第 4 册,第 2362 页。

弼的申述也为朱希祖的写法做了最好的注脚。杨尧弼的这篇《自序》是朱希祖"据《三朝北盟会编》卷一百八十一引"①补出的,在《伪齐录校补》中冠于《伪豫传》的篇首。

其次,校勘补正的内容繁多。可以说,如果没有朱希祖的校勘,《伪齐录》一书简直无法读通,更不用说理解了。如,"豫遂僭立于北京,(而其赦文有曰,'虽无虞舜之明扬,幸免成汤之惭德',其悖逆如此。)(原脱二十五字)以前宗正丞李孝扬(原误作阳)权左丞,济南通判张柬权右丞,兼吏部侍郎,以其子麟为太中大夫,提领诸路兵马,知济南府,以前延康殿学士宣奉大夫太原尹(原太原尹上衍前字)张孝纯,依前宣奉大夫封开国公守尚书右丞相,以弟益为北京留守,都水使者。王燮汴京留守"②。

这一小段文字,朱希祖补正之处有三。从《伪齐录校勘记》可知,第一处,按照《会编》补出二十五字。第二处,"扬"字则是据鲍本改正的。第三处,虽仅去掉一个"前"字,但朱希祖却进行了详细的史实考证。他解释说:"考《会编》卷一百九十三,张孝纯,宣和末知太原府,兼河东路安抚使。又卷四十四,靖康元年二月二十五日,河东路安抚使张孝纯守城有功,除资政殿学士。又卷四十八,靖康元年六月八日,特授张孝纯检校少保,武当军节度使,进封开国侯,加食邑五百户,实封二百户,此乃其仕宋最后之官爵。与此不同,盖杨尧弼之误也。"③

朱希祖说:"《伪齐录》各本脱误甚多,增补改正不少。"④经过

①朱希祖:《伪齐录校补自序》,《朱希祖先生文集》第4册,第2361页。
②朱希祖:《伪齐录校补·伪豫传》,《朱希祖先生文集》第4册,第2374页。
③朱希祖:《伪齐录校勘记》,《朱希祖先生文集》第4册,第2483—2484页。
④朱希祖:《致张元济》,1934年11月27日。

校勘，一些原来几乎无法释读的字句，已变得通顺可读、上下贯通了。《校勘记》不仅记录了朱希祖校勘、考辨的依据，而且载有对相关史实的梳理和考证，补充了丰富详实的资料，便利了读者的理解。正如他自己所言"虽为校勘，实兼考证"①。

再次，与社会现实密切相关。这一特点不仅在编写背景上能够透露出来，就内容而言，则更为明显。在揭露宋高宗和秦桧投降卖国的罪行时，朱希祖强调，一味求和只能暂时获得一点私利，却不知敌人有更大的无法满足的贪欲，最终，投降者绝没有好下场。联系现实又分析指出："近年敌国侵我，往往袭金故智，以和为饵，使我失其防御，彼则以兵继其后。苟安退守自营私利之徒往往效法秦桧，而□□反颂秦桧为救时贤相，以矜独得。不知彼时金之宗翰、宗望、宗辅、挞懒等健将，或已病死，或自相残杀，仅存宗弼，又常败于宋……□□不察，乃欲援秦桧之例，以今中国为敌国附庸耶，亡则亡耳，尤可恢复，何必为私人权利，而贻国家种族之羞邪。"②他呼吁人们以史为鉴，一定要识破日本帝国主义的邪恶用心，坚决反对投降。

在《伪齐欲利用外交以分裂南宋土地》中，朱希祖认为刘豫遭到废弃的主要原因在于外交上的失败，"不注意于金之内外大势"，"不知金之内外党派分歧"。吸取这一历史教训，就要重视外交事务及外交人才的培养。他说："今日各国培养外交人才，必先培养所谓某国通。某国通者数十百人，分布重要各国，不分敌国与国，皆于平日能审查其国情，统计其国力，大自历史地理，小至民情风俗，而于军事、财政、外交、政党各大端，尤所注意，是以能

①朱希祖：《致张元济》，1934年12月7日。
②朱希祖：《伪齐录校补·宋高宗不耻自侪于伪楚伪齐而为金之附庸国》，《朱希祖先生文集》第4册，第2617—2618页。

肆应得宜，措施适当，不致如伪齐之盲瞀，身入陷阱而不自知也。"①朱希祖将历史与现实结合起来，力图给抗战时期的国民政府提供借鉴，表达了满腔的爱国之情。他在自序中曾言："成《伪齐录校补》，此虽小史，所以不惮劳瘁，为之考订者，良以伪齐之事，今日可资借鉴……故特表彰此书，以昭告国人，内有以资当局之鉴戒，外有以奖志士之兴起，则此书之考订，亦不为徒劳矣。"②

三、《伪楚录辑补》的内容与编纂特点

《伪楚录辑补》六卷，是朱希祖依照《伪齐录校证》的体例辑佚而成的，分记事、记言两类，分别厘为二卷、四卷。其"目录次第，悉依《伪齐录》而定"③。朱希祖尝言："依照《伪齐录》开篇即《刘豫传》的模式，在辑补《伪楚录》时，以王偁《僭伪张邦昌传》列为首篇，而以《伪楚录》传文分疏于下，更引他书为之考证，厘为二卷，此为记事之部，并将其他相关资料分为四类，一、金册立伪楚文书；二、宋人被逼立伪楚文书；三、伪楚文书；四、宋废张邦昌文书等。厘为四卷，此为记言之部。"④

第一篇《僭伪张邦昌传考证》（上、下），对伪楚皇帝张邦昌事进行了校勘和补辑，并详细考证了一些史实。朱希祖直接将校勘和辑补的内容写在注释中，没有另作《校勘记》，也没有作附录。又以《僭伪张邦昌传考证》为核心，补辑出亡佚的各种相关史料，

---

①朱希祖：《伪齐录校补·伪齐欲利用外交以分裂南宋土地》，《朱希祖先生文集》第4册，第2644页。

②朱希祖：《伪齐录校补自序》，《朱希祖先生文集》第4册，第2365页。

③朱希祖：《伪楚录辑补目录》，《朱希祖先生文集》第4册，第2712页。

④朱希祖：《伪楚录辑补自序》，《中央大学文艺丛刊》第2卷第1期，1935年。

如《金帅府致宋宰执令别举立异姓书》、《帅府催推戴状》、《金立伪楚册文》、《金灭宋立伪楚布告高丽诏》、《孙传等乞立赵氏状》、《金令宋百官劝进张邦昌表》、《张邦昌伪令》、《张邦昌伪敕文》、《伪楚谢减银绢钱书》、《张邦昌抚谕四方手书》、《李纲陈张邦昌僭窃本末奏》、《叛臣定罪制》等，最后以《赐张邦昌死诏》结束，约七八十篇。

如果说，《伪齐录校补》以《伪豫传》的考校为主体，而《伪楚录辑补》则以《僭伪张邦昌传》的考证为纲领。这两部著作的共同特点即：首篇为纲，其余各篇为目，纲举目张。

四、编纂的缘起和经过

考察朱希祖编纂这两部史籍的过程，大致为两个阶段：从1934年7月至1935年1月。从1942年9至11月。第一阶段为研究撰著时期，第二阶段为出版前的修改补充阶段。1934年7月20日，朱希祖阅读《宋史》中有关伪齐政权的史实，发现"记载伪齐事迹过略。刘豫僭位不过八年，而伪齐疆域，史无明文"，于是，产生考订伪齐事迹的念头。第二天，他在日记中陈述了研究伪齐史事的动机，说："金之立张为楚立刘为齐，皆承辽之旧策，无非以中国人杀中国人而已，由此推之，清初之平西、平南、靖南三藩，今之伪满国，皆师此故智也。"①28日，"得《藕香零拾》本《伪齐录》二卷，《昭代丛书》本《刘豫事迹》一卷"，决定校补《伪齐录》。8月1日，校补工作开始。可见，编纂《伪齐录校证》是因为受到了日寇建立"伪满洲国"的刺激，希望"借历史以明国家之绵延，鼓励民族之复兴"。

----

① 朱偰：《先君逷先先生年谱》，张国华主编：《文史大家朱希祖》，第173页。

他摘记了《建炎以来系年要录》、《三朝北盟会编》、《大金国志》和《金史》等各书中有关伪齐事迹的资料，写出《伪齐录跋》和《伪齐宰相张孝纯上大宋书考证》。借来守山阁丛书本《大金吊伐录》和岳珂的《金陀粹编》，还通过张元济借到鲍氏"知不足斋钞校本《伪齐录》一册"①，并搜辑到金立伪楚、伪齐之原因以及废伪齐之原因的史料。12月4日，校补《伪齐录》完毕，并写出《校勘记》二卷。12月8日，作《伪齐录校证序》。

在《伪齐录校证序》中，朱希祖言"余治此书，约有四事"，并逐一做了说明。"其一，尧弼事迹不见于宋史，其所撰《伪豫传》，虽自记却使金请兵侵宋事，然今本《伪齐录·刘豫传》，削去不载，幸《三朝北盟会编》卷一百七十八及一百八十一，两载其事，尚不致淹灭不传。"根据《建炎以来系年要录》卷一百十八，得知《杨尧弼上金人元帅书》，"约陈三策"，但"全文已不得见矣"。朱希祖从其他一些史籍搜集到不少资料，认为杨尧弼之行事，"皆系心宗国，混迹异邦，规返梓官，策归侵地，既著伪史，又探金秘，卒之人随地归，终仕本朝。可谓智勇深沉，垂范后世者也"，所以，特为《杨尧弼传》一篇。

"其二，《伪豫传》中左右丞相，左右丞，门下侍郎等，官职错乱，年月差讹，盖因传写者久经谬误，皆以意妄改，故纷不可理。幸《系年要录》颇加考订，违误较稀。"朱希祖根据《建炎以来系年要录》考证各书，作《伪齐宰辅年表》一篇。

"其三，今本《伪齐录》，删去原文甚多，已非完书，惟《会编》引《伪豫传》，既存原序，传文亦鲜删节，此为差近祖本。《伪齐录》改名《刘豫传》，《大金国志》改名《齐国刘豫录》，各有删改，已失本

<hr>

① 朱希祖：《致张元济》，1934年11月22日。

真。惟字句异同,可资考校。今本脱文,既据《会编》校补,而原序一篇,亦特录出冠于《伪豫传》首,明非《伪齐录》全书之序也。"朱希祖认为,《伪齐录》一书"非全为杨尧弼撰"。但在传抄、辑补过程中,一部分著述被渗入其中,致使人们误以为《伪齐录》皆为杨尧弼所撰,有必要予以纠正。

"其四,《伪齐录》全书,转辗传写,脱误滋多。今借得张菊生先生所藏鲍氏知不足斋抄校本与缪刻本对校,而又以《北盟会编》、《系年要录》、《大金国志》、《大金吊伐录》参互考校,别白其异同,审定其是非,证明其脱误,成《伪齐录校补》二卷,别附《校勘记》二卷,校补存其是以便读,校勘著其非以求真。"①

相对于校证《伪齐录》而言,朱希祖辑补《伪楚录》着手较晚,且花费时间较少。从 1934 年 12 月 17 日,计划搜辑《伪楚录》材料,打算按照《伪齐录校证》的方法进行研究整理,第二天,写出《张邦昌传考证》,到 1935 年 1 月 8 日,撰写《伪楚录辑补自序》。前后仅用二十天的时间,朱希祖就完成了《伪楚录辑补》六卷。

在序言中,朱希祖陈述了辑补《伪楚录》的种种理由:首先,"思治伪齐史,必先明伪楚史,以有因果之关系在焉"。其次,"伪楚之史,世不多观,《学海类编》有《张邦昌事略》一卷,宋王偁撰,此乃《东都事略》之《僭伪传》一篇,其略已甚,不能见其本末。宋徐梦莘《三朝北盟会编》引用书目,有《伪楚录》及《续伪楚录》,与《伪齐录》并著皆不署撰人名氏,今《伪齐录》仅存,而《伪楚录》则已亡矣,故其内涵,颇不易知,即其卷数,亦已失记"。第三,"读《三朝北盟会编》及《建炎以来系年要录》,见引《伪楚录》颇多,荟萃以观,始知其体例与《伪齐录》同,皆分记事、记言两类,疑同为

①朱希祖:《伪齐录校补自序》,《朱希祖先生文集》第 4 册,第 2365 页。

一人所辑，均非自撰"。所以，"依照《伪齐录》开篇即《刘豫传》的
模式，在辑补《伪楚录》时，以王偁《僭伪张邦昌传》列为首篇，而以
《伪楚录》传文分疏于下……"第四，通过对比伪齐、伪楚各方面的
异同，朱希祖认识到："伪国之责，不在保守已得之旧境，而在开辟
未得之新疆，非是即有废斥之虞。吾为此惧，故既考证《伪齐录》，
又辑补此《伪楚录》，以昭操纵伪国者处心积虑之险，而同国之自
相屠戮者，愿各鉴此前车马。"①

　　在刚刚完稿时，朱希祖曾与张元济反复商谈过关于这两部书
的出版问题。张元济说："大著二种，均即转送敝馆主者。得复，
谓同人传观，均甚钦佩，极愿印行，可用四号字排成四开版式，与
国立编译馆所著各书同，出版后，按定价以版税百分之十五奉酬
等语，谨代达。"②朱希祖在回信中自愿"将《伪齐录》原文字数除
去不算"，而且同意"《伪楚录辑补》、《伪齐录校证》可照抽版税办
法出版"③。但后来是否出版，或什么原因导致未能出版，限于资
料尚无法得知。

　　抗战进入相持阶段后，日本由于战线过长，兵力不足，侵略野
心一时难于得逞，于是改变策略，对国民政府实施诱降政策。以
汪精卫为代表的民族败类公开投降，而蒋介石的国民政府也开始
消极抗日。在民族危亡时刻，朱希祖敏感地意识到投降的危险，
希望通过其文献研究阐发中华民族的反侵略传统，激励人民的抗
战热情。

　　1942年8月底，得知独立出版社将印行这两部著作，朱希祖

①朱希祖：《伪楚录辑补自序》，《中央大学文艺丛刊》第2卷第1期，1935年。
②张元济：《致朱希祖》，1935年1月23日。
③朱希祖：《致张元济》，1935年2月12日。

再次校对和改写了部分内容。首先校对《伪楚录辑补》，用了不到十天功夫，校完并抄出。所以，此书先行出版。接着，他把大量精力投入到《伪齐录》的校补中，花费了一个月的时间，抄写《伪齐录校证》和《校勘记》，然后，开始撰写《张孝纯上大宋书辩伪》、《金与伪齐陕西地年月考》、《宋高宗不耻自侪于伪楚伪齐而为金之附庸国》、《宋高宗退守苟安不乐用有为之人》和《伪齐观察宋财政枯窘并计划断绝其财源》等篇目，他反复论证伪齐、伪楚、北宋和南宋政权在用人方面的失误，强调当局重用坚决抗敌的能臣和具有财政、外交特长的人才，争取抗战的最后胜利。

五、评价

在日寇侵略气焰嚣张，中国国土日蹙的情况下，朱希祖选择与现实颇为相似的历史事件加以研究，凸显其"以史为鉴"的意图，也充分反映出他的民族气节。而采用《伪豫传》、《伪齐录校补》、《伪楚录辑补》和《僭伪张邦昌传考证》等题目，则直接将褒贬蕴含其中，将爱国思想寓于对历史的考证和校补之中。

他在日记中尝言："自日寇建立二伪国以来，内则摇动民心，外则迷惑国际。在昔北宋之际，金寇侵宋，封建张邦昌伪楚国、刘豫伪齐国，不图日寇全袭其法，以成此伪满伪汪。希祖发愤之余，撰成《伪楚录辑补》六卷、《伪齐录校补》四卷，冀以发日寇之奸心，昭二伪之逆迹……付之刊刻，昭示国人，亦可以破二伪之逆魄，警日寇之迷梦。"①可见，这两部史学著作不同于一般的史实考证和辑补，而有其鲜明的时代特色和独特的史学价值。

---

① 转引自朱偰《先君遏先先生对于史学之贡献》，《东方杂志》第 40 卷第 16号，1944 年。

　　《伪齐录校补》和《伪楚录辑补》可谓是朱希祖的力作,他花费了不小的精力,考证出各相关史籍在传抄、刊刻过程中出现的错讹,还发掘出许多新史料加以补充整理,拓展了其史学研究的范围,也促进了文献学研究的发展。其中,对《伪豫传》、《僭伪张邦昌传》辑佚和补正,使汉奸刘豫、张邦昌及其伪政权的历史更加明晰,让人们识别、鞭挞,以史为鉴。朱偰评论道:"盖欲以历史眼光,证明外族以华制华为侵略之一贯故伎,且以证明抗战必胜,而伪满、伪汪之终必底于灭亡也。"①

　　朱希祖在抗战时期,以史学研究为武器,激发了广大民众的爱国热情,表现出一个史学家的历史责任感。弟子王兴瑞曾言:"朱先生不仅是一位头脑冷静的史学家,而且是一位满腔热血的民族史学家。"②罗香林也说:"先生毕生治史,最重气节,明是非……为人尤富民族情感。"③由此可以窥见一斑。

①朱偰:《先君遏先先生对于史学之贡献》,《东方杂志》第40卷第16号,1944年。
②王兴瑞:《朱先生与国立中山大学》,《文史杂志》第5卷第11、12期合刊,1945年。
③罗香林:《朱希祖先生小传》,张国华主编:《文史大家朱希祖》,第309页。

第五章　方志与边疆史地研究

朱希祖非常重视方志与边疆史地研究。民国初年,他就致力于搜集、保存地方志乘,并利用方志资料治史。南下广东后,不仅亲自参与编修《广东通志》,提出了体现时代精神的通志体例,而且,为学生开设了方志学课程,阐发自己的方志学思想,在实践中形成了比较完整的理论体系。尤其是对方志性质的探讨,对后学启发很大,被学界称为"不易之言"①。对边疆史地的研究也起步较早,涉及地域广泛,内容丰富。由于方志兼有史地两性,而朱希祖对方志与边疆史地的研究联系也比较密切,如,他注重搜求边疆地区的方志,又利用方志资料开展边疆史地研究,所以,本书将二者合为一章进行论述。

第一节　纂修方志的理论与实践

朱希祖认为,方志具有很高的史料价值,值得珍惜和保存。他曾到处搜求方志书籍,以辅助史学研究,还曾经亲自参加《广东通志》的编修工作,提出了一系列改造旧方志、编写新方志的理论方法,为民国时期的方志学增添了新意。然而,他的方志纂修活动及理论研究,至今还鲜为人知,有必要进行客观、深入的探研,

---

① 傅振伦:《海盐县志·序》,《傅振伦文录类选》,第 337 页。

使之彰显于世。

一、搜集和保存方志书籍

方志或称地方志,方者,方域;志者,记也。方志是记载某一时代和某一地方的政治、经济、地理、历史、风俗、教育、物产、人物等情况的书,是"一方之全史"或"一个地方的百科全书"。在我国,方志有着悠久的历史,导源于《尚书·禹贡》和《山海经》等古代文献。至宋代,以《太平寰宇记》为代表,人们发展了以往的地志、地记、图经等,逐步确立了现代意义上的方志体系。宋元以降,我国的方志得以定型并迅速成熟,成为中国传统学术进一步发展的一大标志。

民国时期,中国社会处于转型时期,学术文化也呈现出新旧交替的时代特征。国民政府出于资政的需要,极力搜求旧方志,提倡编修新方志。李泰棻曾言:民国"五稔以还,国府通令各省,省府通令各县,催促续志,急如星火。既为公令,势必奉行,故省无问南北,县不分大小,莫不各续志书,待梓报命。然省县数千,未闻有某志之作,可以表现当时史潮者,甚至求如清代章(学诚)、戴(震)、洪(亮吉)、杨(笃)诸家之作,亦复不可多得"[1]。傅振伦说:"橄征各县新旧县志"为"当今急务"[2]。可见,对方志的重视和搜集成为民国社会不可忽视的一种文化现象。

为深入了解中国各地情况,便于侵华政策的制定,日、英、美诸国也加紧了对中国地方志书的搜求。而中国的藏书家对方志的价值还没有充分认识,他们一般不收藏方志,所以,地方志的价格很低,外国人花很少的费用就可以购买到很多的方志。傅振伦

---

[1]李泰棻:《民国阳原县志·序》,铅印本,1935年,第2页。
[2]傅振伦:《傅振伦方志论著选》,浙江人民出版社1992年,第143页。

曾举例说:"日本有一个文征堂,派人来到北京琉璃厂买地方志,他不看内容,如果排起来够一个手杖那么高,就给价现洋一元。"①据朱士嘉统计,"美国国会图书馆掠夺我国方志,约有四千种,内中稀见的本子有80种"②。

朱希祖非常重视方志,早在1913年,他就把目光投到地方志的搜集问题上。《癸丑日记》载:"至琉璃厂,购得经训堂本《山海经》……《三辅黄图》、晋太康三年《地记》、《晋书·地道记》、《晋书·地理志》……"③"偕尹默至琉璃厂……购得仿宋本盛宏之《荆州记》一册"④。这些书籍大都记载某一地方的地理历史,被后来的方志学家列为重要的方志文献。据朱偰讲,朱希祖从1923年开始搜集方志⑤,这一说法可能是指大规模地搜集活动。

1923年,朱希祖与张元济的通信大多探讨地方志的搜集问题。如,1月22日,他致书张元济,说:"北京大学近亦购买各省志书,此事先生颇有经验,祈指示其购求方法。京中所有,大都以直、鲁、晋、豫各省为多,云、贵、川、甘最为难得,《洛阳县志》是否为难得之物?价颇昂贵。章氏各志尤难其遇。"⑥4月25日,又言:"近在厂肆购得嘉靖初印本《浙江通志》一部、蓝丝栏旧钞本康熙《宁波府志》一部(无刻本,间有补钞)、康熙《嘉兴府志》、康熙

---

① 傅振伦:《谈编修新方志的几个具体问题》,《中国史志论丛》,浙江人民出版社1986年,第130页。

② 朱士嘉:《中国地方志综录·凡例》,《中国地方志综录》,商务印书馆1958年,第2页。

③ 朱希祖:《癸丑日记》,1913年2月14日。

④ 朱希祖:《癸丑日记》,1913年2月19日。

⑤ 朱偰:《先君逷先先生年谱》,张国华主编:《文史大家朱希祖》,第157页。

⑥ 朱希祖:《致张元济》,1923年1月22日。

《绍兴府志》各一部,价均昂贵。此间尚有嘉靖本《昆山县志》八厚册、乾隆《凤山县志》十册(台湾),以费细价昂未购。章实斋先生之《永清县志》得到两部,一为乾隆初印本,开化纸印,甚精;一为道光七年翻印本,款识大小依旧,而各表中略有增减。《天门县志》亦得到一部,惜缺序目及第一卷,亦无从借得补钞,此书共二十四卷,写刻甚精。"①由此可知,朱希祖在这一时期搜集了大量的地方志。此后的十几年间,藏量就达一千余种,与当时的"嘉业堂"主刘承干、"丰华堂"主杨复等方志收藏大家齐名。

朱希祖还委托张元济为北京大学购进地方志。张元济给予了积极的回应:"贵校欲收买川、甘、云、贵四省方志,属敝处代为搜罗,极愿效劳。惟须请将贵校尚未购得该四省之志书,开一清单交下,敝处即可通知各该省之分馆及代理,按单收买。所有书价应否限制? 亦祈明示。"②后来,张元济为北大寄出川、云、贵、浙各省的十种地方志,均为难得之本,但其中浙江《山阴县志》《会稽县志》因价格昂贵,北大不欲购买,朱希祖自己以高价购买下来。

1929 年,朱希祖仍致力于方志的搜求。据日记载:"至松筠阁、邃雅斋选购地方志数种,吾乡张伯魁嘉庆《徽县志》八卷,颇为希见之本。徽县属甘肃秦州。六时回家。灯下阅乾隆《西宁府志》,中载青海史事甚详"③;"又至邃雅斋购地方志十余种,《徽县志》已全得,喜甚"④;"至琉璃厂购定地方志十四种"⑤。与 1913

---

① 朱希祖:《致张元济》,1923 年 4 月 25 日。
② 张元济:《张元济书札》,商务印书馆 1981 年,第 131 页。
③ 朱希祖:《十八年日记》,1929 年 1 月 12 日。
④ 朱希祖:《十八年日记》,1929 年 1 月 14 日。
⑤ 朱希祖:《十八年日记》,1929 年 2 月 25 日。

年相比,朱希祖搜求方志的数量大大增加。30 年代初,古文献学家王重民说:"地方志书之重要,近颇惹人注意,以故公私搜藏颇成一时风尚。"①可见,朱希祖属于较早搜集和保存方志的学者。

据朱希祖所编《海盐朱氏地方志目录》得知,所藏方志共 24个省区,一千多种。其中浙江的为最多,有 163 种,直隶次之,陕西、江苏再次之,这几个省都在一百数十种。边远地区如新疆、甘肃、贵州、广西、云南等地的都有,多少不一,还有台湾方志九种②。反映了他对乡土文献的重视,对边疆史地的关注。

该目录为朱希祖手稿,采用北京大学讲义稿纸,细毛笔字迹。但在某些省份方志目录后有以钢笔补写的几种,如,朱希祖手写的浙江方志有 142 种,钢笔补写的有 17 种,在最后一页又出现钢笔补写的 4 种,共计 163 种。其体例以省为单位,分别部勒,先写方志名称及卷数,后面注释作者和版本,最后写册数。如,直隶有:康熙正定县志十四卷(陈谦,康熙刊本)四册。乾隆天津县志二十四卷(吴惠元、俞樾,同治九年刊)八册。《海盐朱氏地方志目录》并没有标明编写时间,查《重庆日记》,朱希祖于 1942 年 3 月 1日,采用清代地理系统,开始分府抄写所藏各省地方志目录,7 日抄完。那么,这份地方志目录应该是 1942 年 3 月所作无疑。

朱氏所藏有"一千多种地方志,内有珍本十几种已入'综录'"③。其中海内孤本有 4 种,即嘉靖《嘉定县志》、崇祯《玉田识略》、康熙《海盐县志》(稿本)和康熙《萧山县志》。后来,朱希祖的

①王重民:《新书介绍》,《国立北平图书馆馆刊》第 6 卷第 4 号,1932 年,第 89 页。
②朱希祖:《海盐朱氏地方志目录》,手稿,现存于南京图书馆。
③朱士嘉:《中国地方志综录·自序》,《中国地方志综录》,第 2—3 页。

许多藏书捐给了南京图书馆。李培文说："据当时南图朱氏藏书入库清单分析,朱藏方志大部分属于江浙一带。"①捐给南京图书馆的这批方志很可能只是朱氏所藏方志的一部分。据《海盐朱氏地方志目录》分析,其方志书籍遍及全国二十多个省区,1227 种。现将各省地方志数目列表如下:

表 5.1:朱希祖所藏地方志的各省分布情况表

省份	种类数	原有数	新增数	备注
直隶	132	129	3	包括察哈尔
河南	110			
山东	82	80	2	
山西	91	89	2	
陕西	119			
甘肃	37	34	3	
宁夏	1			乾隆宁夏府志
四川	53	49	4	
湖北	61			
湖南	29			
江西	26			
安徽	35	33	2	
江苏	117	109	8	
浙江	163	142	17 又 4,共 21	清康熙《海盐县志》是海内孤本。

----

① 李培文:《朱希祖与郦亭藏书》,《江苏图书馆学报》2001 年第 5 期。

续表

省份	种类数	原有数	新增数	备注
福建	19			
台湾	9			
广东	69	68	1	
广西	31	23	8	
贵州	6			
云南	19	16	3	
奉天	14	7	7	
吉林	1			民国方正县志
黑龙江	2			
新疆	1			嘉庆三州辑略

地方志在朱希祖的藏书中占有重要地位。朱希祖对方志的搜求和收藏，不仅保存了珍贵的地方文献，为历史学、地理学以及其他学科的研究者提供了许多可靠而又宝贵的原始资料，而且避免了方志书籍的外流、散失，在一定程度上抵制了列强对中国文化资源的掠夺。《海盐朱氏地方志目录》对于了解民国时期方志存留的数量和各省分布状况，提供了一定的依据。

二、纂修《广东通志》的实践

朱希祖在日本留学期间，所学专业即为史地，那时候他就非常偏爱地理学科，曾计划编纂地理教科书，"以发人爱国之心"。可是苦于"既无材料可调查，又无才思以组织，且无暇晷以研究"①，只好

---

① 朱希祖：《留学日本日记》，1906年2月11日。

作罢。1932 年 10 月,朱希祖南下广州,任中山大学教授兼文学院文史研究所主任。他还欣然接受邹鲁校长的邀请,担任《广东通志》馆的纂修委员,并积极地参加了筹备工作。

中山大学广东通志馆来历比较曲折。民国初年,教育部曾令各地编纂乡土志,作为教科书,并为清史馆提供历史资料。广东省政府及地方人士积极响应号召,支持重新编纂省志,建立了广东修志馆(又称广东修志局)。但由于封建军阀统治下的社会极其动荡,民不聊生,全国各地的修志事业都举步维艰,广东修志馆也没能开展多少业务。1928 年,广东民政厅长兼中山大学副校长朱家骅向国民政府会议广州会议提出纂修《广东通志》的议案。1929 年,经广东省政府决定,交由黄(节)、许(崇清)、伍(观淇)等委员们具体拟定编纂通志办法。接着,省政府又决定将修志事务交给中山大学办理,由此,广东修志馆改名为中山大学广东通志馆(又称广东通志馆),聘广东省教育厅厅长兼中山大学校长许崇清任馆长,馆址设在广州中山大学西楼。

广东通志馆重开后,业务断断续续。到 1932 年,邹鲁接手《广东通志》的编纂事宜。恰好,朱希祖来到中山大学,与吴康、徐绍棨、邓植仪和朱谦之等人一起成为编纂委员。他们共同投身到修志事业中,商议修志条例,悉心研讨和切磋方志理论,创造出斐然可观的研究成果。

《郦亭粤行日记》中详细记载了他参与修志的过程,从中可以看到他为纂修《广东通志》所花费的心血。他曾让家人将北平的大量藏书邮寄到广东,将各地方志书按省分类,整理研究以作修志参考。阅读阮元《广东通志》并作札记,整理广东通志馆的许多文件及提案,撰写出《广东通志略例》、《广东通志总目》和《广东通志总目说明书》。还制定搜集方志资料的《广东通志征访条例》,

提出建议:"一,地方志……本馆征访员须制定目录,注明本馆有无,然后访之本市公私藏书之所,就本馆所无者,然后访之外县及外省,务须将古今志书,全数调查确实……凡能捐助本馆者,亦标明捐助人名,其难得者,或由本馆购买,或由本馆借抄。"①

本来,馆长邹鲁委托朱希祖、吴康、朱谦之、李沧萍起草体例,经过几次的商讨,委员们都比较服膺朱希祖的提法,所以,一致推举他来承担这一任务。他经常找到其他纂修委员商讨体例的详细目录,编写内容等,委员温廷敬与他的意见有些不同,力主专门接续阮元通志。温所拟定的广东通志列传拟稿,提议恢复阮志宦绩、谪臣二录,以儒林、文苑等旧式列传代汇传。朱希祖则力陈"录与传文体不殊,应废录而并入传。而汇传中学术(儒林为学术之一)、艺术(文苑为艺术之一)、教门、货殖四传缺一不可"②。他所拟定的体例纲目基本被大家接受,经委员会决议通过,而温氏所拟的提案"大抵废弃"。可见,对新编《广东通志》,他在实际上起了发凡起例的作用。另外,朱希祖为通志撰写的《明广东东林党列传》,不仅出色地完成了所承担的任务,而且为南明史的研究提供了史料。

然而,由于政局动荡和战争连绵,很多纂修人员把精力放在政治上,使得该志历经曲折,最终也没有完成。但邹鲁在他的《回顾录》中却说《广东通志稿》"在1938年学校西迁前,已全部编成。但因经费缺乏,只先印了《列传》四本,其他稿件,由于学校搬迁,

①朱希祖:《广东通志征访条例》,《文史学研究所月刊》第1卷第4期,1934年4月。
②朱希祖:《郦亭粤行日记》,1933年1月7日。《朱希祖先生文集》第6册,第3947页。

能否保全,诚属堪虑"①。邹氏所说,指的是民国年间中山大学出版组铅印本《广东通志列传》4 卷,但从现存邹志 120 册的情况看来,它只能算是一部初步的、简略的未成稿,并非邹氏所说的"已全部编成"。

朱希祖参与编修的《广东通志》稿本存留了 120 册,现藏于广东省中山图书馆。其中,许多内容具有极高的史料价值。如,介绍了清代和民国时期广东农作物的生产和进出口情况,还与上海进行比较,翔实地反映了广东作为主要出口省份的情况与地位。盐法门记载了广东盐业的制度沿革、生产分布等统计资料。外交门不仅反映了广东在第一、二次鸦片战争的形势,还有民国 17 年至 24 年在广州市居住的英、美、德等 14 个国家的侨民人数和职业。该志附有很多地图,其绘制方式多种多样,呈现出民国时期广东各县乃至乡镇的地理环境,以及当时测量绘制舆图的水平。

尽管《广东通志》不是一个完整的志书,但它保存了大量的清代和民国时期的史料,促进了民国时期方志学的发展。特别是内容方面的变革,如,有关土壤地质、兵要地理、人口调查、司法警务、物产及进出口、契税盐法、外交侨民、公路建设、人物列传等的记载,尤其值得珍视。

三、阐发方志学思想

民国时期是我国方志纂修史上的又一兴盛时期。由于官方的大力推动,加上方志学自身的不断发展,许多学者都将修志作为自己学术研究的重要内容,积极参与方志纂修工作。有些史家

---

① 转引自林子雄《广东通志馆与民国〈广东通志〉之编纂》,《广东史志》2001年第 4 期。

关注方志理论的研究，并取得重大成就。影响最大的梁启超，在1924年发表《清代学者整理旧学之总成绩——方志学》，第一次明确提出了方志学的概念，对传统的方志学理论进行了系统的总结，确立了章学诚作为中国方志学奠基人的地位。学者们纷纷撰文探讨有关方志的理论问题，方志学发展成为一门独立学科，从而跻身于现代学术之林。

朱希祖在方志学研究方面也造诣颇深。在《中国史学通论》中，论证了方志之源流、性质和价值，所以，他是民国方志学理论的开创者之一。30年代，他不但积极投身于方志的编修实践，还努力进行方志理论的探索，集众家之所长，融自身之精思，取得了不少新成果。

（一）方志之起源

我国方志历史悠久，源远流长。但到底起源于何时，最初为何种体裁模式，历代学者曾作过多方考辨，可谓人言人殊，说法不一。宋代学者王存和王象之，明人田顼推《禹贡》、《山海经》等古代地理书为方志之祖，而史学家司马光则认为导源于《周官》，他在《河南志》序中说："《周官》有职方、土训、诵训之职，掌道四方九州之事物，以昭王知其利害。后世学者，为书以述地理，亦其遗法也。"①

清代学者洪亮吉认为最早的方志是《越绝书》，在《重修澄城县志·序》称："一方之志，始于《越绝》，后有常璩《华阳国志》。"章学诚在《湖北方志叙例》中则断言："百国春秋，实称方志。"梁启超继承并发展了章氏的方志理论，指出："最古之史，实为方志。如

---

① 《司马温公集》（66），转引自黄燕生《宋代的地方志》，《史学史研究》1984年第3期。

《孟子》所称晋《乘》、楚《梼杌》、鲁《春秋》,墨子所称周之《春秋》、宋之《春秋》、燕之《春秋》,《庄子》所称百二十国宝书。比附今著,则一府州县志而已。"①

与以上各家说法不同,朱希祖寻求方志起源时,认为方志应该是伴随着史学的萌芽而出现的。依据《周官》所载:"诵训,掌道方志,以诏观事。"他指出:"若方志之书,在《周官》为诵训(掌道方志)。"②在寻求国别史的源流时说:"司马彪之《九州春秋》,州为一篇,实为后世地方统志之权舆。"③在《传记》篇中,再次探讨了方志的起源:"地方先贤耆旧传,其源亦出于小说。《汉书·艺文志》小说家,有《周记》、《周说》之属,道于诵训之职,采于黄车之使,方志郡书,即由此出……盖自宋明以后,地方之志繁兴,耆旧先贤传记,皆孕包于志内,故其作遂衰。"④由此可见,朱希祖认为方志是多源的,虽然他没有明确指出这一点,但他已经意识到方志与古代的许多史书有渊源关系,而不是出自古代某种文体或某一本书。

这种"多源说"应该说是合理的,因为《周官》"外史掌四方之志,小史掌邦国之志,诵训掌道方志",其中虽有"志"、"方志"的名称,但其含义与近现代意义上的方志还存在着很大差异,只是属于周王国和王畿内外侯国的文字记载。后世的方志书籍内容包罗万象,古代各种地方史籍、地理杂著、人物传记、诗文选集均与后世的方志有着直接或间接的渊源关系。

---

① 梁启超:《中国近三百年学术史》,《饮冰室合集·专集之七十五》,第298页。
② 朱希祖:《中国史学通论》,第18页。
③ 朱希祖:《中国史学通论》,第42页。
④ 朱希祖:《中国史学通论》,第48页。

关于方志起源的问题，至今仍在探讨。但方志"多源说"已经成为学界的一种重要观点。著名方志学家黄苇认为："方志源头较多，不仅有《周官》、《禹贡》和《山海经》，还有《九丘》之书和古舆图等等……方志并非起自一源，而是多源。"①的确，如果仅仅把某一本书或某一文字记载作为方志之源是不会令人信服的。

(二)方志之性质

对方志性质的认识，学界也存在着意见分歧，方志属于地理或历史的争议不断。有些学者认为"方志属地理书"。唐刘知几《史通》中说："九州土宇，万国山川，物产殊异，风化异俗，如各志其本国，足以明此一方，若盛宏之《荆州志》，常璩《华阳国志》、辛氏《三秦》、罗含《湘中》。此之谓地理书者也。"②清前期，纪昀等编《四库全书总目》也认为方志为地理书："古之地志，载方域、山川、风俗、物产而已。其书今不可见，然《禹贡》、《周礼·职方氏》，其大较矣。《元和郡县志》颇涉古迹，盖用《山海经》例。《太平寰宇记》增以人物，又偶及艺文，于是为州县志书之滥觞。"③洪亮吉、李兆洛等人都把方志归地理类书籍。戴震明确阐述方志的性质："地志者，志九州之土也……夫志以考地理，但悉心于地理沿革，则志事已竟。侈言文献，岂所谓急务哉！"④

另一种意见即"方志是历史"。东汉郑玄认为，方志如同《春秋》等各国的"国史"，而宋人郑兴裔在《广陵志序》中就指出："郡

---

①黄苇：《方志论集·方志渊源考辨》，浙江人民出版社1983年，第15页。

②刘知几撰，赵吕甫校注：《史通新校注》，第581页。

③纪昀：《四库全书总目提要》，河北人民出版社2000年，第1813页。

④章学诚：《记与戴东原论修志》，章学诚著，仓修良编：《文史通义新编》，上海古籍出版社1993年，第747页。

之有志,犹国之有史。"①但这一主张在当时并未引起反响。明朝时期,"志为史"的说法才开始流行起来。许多方志的序、凡例、跋都从不同的角度作过说明,如姚九功在《潞城县志·序》中说:"夫志,即古列国史也。古者列国各有史,以纪时事,触类而推,故郡邑各有志以存实录。"②雍正六年,清世宗在谕令纂修《一统志》和各省通志时指出:"志书与史传相表里,其登载一代名宦人物,较之山川、风土尤为紧要。"③这就肯定了方志具有史的性质。受此影响,以章学诚为代表的历史派认为"志乃史体"④,地方志即地方史,为此,他还与戴震进行过激烈的争论。他将方志看作史书的一种,指出:"有天下之史,有一国之史,有一家之史,有一人之史。传状志述,一人之史也;家乘谱牒,一家之史也;部府县志,一国之史也;综纪一朝,天下之史也。"⑤明确了地方志的性质,改变了历来把方志归于地理书类的旧观念,提高了方志的作用。

"志乃史体"一说影响很大,梁启超、李泰棻、瞿宣颖等人都承认方志即"地方之史"。瞿宣颖说:"方志者,地方之史而已。集无数地方区域而成国家,每一地方区域各有其发展之序。发展之序不同,故一国之中民风之文野不同,民生之荣枯不同,民德之刚柔不同……故欲了解国家与民族粲然万殊之习性情状,必自了解各

①转引自仓修良、叶建华《章学诚评传》,南京大学出版社 2002 年,第261 页。
②姚九功:《潞城县志·序》,《哈佛大学哈佛燕京图书馆藏中文善本汇刊》第15 册,商务印书馆、广西师范大学出版社 2002 年。
③《清世宗实录》卷七十五,雍正六年十一月甲戌,中华书局 1986 年。
④章学诚:《答甄秀才论修志第一书》,章学诚著,仓修良编:《文史通义新编》第 713 页。
⑤章学诚:《州县请立志科议》,章学诚著,仓修良编:《文史通义新编》第707 页。

地方之史始。"①

　　朱希祖在《中国史学通论》中提出了自己的见解。他参照郑众和郑玄的观点，将"外史掌四方之志，小史掌邦国之志"的"志"释为"记"。但对于郑玄将方志比作春秋诸国史书，则不甚同意。朱希祖根据《周官》原文，指出"邦国之志"，只是"邦国之谱牒类也"。而"四方之志，即班于四方之政令。若方志之书，在《周官》为诵训（掌道方志）"②。由此可见，他认为方志虽具有地方史书的特征，但最初的方志"皆系谱牒政令之属"，还不能算真正的历史。

　　《明一统志》《清一统志》汇集各省志书而作，有国别史之实而无其名，与司马彪之《九州春秋》相比，二者"其实皆同，所不同者，惟一统与割据耳，要其法则相类焉"③。

　　随着对方志研究的深入，朱希祖对方志的性质特点有了新的认识，到1929年，他融会诸家之说，提出了"史地两性"说。他指出："做县志之法，能兼得今世历史、地理二学之长，乃得为善志。"④在这里，朱氏将方志看作综合史地的文献载体，是比较符合方志自身发展规律的。早期的方志，在内容和体例方面与地理书相近，自宋代以后，方志更多地受到正史的影响，在内容和体例等方面均较前代有所进步，并逐渐发展成为现代意义上的方志。

　　在学术实践过程中，朱希祖对地理派和历史派的观点兼收并蓄，折中去取，以地理派的理论采辑方志资料，以历史派的观点进行志书编纂，其中颇有匠心独运之处。这一折中的主张和做法将

①瞿宣颖：《志例丛话》，《东方杂志》第31卷第1期，1934年1月。
②朱希祖：《中国史学通论》，第18页。
③朱希祖：《中国史学通论》，第44页。
④朱希祖：《新河县志·序》，傅振伦：《民国新河县志》，铅印本，1929年。

方志的性质进一步推向了科学化,得到学术界的充分肯定和广泛认同,对后来方志学的发展产生了重要影响。

弟子傅振伦赞同他的说法,明确提出"方志为记述一域地理及史事之书"①。黎锦熙则认为:"方志为物,史地两性,兼而有之;惟是兼而未合,混而未融。今立两标,实明一义,即方志者:(一)地志之历史化……(二)历史之地志化。"②仓修良也赞同方志具有"亦地亦史"的性质③。

方志发展到今天,尽管其史的特征要突出一些,但就其性质而言,它既不单纯属于地理范畴,也不单纯属于历史范畴,而是二者相互渗透、相互融合且得到充实完善的学术新体裁,是独立于历史、地理之外的专门学问。目前方志所要求的内容,大体上可分为自然和社会两大类别,乃是区域地理与社会全史在外延上的扩大和形式上的统一。是以一定的体例,记载一定行政单位各方面现状和历史的资料性著述,是一个地方的"百科全书"④。可以说,方志兼史地两性的提法,朱希祖是有着导夫先路之功的。

(三)方志之义例

"义"是修志宗旨,"例"指志书体例。修志宗旨决定体例的选择,体例又是贯彻修志宗旨的手段,两者相辅相成,缺一不可。每一部志书,都洋洋洒洒千百万言,且出自众人之手,水平参差,认识也不一致,若无"义例"约束,势必造成条理混乱,矛盾抵牾,重

---

① 傅振伦:《中国方志学通论》,商务印书馆 1935 年,第 9 页。

② 黎锦熙:《方志今议》,中国展望出版社 1982 年,第 3—4 页。

③ 仓修良:《方志学通论》,齐鲁书社 1990 年,第 4 页。

④ 姚金祥、何惠明:《简明方志编纂学》,南海出版公司 1994 年,第 1 页。

复漏略，不堪卒读。所以，"义例"是统一全书的准绳。清人程廷
祚在《修一统志议》一文中说："著书者，以义为体，而例从之。昔
《禹贡》之书，义在平天下，故先记治水，次赋、次贡，《禹贡》以为
例。《职方氏》义在周知四方，故先记山川，次地理、次男女，职方
氏以为例。"①章学诚则提出编纂方志必须立"三书"，定"四体"，
明确方志的编写内容和体例。有了义例，就确立了将要实现的目
标和必须遵守的规则。

　　朱希祖也首先强调"义例"的作用。他拟定的《广东通志略
例》"义例"包括两点：第一，"通志之名，媲于通史，肇自远古，迄于
当今，是名曰通"。只有统合古今，才能观其会通。第二，修志必
须反映时代变化，要"别立新裁"，"王言建典，官司列禄，尊王之
义，今所不需。姓氏方言，侨民客籍，前贤所忽，今所必增"②。

　　根据以上二义，他制定了略例。以阮元《广东通志》为基础，
总结传统方志的利弊得失，认为修志的体例既应"尊旧史，酌定条
目，以储积广博，鉴别精确"为主，又要"别裁所制，严立准绳，以观
察通贯，始终条理"，要"准正史而作，不以偏方小志自封，即大名
小名，均宜兼存"，总目应分为纪、表、略、传四体，简明扼要。

　　制定方志的大名、小名，其实就是定出体例纲目。朱希祖认
为"定名不可不慎"③，因为"史之有小名以文章各有体裁，部居不
宜杂厕，详略攸分，轻重有别，非心知其意不能辨也"④。他举例
说："《阮志》末有《杂录》四卷……夫上既有二录，而此又称杂录，

---

①程廷祚：《修一统志议》，《青溪集》卷五，民国刊本。

②朱希祖：《广东通志略例》，《朱希祖先生文集》第2册，第1142页。

③朱希祖：《广东通志略例》，《朱希祖先生文集》第2册，第1156页。

④朱希祖：《广东通志略例》，《朱希祖先生文集》第2册，第1144页。

颇有人疑为三录并列者,而不知其非伦类也。"他赞同章学诚所说:"三书之外,别录丛谈一书,以载征材之所余,譬犹经之别解、史之外传、子之外篇也。"①

他废弃阮元《广东通志》中的"典"和"录",认为"阮志《训典》二卷,专载清代皇言","与当今政体,不能相容",对涉及本省的谕旨,"酌量节取,散入各门。末附蠲恤各条,虽皆关于本省,可改入财计略"②。而"录传文体,既无区别,故不如废录,并入于传,以除名异实同之弊"③。又把阮志的"前事略"为"大事记",因为"事无巨细,皆为前事",不如用"大事记"合理而又灵活,可以随时随地,"自立标准,以定取舍"④。

这种体例与高似孙的《剡录》基本一致,都首列纪年,举地方史事大端,为全书之经。章学诚也主张把编年冠于全志之首。朱希祖赞赏"章氏美例","其义甚是",认为大事记是志书不可缺少的总纲。

他指出,《阮志》四表"考订最精",所以"仍其名而补其遗"⑤。而"略"的真正含义为"要",有去取存乎其间。"今之作略,亦当深明此谊。阮志十略,或亦会并,或宜扩张,或宜增设,时异势殊,自当易辙改弦,胶执成例,滥列琐事,皆无当也。今当严立标准,慎于取舍,所定为十二略。"⑥

朱希祖还在撰写方志的细节之处大胆创新。即在"每篇之上

---

① 朱希祖:《广东通志略例》,《朱希祖先生文集》第2册,第1156—1157页。
② 朱希祖:《广东通志略例》,《朱希祖先生文集》第2册,第1145页。
③ 朱希祖:《广东通志略例》,《朱希祖先生文集》第2册,第1151—1152页。
④ 朱希祖:《广东通志略例》,《朱希祖先生文集》第2册,第1146页。
⑤ 朱希祖:《广东通志略例》,《朱希祖先生文集》第2册,第1148页。
⑥ 朱希祖:《广东通志略例》,《朱希祖先生文集》第2册,第1150页。

拟加小序,略具通贯条理之意,间述抉择取舍之义"①,这与黄炎培《川沙县志》中的"概述"可谓异曲同工,都是对某一部分主要内容或基本情况的阐述,揭示事物间发展关系。小序还类似于"全书之纲"——大事记,可以拾遗补缺。采用小序的方法在后来的各省方志中大量应用,并逐步完善和成熟。

关于标注问题,他说:"标引书名,贵乎能使人复案,若仅曰见于某书,则《宋史》有四五百卷,又非人人必读之书,何能使人寻觅,若曰见某书某卷,则欲观原文自无此累矣。近世有人撰实传记,未注据某某等书,或断章取义,或附会本文,若使人一一复案,必不尽能昭信来兹,乃一篇之中,某节某句,既不注明出于某书,但于篇末混云据某某等书,令人茫然,不能分析,则与未注何异?今拟注所引之书,仍秉谢、阮成规,于某节某句下,即宜注明,不宜混注于一篇之末,且宜加注篇名或卷数。"②

他还建议采用民国纪年之法:"民国以前,称民国前若干年,分注历代年号年数于下,既可消除正闰之争,亦可备测年代之用,此则不妨以本通志为全国倡也。"③

(四)方志之功用

方志具有"资治、存史、教化"的功能。东晋常璩在《华阳国志·序》中说:"夫书契有五善:达道义,章法式,通古今,表功勋,而后旌贤能。"朱希祖也谈及方志的作用:地方志的耆旧先贤"为地方之表率,作后学之楷模",方志"与国史同其价值"④。他指

---

①朱希祖:《广东通志略例》,《朱希祖先生文集》第2册,第1157页。
②朱希祖:《广东通志略例》,《朱希祖先生文集》第2册,第1159—1160页。
③朱希祖:《广东通志略例》,《朱希祖先生文集》第2册,第1147页。
④朱希祖:《中国史学通论》,第48—49页。

出，《一通志》是汇集各省志书而作，地方志应备国史取材。在《广东通志总目说明书》中，又一再申明"省志为一方之史"①，可以为国史提供资料，以"补史之阙"。

朱希祖重视方志的社会政治功能，强调志书记载宜详，为后世提供借鉴。在《广东通志总目说明书》中，对许多内容都主张"详细记载"。尤其是对近代以来，中国社会的深重灾难、民族危机以及仁人志士的救国图存活动，更是要"大书特书"②。在外务略中，他设有通商、蕃民、倭寇、欧患、租占、欧侨、教案、法权等目，探讨中国与世界各国的交往，详细阐述近代中国所遭受的欺凌。在其他的传目中，也反复提到"葡据澳门，英割香港……五口通商"③，并对"捐资助革命，济国难"的华侨予以表彰，将革命先烈如黄花岗烈士载入"忠义传"。这些内容都凸显了方志开启民心、唤醒民族意识的作用。

（五）方志之人物传记

人物传记在我国传统志书中一向占有重要地位，被称作"志中之髓"。对此，朱希祖指出，在方志中为耆旧先贤立传，目的"不过妙选英贤，为地方之表率，作后学之楷模而已"④。但其中弊端不少，"标榜之习，伪饰之风，亦所不免；而地方之弊俗戾风，亦不敢有所记载，以获罪于乡里，盖于家传同其弊也"⑤。

他对人物立传的写法，提出了独到见解。如："同在省区，有

---

① 朱希祖：《广东通志总目说明书》，《朱希祖先生文集》第2册，第1242页。
② 朱希祖：《广东通志总目说明书》，《朱希祖先生文集》第2册，第1242页。
③ 朱希祖：《广东通志总目说明书》，《朱希祖先生文集》第2册，第1245页。
④ 朱希祖：《中国史学通论》，第48页。
⑤ 朱希祖：《中国史学通论》，第49页。

本省人焉,有外省、外国人焉,故可分内传、外传。本省人入内传,外省、外国人入外传。内传又分为专传、汇传,专传注重个人特性,以人名分代编次;汇传注重社会群体,以事类分派编次。内传共九篇,曰先进、曰忠义、曰孝友、曰隐逸、曰列女,是为专传;曰学林、曰艺苑、曰教门、曰货殖,是为汇传。外传共四篇,曰名宦、曰谪臣,均为本省宦师,故冠于传之首;曰流寓、曰外侨,均为客籍人民,故附于传之末。"①这样分类撰述使错综复杂的人物各有归属,名目清晰,确为卓见。

为防止"无所短长之人滥列入传"②,他提出必须"严立准则,广为甄综③,"顾名思义,忖量而后入"。比如,名宦传即"取官之有绩者"④;先达传的标准为:"建树政绩,流泽广远,斯为上选;浮沉仕宦,兼有专长,次也;清慎自守,无所建白,又其次也。"⑤他赞同章学诚"志笔不越境而书"、"以政为重,而他事为轻"的原则。撰写人物还应当"以朝代为次,不以地方为次",这样既可"融化界域之见",又可"捐除夸耀之私"⑥。同时,要灵活处理人物传记的分类与作法,"前代官师,大抵皆为外省人,民国改建,则官师多为本省人,此其界域将何区别乎?曰外省人之为官师者入名宦传,本省人之为官师者,入先达传,官人之法,既可改革,作传之法,独不可变通乎?"⑦

①朱希祖:《广东通志略例》,《朱希祖先生文集》第 2 册,第 1152 页。
②朱希祖:《广东通志总目说明书》,《朱希祖先生文集》第 2 册,第 1233 页。
③朱希祖:《广东通志略例》,《朱希祖先生文集》第 2 册,第 1153 页。
④朱希祖:《广东通志总目说明书》,《朱希祖先生文集》第 2 册,第 1230 页。
⑤朱希祖:《广东通志总目说明书》,《朱希祖先生文集》第 2 册,第 1234 页。
⑥朱希祖:《广东通志略例》,《朱希祖先生文集》第 2 册,第 1153 页。
⑦朱希祖:《广东通志略例》,《朱希祖先生文集》第 2 册,第 1156 页。

他重视历史上妇女的作用，将在各方面有突出成就和贡献的妇女记入列传，予以表彰。"无论士女，苟不专于学术、艺能等显者，皆当入于专传。其兼有学艺及从事于宗教、实业者，当于汇传中互见之。"①他反对曲笔的做法，认为陈伯陶将贰臣辜朝荐写入《胜朝粤东遗民录》，实在是"颠倒是非，淆乱黑白"②。其《东莞县志·苏观生传》也"全属乡曲之见回护之词，颇可笑哂"③。

他认为专传与汇传，"实则个人与社会"，如果以现代史学标准观察，则汇传尤重于专传。"汇传为一方文化所系，较专传尤为重要，其分类标目当取其荦荦大者，不宜细碎，故谨立学林、艺苑、教门、货殖四传。"其中，学林传内容广泛，"凡中外学术，如中国所谓儒林、道学等，外国所谓哲学、社会科学、自然科学等，皆包孕靡遗"。编次的方法，与旧史中的"汇传"也不一样，"不以人代为先后，而以派别为类次，略叙进展之轨迹，隐寓批评之良规"。然而，"人生各有专长，事业允宜分立，故于道德、事功、学艺，以及其他群事，凡有裨于文化者，皆足尊重，不宜轩轾"④。所以，"所拟体例，则二者并重"。表现出他实事求是的态度、平等的思想和进化史观。

朱希祖为《广东通志》作《明广东东林党列传》，仿阮元清史儒林传之体，辑录原文，间附考证，凡为区大伦、邓云霄、冯奕垣、曾用升、樊王家、曾陈易、李希孔、林枝桥、陈熙昌、黄公辅、陈子壮、

---

① 朱希祖:《广东通志略例》，《朱希祖先生文集》第 2 册，第 1154 页。
② 朱希祖:《郦亭粤行日记》，1933 年 1 月 17 日。《朱希祖先生文集》第 6 册，第 3955 页。
③ 朱希祖:《郦亭粤行日记》，1933 年 3 月 4 日。《朱希祖先生文集》第 6 册，第 4001 页。
④ 朱希祖:《广东通志略例》，《朱希祖先生文集》第 2 册，第 1155—1156 页。

何吾邹共十二家之传记,而这些都是以往志乘、载籍所忽略的。在十二篇传记中,以陈子壮传为最详瞻。朱希祖说:"在乡言乡,以详为主,若以史法绳之,可明者正多也。"①由此可知,他为志书所作的人物传记更注重史料详备,与史书中列传的写法有所不同。

四、评价

民国时期,社会发生巨变,作为具有进步思想的史学家,朱希祖顺应形势,提出新的修志宗旨。他明确指出,国体既由专制改为共和,志书亦应"别立新裁",随之变革。专制时代,君贵民贱,故于民事记载颇为简略;民国时代,崇尚民主,故于民事记载尤应详实。"前人作史,局于政治",而近世作史则"以社会为主体,方志对象亦当如斯"②。他盛赞弟子傅振伦主编的《民国新河县志》:"纲举目张,古今兼陈,新旧靡遗"③,"能注意经济及社会等诸方面,是其特色"④。认为《中国方志学通论》"为新型方志之准绳"。

篡修《广东通志》时,他摒弃"皇言"、"宸翰"、"圣制"、"恩泽"等体现皇权特色的不合时宜的旧志目,同时增设反映时代特点的新志目。比如,首创"民事略"一门,包括:人口、民业、民用、村制、团保、仓当、社会、医院、匪患九目,以记载民众的衣食住行等日常

---

① 朱希祖:《明广东东林党列传》,《朱希祖先生文集》第5册,第3303页。
② 朱希祖:《广东通志总目说明书》,《朱希祖先生文集》第2册,第1206—1207页。
③ 朱希祖:《新河县志·序》,傅振伦:《民国新河县志》。
④ 傅振伦:《先师朱遏先先生行谊》,《文史杂志》第5卷第11、12期合刊,1945年。

生活。这就突破了封建桎梏,反映了民主观念,具有鲜明的时代性。

　　编志理念的另一重大变化,就是改变了过去轻视经济的思想,给经济建设以极大的关注。在《货殖传》中,朱希祖指出:"凡货财生殖之道,社会荣瘁所关,民生舒惨所系,国家之本,人命之所系焉,可不慎重而察其盈虚,审其消长哉!"①众所周知,中国古代历来"重人文轻经济,重农业轻工商"。在清末以前的地方志中,虽然照例设有"食货"一节,但是其内容无非是户口、田赋、捐摊、赈恤等,与其说是反映经济建设,毋宁说是地方政府保存的有关财政收入支出的陈年老账,对于指导和推动经济建设没有多少实际意义。而朱希祖所设的财计略涵盖了税收、币政、度支、实业、交通等各个方面,适应了时代变革的要求,忠实地记录了广东省地方实业的崛起和发展,通过一个地区的变化,反映中国社会近代化的前进轨迹,从而使中国地方志的内容也开创出新生面。

　　方志之通患在芜杂。朱希祖则极力矫之,他指出《阮志·艺文略》"无简核之美,有芜累之病"②。他拟定的《广东通志》总目清晰简洁,使人一目了然。

　　(一)纪:一

　　　　大事纪

　　(二)表:四

　　　　沿革表

　　　　职官表

　　　　选举表

---

① 朱希祖:《广东通志总目说明书》,《朱希祖先生文集》第 2 册,第 1241 页。
② 朱希祖:《广东通志总目说明书》,《朱希祖先生文集》第 2 册,第 1204 页。

封建表

(三)**略:十二**

舆地略(舆图、疆域、气候、地形、地质、土地、物产、灾变)

建置略(城市、堡寨、衙署、道路)

民族略(族派、姓氏、方言、风俗、谣谚)

经政略(政制、军政、学政、警政、议会、司法、边政)

财计略(税收、币政、度支、实业、交通)

水利略(水患、治河、陂堤、水利)

文物略(学校、书院、书藏、物藏、坛庙、寺观、教堂、古迹、胜地)

艺文略

金石略

民事略(人口、民业、民用、村制、团保、仓当、社会、医院、匪患)

侨务略(侨边、侨民、侨政、侨难、治侨)

外务略(通商、蕃民、倭寇、欧患、租占、欧侨、教案、法权)

(四)**传:十三**

名宦

谪臣

先达

忠义

孝友

隐逸

列女

学林

艺苑

教门

货殖

流寓

外侨

体例是志书编纂的纲领，篇目则是志书编写的框架结构，是体例的重要体现，也是收集资料的向导，整理资料的提纲。朱希祖的地方志体例，既能够继承传统，又注意吸收新学，勇于创新；既做到了纲目全面，又强调了资料系统，重点突出。所列条目非常切合实际，反映了民国时期对方志革旧创新的一种时代潮流，在地方志编纂学上应居有一席之地。

随着西方思想文化在中国的传播，国人的科学观念得到开启，开始注重科学地、客观地认识和反映自然与社会。朱希祖也注意运用外国自然科学的表示方式，在舆地略中开设地形、地质、气候、土田和物产等篇目，提出"须作南北东西二剖面线，以表示其距海面各高度之变化"①，获取比较准确的数据资料，并对经纬度、岩状、地层、矿藏、化石、雨量、温度、土壤都"详究记录"。他还参考西方的社会科学理论，使得志书的科学性有所增强。他说："近世文化学家、地理学家韩廷敦氏以地方温度雨量之变迁，解释一切文化之升降，论者叹为特识。根据他的理论，在阐述各时各地之灾难时，并为表谱，以观其影响所及，其他如蝗灾，及古人常称之粤瘴，亦须连类详究。"②运用西方先进的理论，说明自然环境的灾变对人类盛衰兴败之影响，使人感受到近代科学的气息。

朱希祖将方志学与南明史的研究紧密结合在一起。他把《南疆

---

① 朱希祖:《广东通志总目说明书》,《朱希祖先生文集》第 2 册,第 1174 页。
② 朱希祖:《广东通志总目说明书》,《朱希祖先生文集》第 2 册,第 1176 页。

逸史》的陈子壮、张家玉、陈邦彦等传,"备作南明史料及修通志之用"①。《广东通志略例》和《广东通志总目说明书》也反映出他对南明史的关注,多次阐发有关南明史实该如何记载的问题。如,历数《阮志·艺文略》的弊端,指出:"避忌不载,如明季野史及明遗民之诗文著述,皆因清代禁毁,有意除去。"②又言,阮志将永历帝被列入藩王表中,"既不予以帝称,又加以诛戮恶名"③。认为此类记载应该进行增补和纠正。《明广东东林党列传》虽为《广东通志》而作,但实际上也是他南明史研究的又一重大成果。

　　当然,作为一个史学家,他所注重的是方志的史料价值,目的"是取以读书治学用的"④。他的许多史学著述采用了方志资料。比如,他在《稿本鲁之春秋跋》中写道:"稿本《鲁之春秋》二十四卷,余乡先辈李五峰先生所撰也。清光绪《海盐县志·文苑传》云:'李聿求,字五峰,诸生。少好学,不事章句,闭户研经。亲殁,布衣终身。著《夏小正注》、《后汉书儒林传补》、《桑志》等书行世。'案县志简略,先生著述颇多,当时修志,第就有刻本行世者载之,未尽采访也。"⑤从清光绪《杭州府志·艺文》九,得知金堡"字卫公,一字道隐"⑥。又依据清乾隆《青浦县志·人物传》、《艺文志》和清光绪《青浦县志·艺文》,考得王原生平和著述。由《金坛县志人物传》得知《恸余杂记》的作者史惇之简历:"史惇为崇祯十

---

①朱希祖:《郦亭粤行日记》,1932年11月5日。《朱希祖先生文集》第6册,第3881页。

②朱希祖:《广东通志总目说明书》,《朱希祖先生文集》第2册,第1204页。

③朱希祖:《广东通志总目说明书》,《朱希祖先生文集》第2册,第1171页。

④苏精:《近代藏书三十家》,第161页。

⑤朱希祖:《稿本鲁之春秋跋》,《明季史料题跋》,第44页。

⑥朱希祖:《康熙刻本遍行堂集跋》,《明季史料题跋》,第92页。

五年赐特用榜第一名,官至户部郎中、九江知府,以直忤大吏
归。"①将方志作为研究历史的资料,对于充分挖掘方志之史料价
值,推动方志史料学的发展具有重大意义。

朱希祖还创造性地提出以公私结合的方式编纂志书。由于
地方志纷繁复杂,又兼史地两性,"一纵一横,经纬万端",只有"合
公私财力,方克藏功,断非一手足之烈所能奏绩也"②。在《广东
通志略例》中,他再次论证了这一问题,认为公家的"广博精确之
储积",是供私人"通贯条理之观察"的条件,"且观察贵能独到,宜
乎私家著述,储积必赖象掣,宜乎公家纂辑,盖访察网罗之富,卷
帙刊刻之巨,非公家财力,私人有所不能济也"。可见,朱希祖对
方志编纂理论既有宏观的论述,又有对各个环节的具体阐发,所
论已趋向系统化。

朱希祖在中山大学时开设"方志学"课,阐述其方志学的基本
理论。他制定的《广东通志》体例、篇目,见解精辟,使之具有了现
代志书的性质。傅振伦指出,朱希祖的"关于县志作法"被"学者
称为不易之言"③。

总之,朱希祖是以传统的方志为基础,结合自己的治史心得纂
修方志的。他将史学研究与方志编纂结合在一起,开创出新的方志
体例,从而使得方志内容也具有了更多的新意,推动方志由传统走
向现代。然由于《广东通志》最终未能成书,稿本藏于广东省中山图
书馆善本室,所以,朱希祖的修志实践和理论研究均未能引起当今
学者的关注。今略述一二,以期更多学人展开进一步探讨,丰富我

---

① 朱希祖:《旧钞本恸余杂记跋》,《明季史料题跋》,第 15 页。
② 朱希祖:《新河县志·序》,傅振伦:《民国新河县志》。
③ 傅振伦:《海盐县志·序》,《傅振伦文录类选》,第 337 页。

国的方志学理论,加深对民国时期方志学发展的认识。

第二节　发起和参与边疆史地研究

　　民国初年,沙俄对我国北部边疆的侵占,英国对西藏的侵略,使中国边疆形势日益严峻。而 30 年代日本的大举进攻,更使中华民族处于生死存亡的危急关头。在险象环生之际,许多学者直面现实,心系边疆,投身到边疆史地的研究中,使中国边疆史地研究一再呈现高潮。朱希祖就是一位积极的倡导者和实践者。

　　关于"边疆"的含义,国内外文献的解释一般较为接近,指"一个国家比较边远的靠近国境的地区或地带"①。马大正、刘逖认为:边疆是一个政治地理概念,中国的边疆包括陆疆和海疆。"中国边疆就是中华人民共和国领土中与国界线相接壤的一片特定的区域。即包括辽宁、吉林、黑龙江、内蒙古、甘肃、新疆、西藏、云南、广西、海南和台湾的全部或其中靠近边界的部分。"②据此,我们可以认定朱希祖的边疆史地研究范围很广,既有陆疆又有海疆,涉及东北、西北、东南、西南等各个方位,既考证姓氏源流、舆地沿革;又考察民族、风俗、中外关系,内容非常丰富。下面就以地理方位分别论述其贡献。

一、东南海疆的边防

　　东南地区是中国的海疆部分,近代以来经常遭受外敌入侵,

---

①侯德仁:《清代西北边疆史地学》,群言出版社 2006 年,第 2 页。

②马大正、刘逖:《二十世纪的中国边疆研究》,黑龙江教育出版社 1998 年,第 2 页。

因此,对这一地区的研究具有重大的现实意义。早在 20 年代初,朱希祖就关注东南海疆的历史地理。他不仅考证史实,论证澳门、台湾自古以来就是中国领土,而且,还研究邻国日本的历史,以知己知彼,维护东南海疆的主权和国防安全。

《葡萄牙人背约侵略我国土,杀戮我国民,拟废约收回澳门意见书》是朱希祖研究澳门历史地理的名作。文章分为十二部分,包括葡人割据澳门之略史;葡人背约侵略我国土即略(附图);葡人背约杀戮我国民即略;废约收回澳门之理由和建议等内容。他采用政论的形式,列举了葡萄牙自清光绪十三年与我国缔结条约以来,背约侵略我国土,杀戮我国民的种种暴行,阐述了我国废除中葡条约有关条款、收回澳门的合理性。指出:"葡国不得让其地于他国一款,正约改为未经大清国首肯,则大西洋国不得将澳门让于他国,是澳门主权,中国未全失也。"也就是说,根据条约,中国让于葡国的只是治权,并非所有权(主权)。所以,澳门一直是中国的领土。他呼吁国人群起而斗争,"以完我疆土,保我民命",要求政府"檄使葡人退去澳门,如不听,则虽出于武力解决,亦所不辞"。"与其贻祸于将来而纠葛不已,不如用武力于一朝而斩除一切。"[1]

众所周知,从 1553 年起,葡萄牙就以租居者的身份在中国澳门半岛南部一带居住贸易。鸦片战争后强占澳门,并同清政府签订《和好通商条约》,攫取了澳门的永居权和管理权。此后,葡萄牙不断违反条约规定,侵占澳门原租居地以外的中国领土,残酷镇压中国人民的反抗。"收回澳门"早已成为中国人民的共同

---

[1] 朱希祖:《葡萄牙人背约侵略我国土,杀戮我国民,拟废约收回澳门意见书》,《东方杂志》第 19 卷第 11 号,1922 年。

愿望。

1922年5月,葡国士兵在澳门凌辱我国妇女,枪杀群众百余人,制造了"澳门惨案"。中国人民奋起抗议,反对葡萄牙暴行,发动了一场轰轰烈烈的收回澳门运动。作为一个关心国家命运的爱国知识分子,朱希祖"在得知葡人枪杀澳门华工之后,即怀着对葡萄牙侵略者的仇恨,奋笔疾书,于6月4日写成长达万言的《葡萄牙人背约侵略我国土,杀戮吾国民,拟废约收回澳门意见书》,发表在当时最有影响的《东方杂志》和《民国日报》上"。吕一燃评价说:"这篇充满爱国精神的文章,对当时收回澳门运动的发展,起了重要的推动作用。"[1]

1933年夏,朱希祖亲赴澳门,实地考察史迹,颇有收获,但心情却很忧郁。他曾赋诗一首——《登澳门西望洋山》,云:

> 驱车西望洋,揽胜造其巅。
>
> 烟螺如美人,俯窥双镜圆。
>
> 左顾南屏翠,右盼濠澳妍。
>
> 神山当面起,楼阁缥缈连。
>
> 直疑海市幻,还恐蜃气缠。
>
> 蓬莱不可即,此地胜登仙。
>
> 惜哉沦异域,使我意绵绵。[2]

诗中虽然对澳门周边的景色赞不绝口,但更有"惜哉沦异域"的遗憾。

《中国最初经营台湾事略》是朱希祖抗战时期发表的一篇名

---

① 吕一燃:《民国时期中国人民收回澳门的斗争与中国政府的态度》,《近代史研究》1999年第6期。

② 朱希祖:《登澳门西望洋山》,张国华主编:《文史大家朱希祖》,第107页。

作,也是其边疆史地研究的重要成果。1943 年 1 月初,第二次世界大战尚在进行,美国有人起意不把日本强占的台湾还给中国,拟划为"委任统治地",激起中国知识界的义愤。1 月 7 日,重庆《大公报》以《中国必收复台湾》为题发表社论,严正声明:"台湾是中国领土。"朱希祖读后认为"理由充沛,实足以代表全国人心,至为钦佩。惟在历史部分材料太少,深恐不足以杜外人之争执"①。于是,撰写《中国最初经营台湾事略》,用丰富的补充史料为《大公报》社论作注脚。

朱希祖言:"余尝治南明史,考台湾历史,证明最先用兵平定台湾者,为中国。"又历数中国各朝各代经营台湾的情况:隋朝第一次用兵于台湾,开创了历史的纪录;元朝置巡检司于澎湖;明代,郑芝龙、郑成功父子经营台湾,驱逐了荷兰殖民者,并统一了整个台湾;清代继之,统治二百余年。所以,"统一台湾最早者莫如中国,统治台湾最久者亦莫如中国"②。由此,朱希祖以充分的史实依据,证明了"台湾是中国领土"。

日本作为中国的东方邻国,与中国有着深远的文化渊源。近代,日本曾遭到西方列强的入侵,但明治维新后效法西方,改良弊政,不仅迅速摆脱了西方殖民主义者的压迫,还走上对外侵略扩张的道路。然而,许多爱国人士包括孙中山,起初对日本并无警惕,甚至把它当作和中国是"同文同种"的盟友看待。而朱希祖对日本的历史、地理、民族特点却有着比较清晰的认识。

在甲午中日战争和日俄战争中,日本两次获胜,国力迅猛发展。"一战"期间,日本又趁西方列强无暇东顾之机,加紧侵略中

①朱希祖:《中国最初经营台湾事略》,周文玖选编:《朱希祖文存》,第 322 页。
②朱希祖:《中国最初经营台湾事略》,周文玖选编:《朱希祖文存》,第 322 页。

国。国内许多有志之士已认识到日本帝国主义是中国最危险的敌人，朱希祖就是其中的一个先觉者。他意识到日本对中国海疆的威胁，致力于明代倭寇史和日本史的研究。于 1921 年开设了日本史课程①，多次给学生讲演《明代倭寇史略》和日本近代侵华史，还引导学生进行相关研究。他说："明代倭寇，是历史上特别而重要的事迹。明代为防御倭寇，曾在自广东起，到辽东止，各沿海的地方，特地筑了五十四个城。明史上有很简略的记载，我们应该把各城所在的地方，一一考明出来。"②朱希祖还撰写了《日本国名号考》，简略回顾了日本的历史，指出："日本之名始见于《唐书》，隋以前志乘皆称为倭奴。"又据张守节《史记·夏本纪·正义》论证出"日本之名，实自唐武则天皇帝所改"③。朱希祖对日本史的研究得到弟子傅振伦的高度评价："不六年而沈阳事变作，国人始盛倡日本国情之研究，至是始服先师所见之深远也！"④

《明代倭寇史略》是朱希祖在北京大学史学系的讲义稿，现存于国家图书馆。《台湾郑氏军政考》一卷、《丰臣秀吉寇朝鲜》等未刊稿现存于南京图书馆。另有《杨英从征实录·序》、《清代官书

---

① 傅振伦曾言："日本谋我，久而不懈，民国十四五年间，先师即提倡研究日本历史，且加入史学系课程。"（《先师朱逖先先生行谊》，《文史杂志》第 5 卷第 11、12 期合刊，1945 年）刘龙心也说："在朱希祖主持的北京大学史学系，自 1925 年起就开设了日本近世史，由张孝年讲授。这种单独设置科目讲授日本史的做法，为国内首创。"（刘龙心：《学术与制度》，第 190 页）查阅北京大学史学系 1921 年的课程表，已设有日本近世史。（详见《史学系本年科目》，《北京大学日刊》1921 年 10 月 19 日）

② 《朱逖先主任报告》，《北京大学日刊》1925 年 11 月 30 日。

③ 朱希祖：《日本国名号考》，《朱希祖先生文集》第 3 册，第 1951—1952 页。

④ 傅振伦：《先师朱逖先先生行谊》，《文史杂志》第 5 卷第 11、12 期合刊，1945 年。

记明台湾郑氏亡事叙》、《延平王奉明正朔考》以及《郑延平王受明官爵考》等文章,这些都表明了他对东南海疆的重视。

无论是对日本的关注,还是对台湾、澳门历史地理的研究,朱希祖都是为了维护东南海疆的边防,保卫国家民族的利益。对朱希祖所作的贡献,祁龙威评论说:"史学考证与爱国主义相结合,闪烁出永存的光辉。"①

二、满族崛起和东北地理考

黑龙江、吉林、辽宁三省,地处祖国的东北方,概称为东北地区。朱希祖对这一地区的历史、地理非常重视,曾进行深入研究并撰写了多篇文章,如,《后金国汗姓氏考》、《金源姓氏考》、《大金国志跋》、《金开国前三世与高丽和战年表》、《辽东行部志地理考》、《鸭江行部志地理考》、《鸭江行部志跋》和《金曷苏馆路考》等,主要考证了满族崛起的历史和东北某些地方的地理沿革。

《后金国汗姓氏考》是朱希祖研究东北边疆地区历史的一篇力作,计约两万余言。他首先分析了满族政权由"金"而"大清"的发展历程。在文章开篇即指出:"清太祖努尔哈赤、太宗皇太极始皆称金国汗或后金国汗,至太宗崇德元年始,改国号曰清而讳称金。其未称金国汗以前,先称建州国汗,至太宗天聪时,始追改为满洲国,而讳称建州。其姓氏自其始祖猛哥帖木儿,清官书称为都督孟特穆者,已称其汉姓曰佟……至太宗天聪时,始追改为爱新觉罗,而讳称佟。"其避讳的原因何在? 朱希祖认为其中"皆有一贯之主张",并进行了详细考证。

讳金为清的原因:努尔哈赤曾一度将女真族的完颜阿骨打视

①祁龙威:《近世史家与考证学的发展》,《中国文化》1996年第1期。

为自己的先世伟人，"金"成为团结女真各部的旗帜。然而，皇太极时期的金国，势力逐渐增强，所辖民族不断增多，女真、蒙古、汉是其三大民族。国号"金"的民族意义太窄，其负面影响也就暴露出来。皇太极出于政治与军事需要，曾前后十多次与明议和，而明却以宋金前事为鉴，大体不予答复。1631 年，皇太极致大明锦州守将祖大寿书云："尔国君臣，惟以宋朝故事为鉴，亦无一言复我。尔明主非宋之苗裔，朕亦非金之子孙，彼一时，此一时，天时人心，各不相同。"由此，朱希祖指出："蒙古崛起沙漠，而其统一中国，乃定国号曰元，消除地方及种族之色彩，使异国异族之人，失其外族并吞之观念，此最为当时之妙用也……自元入主中夏，始以抽象之名词为建国之名号，于是，明清皆师其意，而定国名……清太宗之称'清'，实为有意识之摹仿，盖彼欲师蒙古之统一中国，而泯灭外族并吞之色彩也。"①所以，改"金"为"清"，容易使其统治区内人民接受，而且，"清"字含有"廓清"、"扫清"之意义，也符合女真贵族兴兵灭明、统一天下的思想。

讳建州为满洲的原因：从消极方面讲，"建州"为女真族，怕引起汉人对历史上宋、金对峙关系的痛苦回忆。从积极方面讲，皇太极统治时期，在其统治地区内，不仅有女真人，而且还有蒙古人、汉人、朝鲜人，若仍继续使用则怕"建州"二字会引起蒙古人、朝鲜人对金、明臣属关系的联想而产生轻视心理，故在女真贵族看来，非改族名不可。"满洲"系"满珠"或"文殊"之转音，亦称"曼殊"，汉语为"妙吉祥"的意思。可见，改"建州女真"为"满洲"是女真贵族为争夺天下，加强各民族关系的一项政治措施。

朱希祖认为"必考定其新改之姓氏，而后可杜绝其附会之祖

宗,考定其原有之姓氏,而后可确定其真实之祖系,此关系颇大"。他征引了各家说法,指出其异同和正误,又博采丰富翔实的资料,论证出后金国汗的姓氏本来为"佟",而"爱新觉罗"则为清太宗新造之姓,其避讳姓氏与上述避讳国号的原因有一致之处。另外,从婚姻风俗与政治关系考虑,女真不禁同姓为婚,但清太宗"欲并吞中国,非尊其礼教,不足以表率臣民,君临其上,而回顾其旧俗,则其父子兄弟间多以佟氏而娶佟氏,又以佟氏而嫁佟氏,是故欲掩其陋俗,非藏匿旧姓改立新姓不可,此爱新氏之所由来也"①。后来,朱希祖又得到《朝鲜实录》中的一些相关资料,对后金国汗的姓氏做了进一步的补考,使得其"佟"氏谱系更加清晰而确凿。

　　文章从后金国汗姓氏的变化入手,对后金势力在东北地区的壮大进行了历史考察,对于人们了解东北边疆在明末清初这一时期的政治、经济各方面的发展状况提供了依据。

　　对东北的史地研究,朱希祖还有两篇比较著名的文章:《辽东行部志地理考》和《鸭江行部志地理考》。《辽东行部志》和《鸭江行部志》,都是金代王寂提点辽东刑狱时的日记。从王寂所言的"祇服王命,周按部封,雪孤穷无告之冤,去乾没横行之蠹",知其职掌。朱希祖认为"此二书于金上京、东京、北京三路地理,颇多异闻,可以补正《金史·地理志》"②。所以,朱希祖对两部书中所涉及的地名,摘其要者进行了考证。

　　比如,王寂《鸭江行部志》开篇即云:"二月己丑,僚属出饯望海门,会食于白鹤观之鹤鸣轩,"白鹤"者,盖取丁令威故事也。东南望华表山,云烟出没,顾揖不暇。"又据王寂《辽东行部志》所载,

---

①朱希祖《后金国汗姓氏考》,《朱希祖先生文集》第 5 册,第 3549 页。
②朱希祖:《鸭江行部志跋》,《朱希祖先生文集》第 4 册,第 2184 页。

"予以使事，出按部封，僚吏送别于辽阳瑞鹊门之短亭。"朱希祖指出："王寂时提点辽东路刑狱，则未出巡时，必驻节辽阳。《辽东行部志》之瑞鹊门及《鸭江行部志》之望海门必皆为辽阳府城门。"考证《辽史·地理志》和《金史·地理志》，得知"金之东京既仍辽之旧，则辽阳汉城之巡院，即为提点辽东刑狱衙署无疑。惟辽代辽阳八门之名，金代必有因有革，瑞鹊门及望海门不知何门所改，《金志》不载辽阳八门之名，故已无可稽考。惟此二门之名，幸赖此二行部志遗留，尚可补金志之缺耳。"

关于华表山，朱希祖又据《康熙盛京通志》和《辽史·地理志》加以考释："华表山在辽阳城东六十里……鹤野县，渤海为鸡山县，昔丁令威家此，去家千年，化鹤来归，集于华表柱，以朱画表云：'有鸟有鸟丁令威，去家千年今来归，城郭虽是人民非，何不学仙冢累累。'"①

在整篇文章中，朱希祖对每一个地名都征引各种资料，说明其名称、位置及其在历史上的不同叫法等，并将史书中的有关记载进行核对和勘误，最终得出合理的、确切的结论。

值得一提的是，《辽东行部志》和《鸭江行部志》都失传已久。后来，有人从《永乐大典》辑出，然都不载入《四库全书》，因此，非常难得。《辽东行部志》一卷，已刻入缪荃孙的《藕香零拾》中。而《鸭江行部志》"实为人间孤本"。约当清中叶，此书始有四库馆臣辑抄本，经清宗室盛昱之手，辗转为朱希祖所得。朱希祖对《鸭江行部志》作了地理考和跋文，不仅对于广布此书具有重要意义，也使人们更加关注东北边疆。

---

① 朱希祖：《鸭江行部志地理考》，《朱希祖先生文集》第 4 册，第 2166—2169 页。

早在 1923 年,朱希祖就提及了东北地区的民族:"辽东、辽西,皆属貃种。"①1928 年 11 月,又随张继发起组织满蒙新藏研究会,被聘请为名誉会员。12 月,参加了在团城召开的成立大会,并发表演说②。与此同时,他还联合师生组织了成立了清华大学边疆研究会,当选为主席,教授翁文灏任文书,袁翰青任干事。在边疆研究会,朱希祖建议以地域分组,有东三省组、内外蒙古组、新疆组、康藏组、滇桂组与海疆组等六个组,分别由李述庚、高琦、傅举丰、刘大白、林文奎和邬振甫负责。1929 年初,边疆研究会首先"派四人至东三省调查"③。

朱希祖组织学生开展对边疆地区的考察和研究活动,取得了一批学术成果,"撑起了中国边疆研究这门发展中的现代边缘学科的构架。"也使中国边疆研究"紧紧跟上了中国社会发展的进程,并对中国社会发展起到积极的推动作用"④。

南下广东以后,朱希祖依然关心东北的边疆史地研究,于1934 年 2 月撰写了《金源姓氏考》。他据《金史·百官志》和姚燧《牧庵文集·布色君神道碑》,考证出"女真以白为贵,则黑自较贱而疏矣"⑤。又从《高丽史·显宗世家》,得女真三十姓,除了十种姓氏与《志书》中所载的读音相合以外,"尚有二十姓,可补《金

---

① 朱希祖:《文字学上之中国人种观察》,《北京大学社会科学季刊》第 1 卷第 2 号,1923 年。

② 朱偰:《先君逷先先生年谱》,张国华主编:《文史大家朱希祖》,第 161 页。

③ 朱希祖:《十八年日记》,1929 年 1 月 15 日。

④ 金富军:《清华大学边疆问题研究会考察》,《中国边疆史地研究》2008 年第 2 期。

⑤ 朱希祖:《金源姓氏考》,《朱希祖先生文集》第 4 册,第 2154 页。

志》、《姚碑》之缺，约可得一百二十二姓"①。

　　朱希祖的日记更是随处可以反映他重视东北边疆的倾向。在不到一个月的时间里，他就多次提及东北的史地问题。如："阅日本小川琢治所著《支那历史地理学研究》，中有长白山附近地势及松花江水源，附《完颜城址考》，颇有发现，盖用科学方法出于实验，非纸上空谈可比"②；"购吴禄贞《延吉边务报告》四卷，中记载日人谋吞图门江以西地，杜撰间岛名称，引证甚详，此书亦甚有用，光绪丁未印本"③；"阅《清史稿》，参考彭孙贻《山中闻见录》，此书《建州》六卷……皆记明代满洲事。中言清太祖为李成梁所房，抚子有恩，《清史稿》竟未甄采。又阅朱璘《耐岩考史录》，其第一卷亦记明代满洲事"④。

三、西北的文化遗存

　　西北地区主要指今新疆、甘肃、内蒙古一带。清末民初，伴随着帝国主义对中国的军事侵略，各国探险家、考察团也纷纷拥入中国西北地区。英国的斯坦因和法国的伯希和等人骗购、劫掠敦煌文书数千件，这使得中国学者们痛心疾首，"敦煌者，吾国学术之伤心史也"⑤。边疆危机的日趋严重促使朱希祖关注西北史地研究。他撰写《西夏史籍考》、《雪山党项地理考》、《黑党项所居地域考》、《黑党项所居赤水为洮水考》等文章，还为曾问吾《中国经营西域史》作序。

---

①朱希祖：《金源姓氏考》，《朱希祖先生文集》第 4 册，第 2162 页。
②朱希祖：《十八年日记》，1929 年 1 月 15 日。
③朱希祖：《十八年日记》，1929 年 2 月 10 日。
④朱希祖：《十八年日记》，1929 年 2 月 11 日。
⑤陈寅恪：《陈垣敦煌劫余录序》，《金明馆丛稿二编》，生活・读书・新知三
　联书店 2001 年，第 267 页。

1923年，朱希祖购买了"俞浩《西域考古录》十八卷"①。当时，"中国人种西来说"非常盛行，其师章太炎也附和这一说法。《訄书·序种姓篇》言："黄帝之起，宜在印度、大夏、西域三十六国间。"对此，朱希祖依据古代帝王的都城位置分析论证，又通过古文字形状、意义的考释予以辩驳，最终得出结论："谓古帝本都在西域三十六国间，于故书无稽……夏与西羌、西戎，文化迥异，是夏族非从戎、羌来明矣。"②

日记中，朱希祖接二连三地记录有关西北史地的情况，"至张大东室谈天，张君还余洪钧所译《西北边疆图》三十五幅"③。1月14日，访问"从新疆回来之徐旭生炳昶，与之谈新疆时事及采集古物情形"。21日，又"偕大儿伯商（傻）至旧众议院，听新疆新回之徐旭生及瑞典人赫定讲演，并观新疆风俗及考古队电影"④。更有甚者，1929年的大年初一，他就"率全家眷属至琉璃厂周览旧书摊"，购得"光绪乙巳印本丹阳韩善征所撰《蒙古纪事本末》四卷"，该书"分前后集，前为蒙古太祖初起至元世祖入主中国止，后为元亡后各蒙古人所建之国"⑤。由此，足见其对西北边疆的重视程度。

在北京大学史学系，他还开设了专门课程，指导学生进行西北边疆史地的研究。他说："自开学迄今日，余所讲者为内蒙古（包括东三省西部，日本所谓东蒙古）及新疆天山北路成立郡县之

①朱希祖：《致张元济》，1923年3月4日。
②朱希祖：《文字学上之中国人种观察》，《北京大学社会科学季刊》第1卷第2号，1923年。
③朱希祖：《十八年日记》，1929年1月11日。
④朱希祖：《十八年日记》，1929年1月14日、1月21日。
⑤朱希祖：《十八年日记》，1929年2月10日。

次第,改行国为居国,于政治、经济及社会文化,皆有极大关系;以与外蒙古、西藏相比较,即可知其因果利害,此颇适用史学新方法,亦所谓应用社会科学者,决不至有相斫书之诮。其所取材,一为余在《益世报》上发表之'蒙古郡县化'一文,一为日本矢野仁一《近代支那史》中'支那人在蒙古势力之进展'及'新疆之支那化'两章。"①

对西北地区,朱希祖最关心的还是其文化遗存。1929年1月,朱希祖"购得《钞宋绍定本武经总要》三十二册",其中的"西蕃地理"一卷,"记西夏地理颇详。此为清代作西夏史者皆未之见,将来拟本此作《西夏地理考》一卷"②。然而,接下来他并没有作地理考,而是撰写了《西夏史籍考》。

文中,朱希祖论证了西夏历史地位之重要,认为"当时与辽、金、宋并重者,当首推西夏。西夏建国之久,地方之大,与其文化之盛,其史不宜简略"③。然而,元丞相脱脱却没有予以充分认识,只将西夏列入辽、金、宋属国,与高丽并列。为了使人们更加重视西夏的文化,朱希祖特意搜集相关历史资料,考证出各种西夏史籍。

先前,朱希祖曾作过《萧梁旧史考》,将有关萧梁的史籍搜集起来,按照体例分类研究,包括起居注类、实录类、本纪类、杂史类、编年类、纪传类等。他考证萧梁旧史,主要是为了考察出这"一代的真相"。他对学生们介绍说:"一方面搜集一代的史

---

① 朱希祖:《辩驳〈北京大学史学系全体学生驱逐主任朱希祖宣言〉》,《北京大学日刊》1930年12月9日。
② 朱希祖:《十八年日记》,1929年2月2日。
③ 朱希祖:《西夏史籍考》,《朱希祖先生文集》第2册,第981页。

料……一方面应用最新的史学方法,组织一部很有条理系统的新历史。"①可以说,考证萧梁旧史是朱希祖整理国故的一次尝试,也是其整理中国史计划的一个重要步骤。而《西夏史籍考》,其目的则完全不同,他主要着眼于保存西夏文献,重建西夏历史,使其文明不至于湮灭。

在《西夏史籍考》中,朱希祖依据撰写者的国别和时代划分类目。如,夏人自著的有《夏国实录》、《夏国谱》;宋人著述为:《夏国枢要》、《西夏须知》一卷、《西夏事略》、《西夏事实西夏事宜》;不知撰人名氏的有:《西夏杂记》;元人所成夏国史:《宋史·夏国传》、《辽史·西夏外记》、《金史·西夏列传》;清人著述:洪亮吉《西夏国志》、秦恩《复西夏书》、无名氏《西夏志略》、王云《西夏书》、吴广成《西夏书事》、张鉴《西夏纪事本末》、周春《西夏书》、徐松《西夏书》、《西夏地理考》、陈崑《西夏事略》、张澍《西夏姓氏录》、王仁俊《西夏艺文志》;民国时期:戴锡章《西夏记》。除历史书籍外,还有曾公亮的《西蕃地理》、范仲淹的《西夏堡寨》、晁公武《郡斋读书志·蕃尔雅》等。朱希祖将西夏的历史、地理书籍考证出来,既满足了当时人们了解西夏历史地理的现实需求,又切合了当时经世致用之风气。同时,为撰写"表现西夏文化之全体"的专史提供了有利条件。

在关注西夏史研究的过程中,朱希祖对西方学者大量攫取中国的文献资料颇有感触。他从吴玉缙《西夏记序》得知"清宣庚戌,俄人柯智洛夫,于我国张掖、黑河故地,得西夏译经盈数箧,《掌中珠》即在其中",又闻友人陈寅恪言,"现代所得西夏文最多

---

①《朱遏先教授在北大史学会成立会的演说》,《北大日刊》1922 年 11 月
　24 日。

者为俄国,德国仅有莲花经一种,亦不全,近吾国所出版之《西夏国书略说》及西夏译《莲花经》即其绪余,至于西夏字典,俄人或已有之,然秘不肯示,其可慨也"①。

在西北史地研究中,朱希祖特别重视新疆的战略地位。他说:"西域一地,在吾国常人视之,以为边疆,无足轻重;而以亚洲全局观之,实为中枢。蒙古统一亚洲,先经营西域,迨二区在握,而后四征弗庭,前后左右,鞭笞裕如,其明证也。故欲统一亚洲者,蒙古、西域首为兵事必争之地,欧亚强国,苟欲争霸亚洲,此二处必为最要之战场。然蒙古不过为甲乙二国最初决定胜负之区,而欲控制全亚,与其他各国用兵,必以西域为最要地矣。吾国新疆,为西域最要区域,吾国得之,足以保障中原,控制蒙古;俄国得之,可以东取中国,南略印度;英国得之,可以囊括中亚细亚,纵断西伯利亚,故在昔英、俄二国,已各视此为禁脔。"②

他分析了西域的历史和现状,指出:"吾国今日第一急务,宜能确保新疆,杜外力之侵入,则察、绥危势可缓:而欲确保新疆,则贺兰山与祁连山之间,以及甘肃南部,必驻重兵,以遏秦、蜀游氛之西北进,(汉唐盛时,多用西北强悍之兵,以战胜外族,胜于东南柔弱之民远矣。)使欧亚两大势力之决胜负,限制于东北一隅,则吾国所受损害,必可较轻。故吾人今日苟欲救国,必宜倾注全力于西北,一切建设,必由此方向进,断不宜自撤藩篱,供人宰割,退守西南,以陷于灭亡。"最后,他再次强调:"西域者,不特吾国安危所系,亚洲全部之安危,亦将系之。"只有"审察西域最近之形势,

---

① 朱希祖:《西夏史籍考》,《朱希祖先生文集》第 2 册,第 996—997 页。
② 朱希祖:《中国经营西域史·序》,曾问吾:《中国经营西域史》,商务印书馆 1936 年,第 1 页。

反观历代经营之艰难,保守勿失,则内可以保吾国半壁之疆土,外可以减亚洲全局之危殆"①。其言切切,令人感佩。

在《乾隆内府铜版地图序》中,朱希祖又特别强调了新疆地区。认为"乾隆地图之所以胜于康熙舆图者,其精彩全在准部前部,即今新疆省及其迤西小部分是也","研究此图,当以今新疆省为最重要"②。尤其难能可贵的是,他常常以世界眼光去审视新疆的战略地位,显示出其视野的宏大和见识的卓越。

四、西南少数民族

西南边疆主要指今云南和西藏一代。朱希祖对这一地区的研究主要集中在少数民族问题上。他撰写的文章有《云南濮族考》、《云南两爨氏族考》、《滇南碑传集·叙》、《唐代西南地理研究》、《吐蕃种族考》、《西藏文字制作时代及人名考》、《西藏名土伯特考》和《吐蕃国志初稿》等。

《云南濮族考》是朱希祖探讨古代少数民族发展演变的代表作,也是他研究西南地区边疆史地最著名的篇章。其主要观点:(1)"吾国濮族,发迹云南","濮人初为沿海民族,其本字为'仆',与'僰'实为一字。而汉人所称西僰,为濮族沿仆水上流而深入西羌者,故《史记集解》徐广称为羌之别种也。严格言之,濮族即僰族,称为濮可,称为僰亦可;称为蛮,称为羌皆不可"③。(2)濮水即澜沧江,而非元江,章太炎"以元江当濮水,说本阮元《云南通志稿》和王先谦《汉书补注》,阮、王二氏之说实误也"。(3)"谓仆族

---

①朱希祖:《中国经营西域史·序》,曾问吾:《中国经营西域史》,第1—2页。
②朱希祖:《乾隆内府铜版地图序》,《清乾隆内府舆图》,第3页。
③朱希祖:《致罗香林书》,1939年7月26日。

（濮族）因仆水（濮水）而得名，不如谓仆水（濮水）因仆族（濮族）而得名，犹如僰道因僰族得名也。"（4）"濮族文化，以织业为最著。""百濮既发明棉织之法，与吾华夏之冑发明丝织之法，实比肩而宜为兄弟，今百濮之地，既为吾族郡县，宜善为振拔提携，使吾两族丝织、棉织之业，发扬光大，甲于世界，衣被群生，蜀山濮水，终古生辉，毋使濮族永沦奴仆，致百濮发迹之云南，与百濮发迹之越南，同沦胥于异族也。"①这明显反映出其民族平等、民族团结的愿望。弟子金毓黻曾致书朱希祖，盛赞其成就："近见吾师所作《濮族考》，可谓名世之文，前人未经道过。尝谓吾师之史学，可在国内自树一帜，发前人所未发者甚多……"②

《云南两爨氏族考》言，著名汉学专家法国人伯希和认为西爨为白蛮，东爨为乌蛮，乌蛮之中有云南之僄罗，"国内学者震于其名，翕然从之，以为昔日之爨即今日之僄罗矣"。朱希祖查阅了大量资料，广征博引，考证出云南"爨氏为汉姓"③。他说："滇南文化开于庄硚，扩于两爨。庄氏楚人，爨氏魏人，其部曲及子孙繁衍南中綦广，功业文章，彪炳南土。"④中外学者对此之所以认识不同，在于"吾人所考者为古代历史上之种族，西人所考者为现代社会上之种族，种族随时代而有迁移，风俗语言亦多随环境而有改变，故二者之间相互参考则可，若执现代社会上种族之分布，即视为古代历史上之种族即如此，则不可也"⑤。

①朱希祖：《云南濮族考》，《青年中国季刊》第1卷第1期，1939年。
②金毓黻：《静晤室日记》第6册，第4445页。又见朱希祖《重庆日记》，1940年1月13日。
③朱希祖：《云南两爨氏族考》，《民族学集刊》第3期，1943年。
④朱希祖：《滇南碑传集·叙》，《重庆日记》，1940年1月24日。
⑤朱希祖：《致罗香林书》，1939年7月26日，手稿。

　　虽然,朱希祖对西南边疆史地的关注较早,甚至把西藏史也曾列入学生的选修课程,但真正的研究兴趣则萌生于抗战西迁之后。《云南濮族考》《云南两爨氏族考》等文章的撰写,直接起因则是审查中山大学江应梁的硕士学位考试论文——《云南麼夷民族研究》,时间在1938年底,这在他的《重庆日记》中都有记录。

　　朱希祖被江应梁的论文深深触动,他认为其结论中的《论云南西境边防》一节,"甚属重要",就不惜笔墨地将这段四千多字的文字抄录于日记中。还将《云南西境濮夷之社会及经济组织及土司之行政组织》《云南西境土司之行政组织》《云南土司沿革表》等感兴趣的问题录出,作为将来的研究资料。

　　江应梁《论云南西境边防》一节,对比了中、英双方分别在云南、缅甸边境设置的政治、军事和教育设施的差异,陈述了令人难以置信的边疆现状:(1)由于不堪忍受土司的征敛压榨和边地行政官员的苛政敲索,"我国边境里的人民每年有大批的移住于缅甸境内"。(2)"中英界桩时有无故向中国境内移动之事,致我国大好土地无形缩减。"一方面,滇缅边地上的界桩时时被英国人将之向中国境内移动。另一方面,更使人出乎意料的是:中国人自己移动界桩,使得某一村寨及其附近的田地便由此一举而送给了外人。"村寨里的百姓固然可以不迁家移地而换了国籍,逃出了中国边官苛虐政治,而中国的领土也便由此一块块地丧失了。"(3)"引起外人侵略的野心",国防设施设备严重不足,边地的行政官员们更糊涂得令人难以置信。"邻境的外人看了我们边地里的,认为我们的政府对于边疆土地是不重视的,对于边地民族是根本遗弃的,于是纵使始意不想侵人土地夺人人民的国家,在此种信念之下也要引起侵略占夺的野心了。"针对西南边疆的状况,江应梁提出"增厚边疆国防,根本改革边地政治机构",对"封建的土司治下之畸形的社会及经济组织,似更应当有彻底变革"。切实使"国家的边疆"成为"第一道的国防线"①。

朱希祖的《唐代西南地理研究》对《新唐书·西域传》关于东女国疆域的记载进行了辨误,驳斥了《唐会要》把东女国、羌女国合二为一,又分东女国为二国的观点。特别值得一提的是,朱希祖在生病住院之前,研究兴趣还集中于西南边疆史地。从 1943 年 7 月 28 日到 8 月 2 日,日记中天天记载他的研究进度:"阅《通鉴》吐蕃事";"考吐蕃并吞各国疆域";"集唐吐蕃并吞各国,如吐谷浑、党项、羊同等";"集《通鉴》吐蕃材料";"写《吐蕃国志》初稿四叶"②。《吐蕃种族考》是一篇未完成的文章,由罗香林为之整理补缀完整。朱希祖列举了新、旧唐书和蒙古源流中关于吐蕃种族的说法,断言"唐之吐蕃,即今西藏,其种人由古代羌族一支所演进,自无可疑"③。后半部分罗香林又征引了中外各种资料,指出:"吐蕃种族或自巴蜀所移殖,故虽历时久远,而尚促存蜀与巴等痕迹也。"④

五、研究特点及意义

朱希祖的边疆史地研究取得了不小的成就。他的考证和阐发不仅丰富了中国史学研究的内容,具有较高的学术价值,而且,激发了广大人民的爱国热情,具有重大的现实意义。

朱希祖边疆史地研究的突出特点就是视野广阔。从空间上看,涉及中国的东北、西北、西南、东南各方位;从内容上看,对边

---

①朱希祖:《重庆日记》,1938 年 12 月 26 日。
②朱希祖:《重庆日记》,1943 年 7 月 28 日—8 月 2 日。
③朱希祖:《吐蕃种族考》,《朱希祖先生文集》第 3 册,第 1947 页。
④朱希祖:《吐蕃种族考》,《朱希祖先生文集》第 3 册,第 1949 页。

疆的政治、经济、民族、风俗、语言、边界、国防、河流、山川等诸多方面都有论列。如,《后金国汗姓氏考》则论证了由金而清、由"建州"而满洲的名称变化,反映出满洲贵族随着其实力增强而不断改变其政治追求的历史;《鸭江行部志地理考》记述和考证边疆舆地沿革;《西夏史籍考》就记载西夏的史籍分门别类地予以介绍,并旁及地理、语言书籍。《云南濮族考》、《云南两爨氏族考》则主要从民族源流、经济、风俗等方面予以考察。而在东南地区对澳门和台湾的研究,则立足于反侵略的角度,论述其历史发展的过程,证明它们自古就是中国领土。

广征博引是朱希祖边疆史地研究的又一特点。他继承了乾嘉学派的考据风格,研究以考证为主,采取的方法基本上是将各家有关的撰述搜罗起来,钩沉索隐,穷其原委,校其异同。在每篇文章中,都征引大量的资料来证实自己的观点。

例如,《后金国汗姓氏考》中引用的资料大致有:沈国元《皇明从信录》、王在晋《三朝辽事实录》、茅瑞征《东夷考略》、管葛山人(彭孙贻)《山中闻见录》、海滨野史《建州私志》、张鼐《辽夷略》、程令名《东夷努尔哈赤考》、姚燧《牧庵文集》、章太炎《清建国别纪》及《清太祖武皇帝实录》(北平故宫博物院版)、《金史·百官志》、《元史·地理志》、乾隆《大清会典》、《帝系》(道光内府写本)、《清文鉴》等。还涉及了不少外国资料,如:市村瓒次郎《清朝国号考》、稻叶君山《清朝全史》、内藤虎次郎《清朝姓氏考》、《清朝姓氏考正误》、鸳渊一《建州左卫之迁住地》等。

《云南濮族考》征引的资料也达几十种之多,包括:《尚书》、《周书》、《左传》、《国语》、《尔雅》、《太炎文录·西南属夷小记》、《汉书·地理志》、常璩《华阳国志》、张勃《吴录·地理志》、白法祖译《佛般泥垣经》、阮元《云南通志稿》、陈澧《汉书·地理志·水道图》、法人费琅《昆仑及南海古代航行考》、法人伯希和《交广印度两道考》、日人藤田丰八《中国南海古代交通丛考》、江应梁《云南僰夷民族研究》等。其广征博引之特点,由此可略见一斑。

时代性强也是朱希祖边疆史地研究的重要特点。他反对不识时务、脱离现实的学风,极力提倡以学术经世,解决社会实际问题。朱希祖对东南海疆的研究,特别是澳门和台湾问题的论证,都是将史论与现实问题密切结合的典范之作。

他对西北历史地理的研究也是出于对列强的窥伺和侵略的回击。针对西方学者大肆掠夺我国西北边疆地区的文献,朱希祖致力于西夏史籍的考索。值得一提的是,他还抢救了一批西夏文、汉文对照本的佛经。因听说"甘肃、宁夏农人握得西夏书甚夥,进与绥远某师长,某师长装存十余巨箱,运至北平,将售于欧美人,议价不成,又运归绥远"。于是,他将此事报告给古物保管会的张继和马衡。"张、马二君乃托绥远政治长官向某师长婉商,售于国立北平图书馆,时越数月,始得购成。"①朱希祖抢救的佛经对于解读西夏文字、防止文献流散以及抵制西方文化侵略都有重要意义。

然而,中国的边疆史地研究还远不及国外,这使得许多爱国史家深感痛心。顾颉刚在《禹贡学会研究边疆计划书》中说:"我之知我则必不可逊于彼之知我,则何? 主客易位则宰割由人,岂唯束手待毙,亦将无以得旁观者同情。甲负箧而趋,乙迫之,呼曰,是吾家物也,汝何盗焉? 甲止步而询曰:汝知筐中所装何物? 乙瞠目不能答,甲乃侃侃陈词,谓中有币帛若干,金银若干,启而验之,果如所说,斯时旁观者心直甲而曲乙矣。虽亦有明知谓盗

---

① 朱希祖:《西夏史籍考》,《朱希祖先生文集》第 2 册,第 997 页。

者,然而鸣呼! 今日之事,何以异此⋯⋯"①冯家升也说:"边疆之学,吾国学者向来视为偏僻而不关宏旨,不知吾人以为偏僻,不加注意,正外国学者努力最勤而收获最丰者也⋯⋯故吾人于自己之边疆问题亦徒仰赖外人,其害真有不堪胜言者矣。"②由此,朱希祖倡导边疆史地研究,引导学生关注边疆,意义重大。

在民国时期的诸学者中,朱希祖的边疆史地研究起步较早,既有深度又有广度,其研究颇具草创之功,许多结论至今还在史学界流传。他的研究成果,不仅使人们更多地了解边疆的历史、地理沿革、经济发展和民族风情,也为保卫边疆、开发边疆提供了资料依据。他既追求历史真实又追求经世致用的做法,直到今天仍具有突出的现实意义。

当然,朱希祖的边疆史地研究也有某些弱点。首先,其研究主要依靠文献记载。当时,徐旭生、黄文弼和顾颉刚等人也从事边疆史地研究,他们都曾多次到边疆地区进行实地考察,将亲眼目睹的调查所得与文献记载结合起来,使研究的结论更为笃实。虽然,朱希祖也非常重视实地考察,但由于各种条件所限,其足迹多局于内地,只是在三十年代初曾亲赴澳门。其次,在他众多的研究论文中,微观考证、铺叙史实的较多,而综合概括和阐发理论的较少。

---

① 转引自赵夏《顾颉刚先生对边疆问题的实践和研究》,《北京社会科学》2002 年第 4 期。
② 冯家升:《东北史地研究之已有成绩》,《禹贡》半月刊,第 2 卷第 10 期。转引自赵夏《顾颉刚先生对边疆问题的实践和研究》,《北京社会科学》2002 年第 4 期。

第六章 历史观

　　历史观是人们对社会历史的总的看法和观点,是关于人类社会的起源、本质和发展规律等基本问题的根本见解。社会存在和社会意识的关系问题是历史观的根本问题。中国史学有悠久的历史,多种多样的历史观也在不断产生、发展和演变,如,历史退化论、历史循环论、历史不变论、历史进化论、历史偶因论等历史观念都曾留下它们的印记。清末民国时期,西方的进化论已被普遍接受,唯物史观和唯心史观也在中国得到传播。厕身于"千古未有之变局"的中国史家,都试图对历史和史学的诸多问题做出新的解释。如,历史的内涵、历史是如何发展的、动力何在以及有无规律可循等问题。

　　作为民国时期颇有影响的史学家,朱希祖在史坛辛勤耕耘了二十多个春秋,留下了丰富的研究成果。然而,他对历史观的基本问题并没有做出系统的论述,我们只能透过其著述中有关这些问题的零散见解,分析、勾勒出其历史观发展演变的基本面貌,这对于我们全面了解民国时期历史理论的发展状况,深化理解朱希祖的史学思想和治史方法应该是很有意义的。

第一节　对"史"、"历史"、"史学"含义的探讨

"历史"和"史学"是中国近代才区别开来的两个内涵不同的概念,尽管这两个词汇也曾出现于中国的古书中,但它们不是现代意义上的专用名词。"史"字在殷商的甲骨文中就已经出现。据杨翼骧讲:"史最早是官名,是广泛意义的官名,许多文武官都称史。后来成为专门掌管历史的人的专用名。"[1]所以,"史"字起初是指史官,而非史书。大约到清末,"历史"作为专用名词由日本引入,它有两种含义:"一是指客观存在的历史事实;二是指人们编写的历史。"[2]"史学与历史不同,历史是指历史事实本身,史学是怎样研究历史的学问。"[3]瞿林东认为,在中国古代,"史"的含义经历了"史官、史书、史事"的演变过程[4]。而"关于人类社会历史的认识、记载与撰述的综合活动,这便是史学"[5]。

一、"历史"是什么?

历史是什么?这是每一个史学家都无法回避的问题。清末民国时期,西方史学理论大量传入,史学界对中国传统史学进行了反思和批判,许多学者注意对"史"、"历史"和"史学"的概念等问题进行考辨,追寻历史的含义。

---

[1] 杨翼骧讲授,姜胜利整理:《中国史学史讲义》,天津古籍出版社 2006 年,第 1 页。

[2] 杨翼骧讲授,姜胜利整理:《中国史学史讲义》,第 2 页。

[3] 杨翼骧讲授,姜胜利整理:《中国史学史讲义》,第 2 页。

[4] 瞿林东:《中国史学史纲》,北京出版社 1999 年,第 2 页。

[5] 瞿林东:《中国史学史纲》,第 1 页。

　　"中国近世论史学问题之学者,每必先探讨史字之形义。"①朱希祖在探讨中国史学的起源时,也开宗明义地对"史"字的本义进行了详细的辨析,指出,"史"为"记事者,即后世之书记官"②,即掌管典籍、起草文书、记录国家大事的官。又强调说:"书记官,非历史官,必须严为分别,不可混淆。"③"一事之记述,一时之典章,皆为史材,而非历史。"④因为,在他看来,"因果之关系,时间之观念"是"历史最粗浅之条件"⑤,也是"最重要之条件"⑥。可见,朱希祖的"历史"一词,特别注重的就是事物之间的因果关系和时间性意义。

　　但他所运用的"历史"一词含义并不明晰,有时指史书记载,包括对实际历史的反思、研究和记录等;有时则是指实际的历史,即历史本体。如,指"史书记载"的有:"历史之法,必为治历明时者所创"⑦;"孔子修《春秋》,托始鲁隐,以事系日,以日系月,以月系时,以时系年",这种"编年之史,足以副历史之名"⑧;"著作历史者,反在兰台、东观"⑨。在参考了德国史家兰普雷希特的《近代历史学》后,他又"推究吾国历史之发端",认为"小史所掌奠世系、辨昭穆之谱牒,及春秋以前颂美祖先之诗,皆吾国历史之萌芽也"⑩。

────────────

①王尔敏:《史学方法》,第9页。
②朱希祖:《中国史学通论》,第1页。
③朱希祖:《中国史学通论》,第6页。
④朱希祖:《中国史学通论》,第17页。
⑤朱希祖:《中国史学通论》,第8页。
⑥朱希祖:《中国史学通论》,第29—30页。
⑦朱希祖:《中国史学通论》,第8页。
⑧朱希祖:《中国史学通论》,第9页。
⑨朱希祖:《中国史学通论》,第9页。
⑩朱希祖:《中国史学通论》,第19页。

这样的例子很多，不胜枚举。

指"历史本体"的情况也同样不少。如，在《中国近世史要略·序》中，他指出："言史学者，以近世史为最重要，良以当今社会，与近世之历史，至有密切关系，因果相连，不能宰割。"又言"自上古以来数千年之历史"、"最近百年以内之历史"等①。在《广东十三行考·序》中，有这样一段话："据梁君所考，则此种包揽贸易制度，实起于明万历间广东三十六行之牙商……然此等独占制度，其历史递衍甚长，十三行之前，已早有之，甚且可推其源于市舶提举司。"②这里的"历史"，显然是指历史本体，而非历史记载。

即使同一段话里，朱希祖的"历史"之含义也不尽相同。在介绍鲁滨逊"新史学"思想时，他说，"历史是连续的，说明断代的不妥，把历史的时间须连贯"③。显然，前者指的是历史本体，而后者则指历史著作。在《史学系课程指导书》中，他又言："历史强分时代与强分国界，皆不适当。惟因教授便利起见，不得不勉强分割。"④

二、模糊的"历史"与"史学"

朱希祖也曾力图区分"历史"和"史学"。他说："吾人研究历史，可分为三阶级：一、以文字记载的历史；二、未有记载的历史以前之语言文字；三、未有文字以前之器物。第一属于普通所谓历

①朱希祖：《中国近世史要略·序》，《史地丛刊》第 2 卷第 1 期，1922 年。
②朱希祖：《广东十三行考·序》，梁嘉彬：《广东十三行考》，广东人民出版社 1999 年，第 6 页。
③朱希祖：《新史学·序》，《北京大学日刊》1921 年 10 月 20 日。
④朱希祖：《史学系课程指导书》，《北京大学日刊》1923 年 9 月 29 日。

史学,第二属于言语学(吾国谓之文字学),第三属于考古学。吾人研究历史,求之于记载的历史不可得,则求之于语言文字;求之于语言文字不可得,则求之于古物。"①可以说,他已经意识到"历史"与"文字记载的历史"(即"普通所谓历史学")是不同的,但并未进一步阐发二者含义的区别所在。

关于"史学"涵义的认识,清代开始趋于成熟。章学诚论述的"史学"包括史考、史选、史纂、史评、史例等多方面的内容,反映了中国史家对"史学"认识的较高水平。梁启超在 1902 年的《新史学》中,由分析历史研究的对象和范围入手,阐发"历史学"涵义:"第一,历史者,叙述进化之现象也";"第二,历史者,叙述人群进化之现象也";"第三,历史者,叙述人群进化之现象而求得其公理公例者也"②。可见,梁氏试图运用西方进化史观,叙述"人群"即国民的"进化之现象",以取代传统中国史学的"帝王家谱",然后,再进一步揭示出社会发展的公理公例。这种认识使得中国史学迈出了由传统向现代的关键一步。

与梁启超不同,朱希祖并没有对"历史学"的概念加以限定。但他们也颇有共同之处,比如,都认为"史学"就是"文字记载的历史","讲传统史学时主要讲的是不同体例的史书,把以史书形式表现的史学称为旧史学等等"③。在致力于批判旧史学,建设新史学的过程中,他们都没有将历史、历史学与历史书籍严格地进行区分。

---

① 朱希祖:《文字学上之中国人种观察》,《北京大学社会科学季刊》第 1 卷第 2 号,1923 年。
② 梁启超:《新史学》,《饮冰室合集·文集之九》,第 7—10 页。
③ 刘俐娜:《20 世纪 20 年代中国史学界对历史的认识》,《史学理论研究》2003 年第 1 期。

朱希祖也曾探讨"史学"的内涵,在《中国史学之派别》中,将中国史学分为记述主义和推理主义两大派别,其分类标准都是依据各历史著作的内容特点而定的。他还明确指出:"历史之学,一为整理旧史,一为撰著新史,司马迁史记,即其好例。"①他还把"史学"分为"历史文学、历史哲学和历史科学"三个层次。认为《春秋》为"历史文学",它本由诗歌发展而来,也与诗歌一样使人难以达成一致的理解,以至于"人人异见,人人异词",所以,"历史以文学出之,令人迷乱,不知所谓,不可不谓为幼稚之史学也"。而"公羊所设之三世,由据乱而升平,由升平而太平,颇有合于进化之哲理,他若谷梁之所传道,亦多有合于哲理之言"②。《左传》为"记述之史学"的开端。

朱希祖批判传统史学"局于政治,未睹社会之全体",认为,"史学"的内涵应该极其广泛,包含社会的方方面面。李大钊曾言:"把人类的生活整个的纵着去看,便是历史;横着去看,便是社会。"③二者颇有相通之处。

在多数情况下,朱希祖所谓的"史学"是指"文字记载的历史",或者说是史书。如,他认为《尧典》年月不明,"此史学上之时间观念尚未明也"。《皋陶谟》没有写明皋陶为何地人,"此史学上空间之观念尚未明也"。而"司马迁之纪传,在年代记发生之后,史学已达进步之时;《尧典》与《皋陶谟》乃继英雄诗而起,史学尚属幼稚"④。在评价

---

① 朱希祖:《辩驳〈北京大学史学系全体学生驱逐主任朱希祖宣言〉》,《北京大学日刊》1930 年 12 月 9 日。
② 朱希祖:《中国史学通论》,第 37 页。
③ 李守常:《史学要论》,第 76 页。
④ 朱希祖:《中国史学通论》,第 23 页。

历代编年体史书的编纂时,他说:"荀悦、司马光,尚有创造之才,其他则陈陈相因,谨守成规,而不敢越,在史学上无进步之可言。"①

朱希祖晚年与女婿罗香林探讨史学,依旧没有对"历史"、"史学"加以区分。他说:"余辈向治历史,仅为断片的考证,用力多而收获少,若仅数人为之犹尚可也,驱全国学子出于一途,于社会实际进化无甚影响,以实大谬。然若朱谦之辈,不沿历史而空谈历史哲学,此又谬之谬者。余近阅心理书多种,最喜读高觉敷《现代心理学》及其所译诸书,而《现代心理学》中有《现代德国文化科学的心理学》一篇,与治历史尤有关系,惜此种心理学尚无译本……余将来思欲转移中国历史学风气,故先治心理学,继治社会科学,然后用以治历史,必于史学别开生面,若仍沿旧习治史,虽略有所得,于人类所补实尟,此余所以欲提倡新史学及新文学也。"②

台湾史家王尔敏言:"凡属一门独立学问,实自然能发展出理论和方法,史学亦无例外。"③民国时期,中国史学正逐渐发展成为一门独立的学问,迫切需要理论和方法的指导。朱希祖、李大钊等许多史学家都对"史"、"历史"和"史学"等概念进行了深入探讨。朱希祖没有将"历史"与"史学"严格区分开来,而李大钊却对这两个概念进行了阐发,他从唯物主义观点出发,明确了"历史"与"史学"的区别与联系:"吾兹之所谓历史,非指过去的陈编而言。过去的陈编,汗牛充栋,于治史学者亦诚不失为丰富资考的资料,然绝非吾兹所谓活泼泼的有生命的历史"④;"历史是亘过

①朱希祖:《中国史学通论》,第39—40页。
②朱希祖:《致罗香林书》,1938年10月14日。
③王尔敏:《史学方法》,第3页。
④李守常:《史学要论》,第1页。

去、现在、未来的整个的全人类生活。换句话说,历史是社会的变革。再换句话说,历史是在不断地变革中的人生及为其产物的文化"①;而"历史学的起源,实起于纪录的历史"②;"今日的历史学,即是历史科学,亦可称为历史理论。史学的主要目的本在专取历史的事实而整理之,记述之;嗣又更进一步,而为一般关于之的事实之理论的研究,于已有的记述历史以外,建立历史的一般理论。严正一点说,就是建立历史科学"③。毫无疑问,朱希祖、李大钊等人对"历史"、"史学"概念的探讨对于后学深入认识"历史是什么"等理论问题具有重要意义。

第二节　"进化史观"

19世纪晚期,西方列强加紧了对中国的侵略,尤其是甲午战后,中华民族更是面临着生死存亡的抉择。此时,达尔文的进化论被迅速应用于社会学领域,宣传"优胜劣汰"、"适者生存"思想成为知识分子唤醒国民、救亡图存的希望所在。资产阶级维新派宣扬进化论,主张"循序渐进"地改造社会,建立资产阶级的君主立宪制。革命派则依据进化论提出"革命者,天下之公例也",强调暴力革命的必要性和重要性,试图实现"民主共和"的理想。

社会进化论也极大地改变了人们的历史观念。20世纪初,梁启超等人以进化史观为武器,猛烈批判旧史学,倡导"史界革命",建立"新史学"。陈黻宸也按照进化论探讨人类历史的发展规律,

---

① 李守常:《史学要论》,第82—83页。
② 李守常:《史学要论》,第83页。
③ 李守常:《史学要论》,第87页。

他说:"自辟为大宇而人类以成。其始也兽化人,其进也人胜兽,其进也人胜人。相维相系,相感相应,相抵相拒,相竞相择,历数十年数百年数千数万年之递相推嬗,递相淘汰,莫不优者胜,劣者败。"①章太炎则强调,历史要"发明社会政治进化衰微之原理"②。

感受到学界思想的变化,朱希祖也开始接受进化论学说。他在《留学日本日记》中写道:"惟世界进化范围日扩,故所见、所闻、所志、所意、所行、所至皆宜记之……庶几得成余将来之历史,而为终身之实录也。"③

一、《中国文学史》中的退化论

朱希祖比较推崇《易》经中的哲学观念,以为"既济未济之道,无穷递进,最高妙"④。所以,按照一般的理解,从变易史观到进化史观的转变应该比较容易,但事实上,他对进化史观的消化吸收却花费了较长的一段时间。

在朱希祖的文学史讲义中,进化史观还没有及时融入,认为文章愈古愈好。他说:"《尧典》、《皋陶谟》开后世本纪列传之体,《禹贡》亦启书志之法,其隐括事端,甄综大典,则多裁成美语,编为俪辞。至于君臣问对,告诫咨嗟,则直录语言,兼采声气,既多实写之语,复又点缀之语,简质与华美俱陈,文辞与话言杂糅,有自然之美,无矫作之弊,用意高卓,措辞方大,斯可谓万古之杰作,

---

① 陈德溥主编:《陈黻宸集》,中华书局1995年,第679页。
② 章太炎:《致梁启超书》,汤志钧编:《章太炎政论选集》上册,中华书局1979年,第167页。
③ 朱希祖:《留学日本日记》,1906年1月12日。
④ 王宇高、王宇正:《朱希祖传》,《国史馆馆刊》1卷2号,1948年。

纪事之圭臬也。惟略无年月,为古史之遗憾耳。"①

　　他还指出:"文言相合,是为上轨。"②我国古代文学本来是文言合一的,诸如"歌谣谚诵,谟诰誓命,以至儒生问对,策士游谈",其"语言本质既美,故施之文字,不加修饰,而文言自相契合"。然而,"降及秦汉,简册变为帛素,刀漆易为笔墨,取携较便,文字用宏,加以土宇统一,上下势隔,游说立谈,易为上书,宰我子贡之道熄,苏秦张仪之业废,海内之士,靡然从风,相率而重文轻语,于是而文章日华,言语日质,言语之用少,文章之用多,文与言渐离"。结果,各地"鄙语方言,杂出唇吻",而"文言相离,华伪日滋"③,"司马相如、杨雄,皆以口吃而富文章,雄亦变本加厉,矜奇摩古,文字之是务,文学于是始衰"④。可见,朱希祖的文学史观带有明显的"复古"倾向,以古代经书为典范,以古代文章为准则,认为文学的变化趋势是一代不如一代。

　　由于当时文学和史学尚未区分开来,所以,朱希祖文学史讲义中的退化观,在一定程度上反映了他的历史观。当然,他的退化观念也使我们感到有些困惑,既然已经相信了进化论,为什么进化史观没有及时转化为思想方法呢? 这可能是因为,从他的视角和标准看待文学的变革,退化现象在某种程度上是事实,所以,其观点带有某种合理性。同时,他也可能受到了刘勰为代表的文学退化论思想的影响。

　　其实,朱希祖的退化史观还是可以理解的。因为,人们在接

①朱希祖:《中国古代文学史》,《朱希祖先生文集》第1册,第34页。
②朱希祖:《中国古代文学史》,《朱希祖先生文集》第1册,第13页。
③朱希祖:《中国古代文学史》,《朱希祖先生文集》第1册,第14—15页。
④朱希祖:《中国古代文学史》,《朱希祖先生文集》第1册,第18页。

受任何一种新思想时,要想达到真正吸收都是需要一段时间的。头脑中原有的旧观念与新思想之间会不断碰撞、融会,最终,新思想由于其科学性而愈来愈占上风。秉持文学进化观的鲁迅,也曾指出文学发展中令人困惑的复杂现象:"许多历史家说,人类的历史是进化的,那么,中国当然不会在例外。但看中国进化的情形,却有两种很特别的现象:一种是新的来了好久之后而旧的又回复过来,即是反复;一种是新的来了好久之后而旧的并不废去,即是羼杂。然而就并不进化么? 那也不然,只是比较的慢,使我们性急的人,有一日三秋之感罢了。文艺,文艺之一的小说,自然也如此。"①

二、"世界是时时进化的"

到 1919 年前后,由于受到新文化运动的刺激和西方历史学的影响,朱希祖的历史观发生了一个巨大的转变,已开始认同"人群和社会的进化"。他连续在《新青年》、《北京大学月刊》上发表多篇文章,阐明自己的进化史观。在《白话文的价值》中,朱希祖认为"学术思想,是递变而进化的",因此,"要保存古书,以观察过去进步之迹,然后可谋现在的进步"②。《非"折中派的文学"》则更明确地指出:"进化的公例,总是新的胜于旧的","现代的时代,必比过去的时代进化许多。将来的时代,更比现在的时代进化许多"。所以,文学家要懂得进化的道理,"须要做一代的新细胞新生命,才是对于社会有用"③。《敬告新的青年》开篇即言:"世界

---

① 鲁迅:《中国小说史略·附录》,《鲁迅全集》第 9 册,第 301 页。
② 朱希祖:《白话文的价值》,《新青年》第 6 卷第 4 号,1919 年。
③ 朱希祖:《非"折中派的文学"》,《新青年》第 6 卷第 4 号,1919 年。

是时时进化的，时时变换的。"①可以说，朱希祖历史观的转变，是当时学术思想发展变化的一个表现。顾颉刚就曾总结说："过去人认为历史是退步的，愈古的愈好，愈到后世愈不行；到了新史观输入以后，人们才知道历史是进化的，后世的文明远过于古代。"②

在接受进化史观后，朱希祖翻译了日本文学家厨川白村的《文艺的进化》，指出："吾国文艺若求进化，必先经过自然派的写实主义，注重科学的制作法，方可超到新浪漫派的境界。"③在朱希祖看来，新浪漫主义才是文艺的最高境界，而要达到这一境界，必然要经过自然主义的进化阶段。同时，他也开始清理和批判中国传统文化中的嗜古倾向，更加鲜明地提出历史是前进的运动。他认为，中国人嗜古成性，总是"尊古而贱今"，许多新鲜东西不敢或不愿接受，只有当这些东西变成旧的、老的东西时，人们才会去注意和研究它们。不知社会上"人事一日进化一日，思想一日复杂一日"，然而，如果"举国皆崇古学，则新学无从输入"④。他力图使广大学者打破迷信孔子的思想，跳出"述而不作"、"信而好古"的牢笼，"要创造新文艺、创造新思想"⑤。

在《整理中国最古书籍之方法论》中，他强调，要用科学的方法来整理古书，"要阐明他进化的迹，发现他变迁的理"。针对韩愈所谓"鄙钝不通晓于时事"，朱希祖以附加案语的形式表达了自己的想法："一代时事必宜有一代文章，大家记载之首宜通晓时

---

① 朱希祖：《敬告新的青年》，《新青年》第 7 卷第 3 号，1920 年。
② 顾颉刚：《当代中国史学》，第 9 页。
③ 厨川白村著，朱希祖译：《文艺的进化》，《新青年》第 6 卷 6 号，1919 年。
④ 朱希祖：《白话文的价值》，《新青年》第 6 卷第 4 号，1919 年。
⑤ 朱希祖：《研究孔子之文艺思想及其影响》，《北京大学月刊》第 1 卷第 2 号，1919 年。

事,不宜沾沾墨守古训。"①

　　运用进化史观,朱希祖又探讨了道家、儒家和法家的历史观念,认为道家和儒家都主张复古,而法家则"抱着历史进化的观念,绝对的反对复古"。所以,法家的历史观念要"比儒家和道家的历史观念好得多","应当拿法家的观念去读历史",要"秉着历史进化的观念,创造一种将来的理想的世界,一种从前所没有的,与现在不同的世界!"②可见,进化论已经成为朱希祖历史观的重要组成部分。

　　在《中国史学通论》中,朱希祖以进化史观作为研究史学的出发点。他不仅阐明中国史学的记载形式经历了由低级到高级的进化过程,还详细分析了各种史书源流及其进化轨迹。他赞同兰普雷希特的理论,认为中国史学的产生"有两元之倾向","即所谓自然主义与理想主义是也。取自然主义形式者,最初为谱学,取理想主义形式者,最初为英雄诗③,而"谱学进而为年代纪(吾国称为编年史),英雄诗进而为纪传"。他认为,"两元之进化"理论是正确的,但具体到中国史学上,发展次序则是"诗最先,纪传次之,谱系又次之,年代纪最后"④。

　　在历史发展观上,朱希祖基本上持渐进的历史进化观。他说:"各项科学和哲学,总是一天进步一天,到了现在的地位,犹是进步不已。""世界上创作的事物,大概都从古来所有的逐渐进步,不全是突然发生的。"⑤朱希祖在阐释章学诚的"经世"理论时,也

---

① 朱希祖:《读韩文笔记》,《随笔》,手稿,现存于南京图书馆。
② 朱希祖:《中国法家的历史观念》,周文玖选编:《朱希祖文存》,第 188 页。
③ 朱希祖:《中国史学通论》,第 18 页。
④ 朱希祖:《中国史学通论》,第 21 页。
⑤ 朱希祖:《研究孔子之文艺思想及其影响》,《北京大学月刊》第 1 卷第 2 号,
　　1919 年。

反映了他的渐进史观,他说:"盖人之经世,必先洞明时局,而今之时局,非一朝一夕所成,皆由历史递演而来,此历史成立之原理也。"①这就肯定了历史发展进化的连续性,揭示出历史与现实的关系以及研究历史的现实意义。

"进化史观是20世纪中国历史学的显著标志。自从19世纪末严复翻译了《天演论》,社会进化学说风靡全中国,中国近代学术思想均奉之为圭臬。"②进化史观使朱希祖告别了历史"退化观念",从而面向未来,与其他新史家一样,"有了新的观察问题的高度,新的视野和思维方式"③,所以,在很短的时间里,就取得了大量的史学研究成果。

就整个史学界来看,由于历史观的剧烈变革,中国历史学的面貌发生了巨大的改变。"倡言用历史进化思想改造传统史学,尝试用新的历史观点和方法重新研究过往的历史,并用新的历史编纂形式编写历史,形成了一个强大的史学思潮。"④可见,进化史观对中国史学的转型和史学科学化的促进作用是不容忽视的。诚如瞿林东所说:"20世纪中国史学最显著的进步,是历史观的进步。输入进化论,是一大进步;输入唯物史观,是更大的进步。"⑤

进化史观把历史看作是一个不断进步的过程,但它终究不能揭示事物发展变化的源泉,不能对历史前进的动力问题做出合乎实际的解释。所以,中国史学在接受了进化史观的基础上,还需

①朱希祖:《文史通义札记·序》,《史地丛刊》第1卷第3期,1922年。
②戴逸:《世纪之交中国历史学的回顾与展望》,《历史研究》1998年第6期。
③陈其泰:《历史观的进展与二十世纪史学走向》,《山西师大学报》(社会科学版)1999年第4期。
④李振宏:《20世纪史学方法论研究》,《史学月刊》2002年第11期。
⑤瞿林东:《唯物史观与中国史学发展》,《史学史研究》2002年第1期。

要探讨更高层次的理论。适应这种需求,朱希祖研究了德国史学家兰普雷希特的"综合史观",并极力倡导,还身体力行地运用于史学研究和教学改革的实践中。

第三节　"综合史观"

"综合史观"即群众心理史观,是西方"新史学"派的一种历史观。朱希祖曾介绍说:"民国九年的夏天,我担任北京大学史学系的主任,那时我看了德国 Lamprecht 的《近代历史学》。他的最要紧的话就是:'近代的历史学,是社会心理学的学问,现在历史学新旧的论争,就是研究历史,本于社会心的要素? 还是本于个人心的要素? 稍严密一点说起来,就是历史进程的原动力在全体社会呢? 还是在少数英雄?'⋯⋯历史进程的原动力,自然在全体社会;研究历史,应当本于社会心的要素。"①后来,衡如也解释过"综合史观",认为在西方现代各派史学中,"最晚出而又最重要,且足以代表新历史的精神者,则综合史观也。综合史观亦名集合心理的史观。依此见解,无唯一之原因能释一切历史事业,舍一时代之集合心理外,不足决定一时代之事实。发现所以形成一时代之人生观,决定一时代生存竞争之分子而评量之叙述之,则史家之责也"②。

一、"群众心理"推动历史前进

朱希祖在接受了"进化史观"之后,又开始探寻历史进步的动

---

① 朱希祖:《新史学·序》,《北京大学日刊》1921 年 10 月 20 日。
② 衡如:《新历史的精神》,《东方杂志》第 19 卷 11 号,1922 年 6 月。

力问题。通过研究和比较,他接受了"综合史观",认为"群众心理"是历史发展的根本动力。由此,朱希祖开始注重对心理的分析,并以此解释社会现象。比如,通过对语言文字的辨析,推求出古代"中国人种之自待,及对待他人种之心理"。中国人称作"夏"民族,根据字形,"夏之为字,有首有手有足,乃纯像人形"。而称呼其他民族时,或"蛮"或"夷",或"戎"或"狄",由此可知,中原民族较周边少数民族文明程度更高,而"其自以为大,自以为文明,自以为雅正,心理昭然矣"①。又如,在中国古代社会,"祭天是王的职分,平民是不许祭祀的"。因为"古人心理,以为王是天的儿子,所以称为天子,天子是天命他治理万民的,平民不许妄干非分"。于是,演变出"一种神权政治"。祭天习俗所反映的这种心理,到了"民国时代,已经没有天子,还是不改;政体虽然改为共和,专制的心理,也还未改"②。

　　他认为宗教对于人们的心理影响极大,所以常常关注宗教问题。他赞同尼采(Nietzsche)排斥宗教的说法:"一切宗教都是创造隶从的道德,使能动的人皆变为被动的,向上的人皆变为潜下的……基督教是最腐败的宗教,为社会堕落的根源。"还推究了宗教盛行的原因:"盖宗教的发达,一半为社会的迷信,一半为政府的拥护,所以不易摧灭。"③为了使学生们更好地研究历史,他在

---

① 朱希祖:《文字学上之中国人种观察》,《北京大学社会科学季刊》第 1 卷第 2 号,1923 年。

② 朱希祖:《中国古代文学上的社会心理》,《新青年》第 9 卷第 5 号,1921 年。

③ 朱希祖:《研究孔子之文艺思想及其影响》,《北京大学月刊》第 1 卷第 2 号,1919 年。

北京大学史学系的课程中添设"宗教史",作为"史学应有之常识"①。在《广东通志总目说明书》中,特别设立"教门传","述佛、道、回、耶四教以及其他古今杂教,分别各教宗派,叙其门徒传教事迹及其种种影响,凡政治、学术、风俗等,皆当检讨其消息,以明其关系"②。另外,在"文物略"中,又设"寺院、教堂"两目来记载和考察宗教文化及其作用。在参与编修《清史稿》和主持筹备编纂国史时,都主张设立宗教志。

他还采用中西对比的方式,考察"群众心理"对社会发展进程的影响。认为"群众心理"分为"神"、"人"、"我"三个阶段,分别代表以宗教神学、圣人意志、"我之自觉"为中心的三个层次。

中国古代社会受孔子思想影响,人们普遍认为"'人'比'神'更重要,'生'比'死'更重要",所以,"宗教思想不易发达"。也就是说,中国古代社会的"群众心理"在孔子时代就已经进入"人"的阶段,人们尊崇圣人意志,不受神学思想的束缚。而西方的中世纪则在基督教势力控制下,"人的全副精神,都皈依到神的身上","思想束缚,毫无自由"。相比之下,中国古代社会进步更快,文明程度更高。

在西方文艺复兴之后,"近代的试验科学与自然主义风行一世","人生主义"、"现世主义"、"个人的自觉主义"势力雄伟,"他们讲求人事,佩服希腊,崇奉古典,外面看来,好像是方才到了孔子所主张的地位;其实他们一方崇拜圣贤、研究古典,一方注重自我,推出新理",把"盲从'神'的思想,与盲从'人'的思想一齐都打

---

① 朱希祖:《国立北京大学史学系课程指导书》,《北京大学日刊》1926 年 12 月 3 日。
② 朱希祖:《广东通志总目说明书》,《朱希祖先生文集》第 2 册,第 1240 页。

破了"。而"中国人受了孔子'述而不作'、'信而好古'的思想,束缚得不能进步"。所以,我们又落在了西方的后面。

通过对比可知,"我们中国有了孔子,不过把'神'的一阶级脱得快了一点,然而滞住了"人"的一阶级,至今不能跳到'我'的一阶级;西洋有了基督,不过把'神'的一阶级滞住得久了,然而一跳到'人'的一阶级,就连跳到'我'的一阶级。所以比较起来,西洋人迷信基督,不过一千余年;中国人迷信孔子,已有二千余年。一样是死的学问,然而打破'神'的迷信,比较是容易一点;打破'人'的迷信,比较是繁难一点"[①]。可见,"群众心理"对社会发展有时候起到积极的促进作用,有时候则起到消极的阻碍作用。

在《中国史学通论》中,朱希祖利用"综合史观"反驳了刘知几的观点。刘知几认为,《汉书》天文、艺文、五行三志,可以删削,而《宋书》之《符瑞志》和《魏书》之《释老志》,也是不急之务。而可以为志者有三:都邑志、方物志、释老志。朱希祖则认为:"夫五行符瑞,与当时社会心理有关,实不可去,天文则代有发明,艺文则世有增减,释老一志,可以觇教化,降及后世,景回诸教,杂然并作,尤不可以无志。"况且,"艺文、释老均为一代文化所关,何可不详聚史材,以为后世之参考?"[②]

朱希祖重视探讨影响"群众心理"的各种社会现象,目的在于推动社会的进步,摆脱我国的落后状态。朱希祖认为,必须"合群众努力,去打破迷信孔子的思想",我们才有赶超西洋的希望。他号召说:"从前我们先进步,今日反被他们赶上了;今日他们先进

[①] 朱希祖:《研究孔子之文艺思想及其影响》,《北京大学月刊》第1卷第2号,1919年。

[②] 朱希祖:《中国史学通论》,第76页。

步,难道我们就不能赶上了么？只要努力,从先例看起来,我中国的人究竟也不是愚的。"①

二、"把全世界的史做综合研究"

"综合史观"认为"群众心理"是推动社会进步的原动力,而"影响历史演变的因素是多方面的","故在研究时,也应采用人类学、生物学、经济学、政治学、地理学等多种知识与方法,从物质、文化、风习、经济生活、社会制度等各方面加以考察。尤其要运用心理学方法,注意分析人物或一时代之群体心理"②。历史从时间和空间上都是不可分割的。据此,朱希祖主张将史学研究的范围扩大到人类生活的各个领域,甚至要"把全世界的史做综合研究"③。

在深感史学界"陈腐"的情况下,朱希祖以"综合史观"作为教学改革的思想工具,"把北京大学史学系的课程,大加更改。本科第一二年级,先把社会科学学习,做一种基础——如政治学、经济学、法律学、社会学等,再辅之以生物学、人类学及人种学、古物学等。特别注重的,就推社会心理学"④。可见,为了达到对中国史学破旧立新之目的,朱希祖已经实践"综合史观"。考察这一时期北京大学史学系的课程说明,同样可以看出这一点。他希望学生们去"研究人类全部的历史",但"不宜把空间分割",因为"必须总

---

① 朱希祖:《研究孔子之文艺思想及其影响》,《北京大学月刊》第1卷第2号,1919年。
② 蒋大椿、陈启能主编:《史学理论大辞典》,第1105页。
③ 朱希祖:《新史学·序》,《北京大学日刊》1921年10月20日。
④ 朱希祖:《新史学·序》,《北京大学日刊》1921年10月20日。

汇统观,普遍研究,方可以看出人类怎样的进步"①。

朱希祖认为,鲁滨逊的《新史学》吸取了德国兰普雷希特所倡导的"综合史观",于是,就劝说在本系任教的何炳松将其译为中文,以广其传。他还亲自为该书作序,积极宣传和倡导"新史学"。很快,《新史学》中译本风行于史学界,对现代史学的发展产生了重要影响。1922年4月的《史地学报》就曾发表一则"《新史学》译本出版"的报道:"近今史学之趋势,大变政治史观之旧,欧美著专书论之者甚夥,而吾国则向未有之。唯北大出版部,曾于一年前翻印美人 Robinson 著之新史学 New History 一书。近闻该校史学系教授何炳松氏已将此书译成……其中专论新史学者虽仅四篇,而文字又略嫌凌杂,然其破坏旧史,倡导新经,实研究历史者不可不读之书也。"②

抗日战争时期,教育部为颁布大学课程标准而征求意见,朱希祖提出了《大学文学院历史学系必修选修科目表审查意见》。他制定的课程设置原则包括:"一、造就史学人材,目的宜确定标明,然后分别拟定课程。二、中外历史不宜偏重,普遍史必须完备。三、须以社会科学之若干门为基础。四、基本历史辅助科学,必须完备,如上列考古学等六种或心理学等四种……各大学斟酌实情,自由排列,以不违背原则为限。"③这些原则,与朱希祖在北京大学所倡导的毫无二致,完全符合新史学的"综合史观"。

---

①《朱遏先教授在北大史学会成立会的演说》,《北京大学日刊》1922年11月24日。
②《史地学报》第1卷第2期,1922年。
③朱希祖《大学文学院历史学系必修选修科目表审查意见》,周文玖选编:《朱希祖文存》,第337页。

　　由于中国传统史学"局于政治，未睹社会之全体"，因而认识不到"群众心理"的巨大作用。朱希祖从"综合史观"出发，更加关注民生。在《中国古代文学史》中，他指出："歌诗之作，根于人生之哀乐，故《诗》有六义，十有五国之风，大抵写生民之事实，寓美刺于言外"；"圣人与民同忧患而作《易》，知周乎万物，而道济天下"；后来，儒、道、法、墨诸家各以其道思以易天下，"皆志在生民"①。论述中国古典史籍时，又以是否关注社会、生民作为评判是非的标准。他认为"编年之史，往往局于政治，未睹社会全体"，而赞赏司马迁的《史记》，"丛传中如循吏、酷吏、刺客、游侠、日者、龟策、滑稽、货殖等传，大抵详察社会，精言民事"②。在《广东通志略例》中，他特别创立"民事略"，其中列举九个方面："人口、民业、民用、村制、团保、仓当、社会、医院、匪患。"以"考求民生之舒惨"，"推究政事变迁之底蕴"③。他评价人物，也以是否有功于民作为一个重要标准，他认为国民政府行政院长谭延闿"为政无所建白，惟善于肆应而已"，"然则谭氏亦有何功德在民，而营此国葬哉？"④

　　依据"综合史观"所谓"历史进程的原动力在全体社会"⑤，朱希祖提出"货殖"是"社会成立最要之基础"，"历史变动最要之原因"，所以，特别强调经济史。他说："凡货财生殖之道，社会荣瘁所关，民生舒惨所系，国家之本，人命之所系焉。可不慎重而察其

①朱希祖：《中国古代文学史》，《朱希祖先生文集》第 1 册，第 9—11 页。
②朱希祖：《中国史学通论》，第 72 页。
③朱希祖：《广东通志总目说明书》，《朱希祖先生文集》第 2 册，第 1207 页。
④朱希祖：《郫亭粤行日记》，《朱希祖先生文集》第 6 册，第 3838—3839 页。
⑤朱希祖：《新史学·序》，《北京大学日刊》1921 年 10 月 20 日。

盈虚,审其消长哉!"①然而,"经济之史,吾国更无有措意者"②,再加上历代"腐儒讳言利",致使"言民生者竟无综贯之史"②。

关于经济史问题,朱希祖多有论列,探讨了桑弘羊的经济思想之来源,以及其经济政策实施的作用。他认为"桑弘羊之经济政策同时即为一种社会政策",并称赞其"上可以利国,下亦以利平民。此种政策,影响于当时之政局甚大,在汉代经济史上,可谓最有声色之一种政策,即在中国全部经济史上,亦何独不然?"③又言:"国富则兵强,汉武帝开辟疆土,视高、惠、文、景时,几至一倍,其武功可谓盛矣。然无计臣为之理财,则亦不能如此得志。"④又指出:"家给人足,为经济家最大目的,贫富不均为社会上最要问题。"社会上的"贫富相悬,其祸害有不可胜言者。汉代政治家,屡以绝兼并为重要政策,诚为知政治之本"⑤。可见,朱希祖非常重视经济对政治的影响,其观点与唯物史观颇为相似。但他只是将经济视为社会的重要组成部分,并没有脱离"综合史观"。

"综合史观"几乎贯穿朱希祖的整个史学研究生涯。晚年,他对女婿罗香林说:"余近来阅译本德国郎泊雷希脱《历史学》及黑格尔《历史哲学》,深感治历史必须从社会科学入手,且最初须从心理学入手,以历史为人类心理过程也。"⑥

"综合史观"是一种唯心主义的历史观,它把社会"群众心理"作为推动历史前进的根本动力,有其局限性。但这种观念对于打

①朱希祖:《广东通志总目说明书》,《朱希祖先生文集》第2册,第1241页。
②朱希祖:《中国史学通论》,第51页。
③朱希祖:《桑弘羊之经济政策》,《朱希祖先生文集》第3册,第1443—1444页。
④朱希祖:《桑弘羊年表》,《朱希祖先生文集》第3册,第1471页。
⑤朱希祖:《桑弘羊之经济政策》,《朱希祖先生文集》第3册,第1469页。
⑥朱希祖:《致罗香林书》,1938年10月14日。

破传统思想的束缚,解放人们的头脑起到了重要作用。对"群众心理"的重视,使得人们在历史研究中不再一味地强调政治;努力探讨造成"群众心理"的社会诸要素,比如,经济、思想、社会习俗等,又扩大了人们历史研究的视野;广泛学习心理学、人类学、社会学等各种社会科学知识和方法,也极大地开拓了人们的思维空间;而对"普遍史"的追求又促使人们放眼世界,学习别人的长处,并不断"推陈出新,精益求精"[①]。可见,"综合史观"对中国史学界"破旧立新"、推进史学的科学化起到了不小的进步作用。而朱希祖的倡导和宣传之功不可磨灭。

第四节　"文化形态史观"

所谓"文化形态史观",是指"运用比较的方法研究各种独立成系的文化,以发现其异同,其共同点就是历史的形态"[②]。这种历史观源自 20 世纪上半叶的斯宾格勒,后由汤因比继承光大。它对中国 40 年代初的"战国策"派有很深刻的影响,林同济、雷海宗与朱谦之等人接纳改造了这一理论,并以此为依据来解释中国历史文化和世界格局,得出"战国时代的重演"的结论。

"战国策派"认为所处世界是"角于力"的时代。要想立足于强国之列,就要吸取尼采哲学,反思传统文化,锻造新的民族性格,从"立人"到"立国"。他们认为,托尔斯泰的不抵抗主义,是辱

---

① 朱希祖:《研究孔子之文艺思想及其影响》,《北京大学月刊》第 1 卷第 2 号,1919 年。
② 雷海宗、林同济:《中国文化与中国的兵(外一种)》,岳麓书社 1989 年,第191 页。

没人格民族自灭的谬说。承认尼采的强力唯我主义,有不可磨灭的价值。一个人或者一个民族若没有自卫的强力,单指望公理昌明、仰仗他人的恩惠才能生存,是何等卑弱!"战国策"派的这些思想在当时的学界颇有影响。

抗战爆发后,朱希祖也在一定程度上接受"文化形态史观"。虽然,他并没有像"战国策"派一样提出文化的周期说,但他的许多观点与"战国策"派之思想观点非常相似,比如,都用历史来比较现实,把抗战时期看作"战国时代的重演",都崇尚超人哲学等。

一、"今日之世界亦一大战国也"

在阅读了《资治通鉴》中有关战国的史实后,朱希祖感慨道:"今日之世界亦一大战国也。"[①]他分析了战国时期六国灭亡原因:"为弱国计,深感苏秦六国约纵之计之得,而韩魏等国尤应赖此不受侵略,然六国不久相自破约,终为秦灭亡,盖多昧于将来之大计,而务贪目前之小利,故率而至于灭亡也。"认为应该从人类利益考虑,以统一来消灭战争。他说:"然为人类幸福计,多树国即多树兵,牺牲人民而保卫少数执政权利,此有国之通病也,故终必归一统,然后可以灭少战争。"又反思战国时期统一的趋势和各国强弱形势:"当战国之时,有统一资格之国,以秦、楚为上,燕、赵次之,齐又次之,韩、魏则无此资格。地大而背面无后顾之忧,且有开拓之望者上也,秦、楚是也;地小而背面无后顾之忧且有开拓之望者次也,燕、赵是也;地小而背面无后顾之忧但无开拓之望者又次也,齐是也;韩、魏国小而四面受敌,又为大国所必侵,故无统一之资格。"

通过比较战国与抗日战争的形势,他指出:"以现势而论,俄

---

① 朱希祖:《重庆日记》,1938年7月29日。

为秦,英为楚,日为燕,意为赵,德为韩,法为魏,美为齐,而中国不过如宋卫而已,若日本并吞中国,统一亚洲,则秦之地位必让日本,欧美各国必群起而进攻之;若俄国战败日本,则南满归我,北满归俄,日本地位必降而为韩魏,而欧美各国必群起防俄,而暂保现在局势。然世界大战必不能已,将来必终归一统而后已。"①

朱希祖把《通鉴》中的《战国策·秦策二》与时事结合起来,对俄日"张高峰事件"做出评价。

> 《战国策·秦策二》:楚绝齐,齐举兵伐楚,秦王谓陈轸曰:"今齐楚相伐,或谓救之便,或谓救之不便,子独不可为寡人计乎?"陈轸曰:"王不闻夫管(或作卞)与之说乎?有两虎争人而斗者,管庄子将刺之,管与止之曰:'虎者戾虫,人者甘饵也。今两虎争人而斗,小者必死,大者必伤,子待伤虎而刺之,是一举而兼两虎也。无刺一虎之劳,而有刺两虎之名。'齐楚今战,战必败,败,王起兵救之,有救齐之利而无伐楚之害。"

据此,他指出:"今英俄接济吾国军火,而使与日本抗战,是使两虎斗也,吾国必濒于死,日本必濒于伤,黄祸不能起而白种收其利矣。"②

二、"超人"哲学

为了使国家免于灭亡的命运,朱希祖认为尼采的"超人"哲学可算是一剂良药。他说:"超人哲学为极端的个人主义、自由主义。今之德国国社党皆此主义也,相反者则有俄国托尔斯泰之人道主义,为社会主义、平等主义。今之俄国共产党皆此主义也……今吾国家垂危,人才不足以救济,未始非学术不兴之咎也。

---

① 朱希祖:《重庆日记》,1938 年 7 月 29 日。
② 朱希祖:《重庆日记》,1938 年 8 月 12 日。

今若再提倡社会主义、平等主义,随俄国之意志以流转,而不自主
自由,窃恐人种将灭亡,吾恐为尼采所唾骂为奴隶之主义矣。故
不如从尼采超人之说以挽救之也。"①

　　早在1919年的《文学论》中,朱希祖就曾将尼采的超人哲学
和托尔斯泰的人道主义相提并论,并详细介绍了他们的具体主张
和影响。其目的是要说明:文学作品必须具有"感动之作用,美妙
之精神",才能使得"文学精神之美,足以震撼大地,操纵人类"。

　　他指出,尼采的超人主义使"德国人心大为感动","颇有大地
主人翁之概"。所以,"欧洲此次大战争,不啻尼采为之原动力,故
世人又称之为战之哲人"。俄国的托尔斯泰则"以其人道主义发
而为小说",诸如《战争与和平》、《安娜·卡列尼娜》等都非常有
名。"欧美人心大为感动,社会主义日益兴盛。俄国此次大革命,
实不啻托尔斯泰为之原动力;而俄国之革命,不特政治革命,实兼
社会革命,贵贱贫富两阶级皆欲消除之,其趋势颇将波及于各
国。"②虽然朱希祖对二者"孰是孰非,或皆是皆非,孰胜孰败,或
皆胜皆败",都"姑不具论",没有进行分析和判断,但我们从他一
贯反对战争的思想来看,他应该不会赞同尼采哲学③。

------

① 朱希祖:《重庆日记》,1938年10月21日。
② 朱希祖:《文学论》,《北京大学月刊》第1卷第1号,1919年。
③ 1919年,朱希祖在《敬告新的青年》中说:"战争是最危险的,最残酷的。"后
　来,还多次演讲"道家消灭战争之法"、"儒家消灭战争之法"、"墨家与名家
　消灭战争之法"、"法家消灭战争之法",号召大家共同反对战争,倡导和
　平。(以上分别见《重庆日记》1938年3月23日、4月6日、4月27日、5月
　4日)1938年5月8日,他又日记中写道:"移全世界军备费以为全人类改
　造家屋,既固且美,则全世界顿成美观。消除战争,专致力于改良人间生
　活,此在良政治家提倡之也。自私自利之兽人,何足以语此。"

　　为什么抗战时期的朱希祖会赞同尼采哲学呢？从其日记中我们可以寻出某些缘由。比如，在阅读英国人撒慕尔的《实用伦理学》后，他评论说："其书中《国家及世界》篇反对德国黑格尔、尼采学说，斥之为渎武主义、世界主义，而欲保持国家，维持己国富力，与美国同其臭味故，其哲学皆提倡实用主义。德国孳孳为强，英美孳孳为富，于弱国贫国视之皆为大敌。德如虎，英、美如狐，然与其死于狐，宁死于虎，且苟有一国达到并吞世界立一政府，则国际战争、关税战争皆可消灭，世界人类乃可平等发展，谋最大之幸福，此余所以极端主张世界主义也。世界未统一，余主张个人主义、自由主义；世界既统一乃可主张社会主义、平等主义。"①可见，朱希祖信奉尼采，主要因为处于"二战"即将爆发之际，希特勒势力正在欧洲崛起。所以，他希望德国成为世界的"超人"，统一全球，结束战争，最终实现和平目的。

　　1939 年 2 月，朱希祖再次申明他的这一史观："盖今日世界一战国也，非有如秦国者出而统一，而专一纵横之术治国，生民几无噍类矣！"②这一时期的诗作，也明显反映出他对历史的这种看法。1939 年 9 月 28 日，他的《避地四首》云："纵横悲战国，统一梦强秦。"③10 月 17 日，他又写下《新战国》一诗七首：

　　　　植基四战地，生存殊不易。奋发图自强，超人树一帜。
　　学术冠天下，操胜在斗智。得天惜未厚，毋徒恃利器。
　　　　雄图挈欧亚，秉钧悆劳工。欲平贫富迹，期造乌托邦。
　　将成统一业，疑自东海东。虽未臻上治，泱泱大国风。

① 朱希祖：《重庆日记》，1938 年 10 月 24 日。
② 朱希祖：《重庆日记》，1939 年 2 月 9 日。
③ 朱希祖：《避地四首》，张国华主编：《文史大家朱希祖》，第 118 页。

海鳅拟天骄，荐食恣梦呓。一战县中华，再战并四裔。

绝膑慕西秦，缩朒陋东帝。器小而志大，将毋陷陵替？

誓将地中海，变成国内沼。追踪罗马皇，群雄资一扫。

东西扼强邻，巧借虎威扰。可望不可即，仙山终缥缈。

属地偏五洲，旌旗终映日。海上逞强威，久矣成弩末。

金银滚滚流，霸图惧将歇。瘠人以自肥，殖民防割裂。

百年讲生聚，蔚为拜金国。豪商窃邦柄，垄断恣无极。

军火资人斗，货财丰自殖。譬如血壅身，终将病淤塞。

立国无正轨，强敌先自树。杀人乱如麻，旋踵不旦暮。

借势快恩仇，终为人驾驭。俯仰不由己，进退将失据。①

朱希祖以七首诗暗喻当时世界上的七个大国，分别为德国、俄国、日本、意大利、英国、美国和法国。根据各国的历史和现状分析了世界形势，阐发了其文化形态史观。1941年的《题戒大儿书后》又言："今日纵横新战国，岂宜逐队昧平章？"②在他看来，今日的"战国"形势，必须走向统一方能安定下来。

三、"文化形态史观"的来源

考察朱希祖的"文化形态史观"的源泉，朱谦之可能是其中之一。他们都曾经是北京大学的名人，朱希祖是当时的著名教授、史学系主任，而朱谦之则是非常出众的学生，因创办《奋斗》旬刊，宣传无政府主义而名声大噪。所以，在某种意义上说，二者之间是师生关系。

作为老师的朱希祖反而受学生朱谦之的影响吗？是的，由于

①朱希祖：《新战国》，张国华主编：《文史大家朱希祖》，第119页。
②朱希祖：《题戒大儿书后》，张国华主编：《文史大家朱希祖》，第140页。

朱谦之是一个非常勤奋的学者,学术研究领域极其广阔,在史学界可谓是令人瞩目的后起之秀。而且,他们在中山大学史学系有过一段比较密切的交往。1932年秋,朱希祖被邀请到中山大学,当时的朱谦之已为史学系主任。《郦亭粤行日记》中记载了他们之间大量的学术生活往来。他们常常一起吃饭、散步、游览,在共事的一年半时间里,多次进行学术思想的交流。共同参与《广东通志》的筹备和编写工作,反复商谈体例和资料搜集问题,还经常探讨历史哲学问题。

为了给朱谦之的《历史哲学大纲》作序,朱希祖花了很长的时间进行认真研读。但从后来出版的该书看,其中并没有朱希祖的这篇序,不知何故。虽然我们无从知道序文所论如何,但有一点可以肯定,朱希祖对该书涉及的内容应该非常熟悉。1932年11月3日,朱希祖还专门就历史哲学和文化哲学与朱谦之谈了三个小时①。他们很可能议论过斯宾格勒的文化形态史观,因为这一问题是《历史哲学大纲》的重要内容之一,书中对此有全面而扼要的阐述。同时,这一观点又运用于《中国文化哲学》一书中。然而,朱希祖没有记录所谈的详细内容,从他后来的"新战国"和"超人"等历史观点来看,他可能受到了朱谦之的影响。

朱希祖"文化形态史观"的另一源泉是李石岑。他与李石岑素不相识,但他却极其佩服李氏的学识,可以说,接受尼采的超人哲学主要就是受李石岑的影响。1938年10月,他读了《超人哲学浅说》,赞叹道:"李石岑文笔简洁犀利,写尼采思想来源及其独到之处深有见地,非苟而已也。现在吾国哲学界中能介绍欧美有价值之学说者甚少,有之则肤浅,而不足以动人。此书名为浅说,而

①朱希祖:《郦亭粤行日记》,《朱希祖先生文集》第6册,第3890页。

所说其深,不过以浅显之笔达之云尔。"①其字里行间洋溢着对李石岑的赞赏之情。

第二天,他又在日记中写道:"阅《超人哲学浅说》,心颇剧烈感动,盖其所说与旧道一切相反,而却有至理,如:旧以无我为最高理想,而此则极端主张惟我;旧以救弱济贫为善,此则以为贫弱不足救济,而反欲扶强济富;旧日最重牺牲自我,此则主张自我胜利,牺牲乃为弱者之所为,盖人人努力向上为超人,则人类乃能进化,乃有救济,否则相率沉沦于贫弱愚贱之渊海而后已。此对于吾国萎靡腐败之民族实为对症之良药。"在极其推崇之余,他向陈百年、沈士远打听李石岑其人,沈士远告诉他:"李君向在上海某大学为教授,已逝世三四年矣。"为此,他深感痛惜:"呜呼!若李君而早逝实为吾国哲学界一大损失。学哲学者大都奄奄无生气,倾向于颓废一途。若李君而永年,吾知其必不如此也,惜哉!惜哉!"②

在这一段时间里,他专门研读李氏的各种著作:《哲学概论》(世界书局出版),《哲学大纲》(同上),《中国哲学十讲》(同上),《希腊三大哲学家》(商务印书馆出版),《人生哲学》(同上),《人生之价值与意义》(良友社出版),《西洋哲学史》(民智书局出版),《现代哲学小引》(商务印书馆出版)。他说,在新近购买的各种书籍中,"最爱李石岑著述",因为"其哲学说理既深",而且,"皆自出心坎,非同舌人传达之终为隔膜也"③。

除了朱谦之、李石岑以外,朱希祖还可能受到雷海宗的影响。

---

① 朱希祖:《重庆日记》,1938 年 10 月 19 日。
② 朱希祖:《重庆日记》,1938 年 10 月 20 日。
③ 朱希祖:《重庆日记》,1938 年 10 月 27 日。

一方面,朱希祖与雷海宗曾经一起参与全国大学课程标准的拟定工作①;另一方面,以雷海宗为代表的"战国策"派在当时史学界也颇有声势。

当然,朱希祖的历史观之变化,最主要的还在于当时的战争形势。抗战开始以后,他随中央大学避地重庆,由于大量的南明史资料分藏各地,使他无法着手研究和撰述工作。于是将精力转向了春秋战国史的探讨中。同时,又阅读了大量的哲学、心理学和其他社会科学著作。他把历史与现实结合起来重新观察,认为"今日世界亦为一大战国也",对战国史的研究,"颇可鉴古以知今"。而且,"吾国学术思想亦以此代为最发达,整理战国史,其价值等于欧洲之希腊史,秦史则等于罗马史,此二史若成,则在中国史界可推为最大之伟业,而文章亦可以周秦文出之,诚一举三得者也,所谓'三长'可措手矣"②。朱希祖对战国史的研究成果,限于条件还无法找到。但就目前所见资料来看,他还没有真正将这种新理论吸收为研究历史的思想方法,只是停留在学习和介绍阶段。

对于马克思主义的唯物史观,朱希祖也给予了注意。1938年11月12日,他去生活书店,购买了"《史的唯物论》(恩格斯撰,新汉社译本,1938年出版)一册,《辩证法唯物论》(柏柯年译,狄芝根撰,1937年出版)一册,《费尔巴哈论》(恩格斯撰,张仲宝译,1937年生活书店出版)一册"。他指出:"历史哲学以经济的为根本条件,惟经济基础立于个人的与社会的之上,其结果大不相同耳。以个人为基础则必主张自由的、唯心的资本主义;以社会为基础

---

① 教育部编:《大学科目表》,正中书局1940年,第11—12页。
② 朱希祖:《重庆日记》,1939年2月9日。

则必主张平等的唯物的共产主义。"①

虽然受到马克思主义唯物史观的影响,也重视经济在社会发展中对政治和思想的作用,但他从根本上没有摆脱唯心论。他说:"今后治历史当创一历史心理学,以为研究方法,而以价值哲学为评批方法。"②可见,他总是强调社会心理的作用,甚至要以心理学为历史学之根基,以历史心理学来改造史学界。

综上所述,朱希祖对历史理论的探讨不乏创新之处。如,对"史"字含义的辨析,对"历史"概念中因果关系的强调及其时间性意义的把握等。1919年,在接受历史进化论以后,他对历史的认识发生了根本性转变,认为历史是不断进化的,后世文明必定会超过往古和今天。接着,他又接受"综合史观",认为历史进化发展的动力是"群众心理",于是,注重对影响历史过程的诸因素进行多元的"综合"考察,改进历史研究的方法,打破了传统史学偏向政治史研究的局限。抗战时期,他又接受"文化形态史观",将战国史研究与社会现实密切结合,提倡超人哲学。"文化形态史观"以宏观视角来考察历史,力求以"文化"这个要素为基础寻找历史的发展规律,有一定可取之处。

朱希祖认为治史以"探索历史哲学、指挥人事为归宿"③,强调历史研究必须具备一定的哲学素养,要"明人事之因果"④,在史料的搜集、考证之外,探明历史发展的规律。朱希祖对历史的探讨和认识,是当时史学界理论研究成果的重要组成部分。其历

---

① 朱希祖:《重庆日记》,1938年11月27日。
② 朱希祖:《重庆日记》,1938年9月2日。
③ 朱希祖:《章太炎先生之史学》,《文史杂志》第5卷第11、12期合刊,1945年。
④ 朱希祖:《文史通义札记·序》,《史地丛刊》第1卷第3期,1922年。

史观的变化有与时俱进的一面，从一个侧面反映出民国时期历史理论的发展趋势，这对于我们认识整个中国近代史学发展具有比较重要的意义。但他没有认识到"综合史观"、"文化形态史观"的缺陷，而且，其历史观在演变过程中还存在矛盾交错之处。这在一定程度上反映了其历史理论研究还不够成熟。

第七章　史学思想

　　"史学思想是对历史学本身的认识,涉及历史学的性质、功能、治史目的以及与此相关的方法论问题。"①朱希祖对这些问题多有论述,可以说他的史学著述中包含着比较丰富的史学思想。如,关于史学的起源、史学的派别、经史关系、史馆修史以及史家修养等,都有过精辟的阐述,表现出不凡的才、学、识。这些具体问题前边已经有所论列,此处不再赘言。值得我们关注的是,贯穿朱希祖史学研究始终的重要思想:力求建立"科学的史学";强调史学研究之目的在于"指挥人事";倡导学术合作与独立等。这些都具有非常重要的史学价值。

第一节　"现代之史学,已为科学的史学"

　　由于自然科学的发展带来了西方的富强,科学主义极盛一时,相信历史是科学也成为一种普遍的风尚。1903年,剑桥史学家比瑞(J.B.Bury,1861—1927年)在其就职教授的演讲中断言:"历史是科学,不少也不多。"②在中国,随着西方文明的传入,"科

_____

① 乔治忠:《论中国史学史学科体系的思考》,《学术月刊》2012年第1期。
② 转引自杜维运《史学方法论》,北京大学出版社2006年,第32页。

学"也成为备受国人青睐的权威词汇,正如后来胡适所总结的:
"这三十年来,有一个名词在国内几乎做到了无上尊严的地位;无
论懂与不懂的人,无论守旧和维新的人,都不敢公然对他表示轻视
或戏侮的态度。那个名词就是'科学'。这样几乎全国一致的崇
信……没有一个自命为新人物的人敢公然毁谤'科学'的。"①

　　在这种"科学崇拜"的历史语境下,得风气之先的中国知识分
子力图以先进的"科学"改造中国的传统。他们把"科学"作为与
"愚昧"、"迷信"相对立的一种理性精神、一种思想方法广泛宣传,
"风气之所及,乃至一切社会科学和人文学术都力图自命为科学,
尤其是奉牛顿的经典体系和达尔文的进化论为其圭臬……在这
种时代风尚的影响之下,历史学就顺理成章地也要走上科学(自
然科学意义上的科学)规范的道路"②。人们对科学的信仰与追
求,使它成为现代文明的象征,"科学化"成为中国学术界普遍追
求的目标。

　　顺应潮流,朱希祖也为史学的科学化而积极努力。他提出
"捐除经学之名",要"用科学的方法来治学问"③,使史学从经学的
束缚中解放出来。为改变"文史不分"的状况,又推行课程改革,力
图将"文学的史学,改为科学的史学"④。在进行了几年的改革实践

---

① 胡适:《科学与人生观·序》,《科学与人生观》上册,上海亚东图书馆1923
年,第2—3页。
② 何兆武:《对历史学的反思——读朱本源〈历史理论与方法论〉发凡》,《史
学理论研究》2006年4期。
③ 朱希祖:《整理中国最古书籍之方法论》,《北京大学月刊》第1卷第3号,
1919年。
④ 朱希祖:《北京大学史学系过去之略史与将来之希望》,《北京大学卅一周
年纪念刊》1929年。

后,他感觉成效显著,认为:"现代之史学,已为科学的史学。"①

具体到朱希祖的史学研究来看,他所追求的"科学"主要指:客观的治史态度;严格的治史规范;求真的治史宗旨等。只有具备了这些条件,才能建立起"科学的史学"。

一、客观的治史态度

朱希祖认为:"作史、考史者所以贵用客观态度、科学精神而审慎以出之也。"②也就是说,史家只有摆正态度,尊重客观事实,才能如实反映历史面貌,得出科学的结论。由于民族、党派等多种因素都可能会影响到史家的治史态度,进而妨害史学的科学性。所以,"史学家应超然于国家民族、政治党派、宗教、学术流别、文艺风俗习尚之上,至公无私,了无偏倚,乃可尽其天职,合于科学"③。由此,公正客观的治史态度,是保证史家"尽其天职"、史学"合于科学"的必要前提。

在检视中国古代史学的过程中,朱希祖对史家的观点、史著的特点都给予客观的评价。对刘知几的说法既有褒扬,又有批驳。他说:"刘知几作《史通》,胪陈六家之史,明其条贯,著其源流,则以《左传》为编年之祖,《国语》为国别之宗,分析史法,可谓精矣。"④但对刘知几所谓项羽"僭盗"的观点则进行了反驳,认为:"子玄以成败论人,实非公论。"⑤对刘氏"《尚书》为记言之史"的说法,他提出

①朱希祖:《史学系课程指导书》,《北京大学日刊》1923 年 9 月 29 日。
②朱希祖:《永历大狱十八先生史料评》,《国立北京大学国学季刊》第 2 卷第 2 号,1929 年 12 月。
③朱希祖:《西夏史籍考》,《朱希祖先生文集》第 2 册,第 977 页。
④朱希祖:《中国史学通论》,第 41 页。
⑤朱希祖:《中国史学通论》,第 74 页

质疑:"《尚书》所包,厥体甚广",其中的每一篇皆"史法之渊薮","岂一体所能限哉?"①

朱希祖称赞郑樵《通志》为"通史之巨作","其二十略尤能窥见学术之大",但也指出其"考核不免疏误"②。他还高度评价了章实斋的《文史通义》,认为"章氏全书,弘通广博,究不失为浙东史学之大家,其识见实有超乎黄、万、全、邵诸先生之上者"。但转而又论及其不足:"章氏论史,好以圣经绳一切,论治好以王法绳一切,故其所谓经世者,不外宗经;通今者,不外守法。夫言经世,则可以改制矣;守制,则不许乱常矣,斯二义又适足以相抵。"对章氏著名的"六经皆史"说,朱希祖也提出了异议,认为"六经皆史材"。因"史者,以明人事之因果为始,六经未足以语此,故不足以为史"③。

对自己非常尊崇的老师章太炎,他也客观评价其著述。在阅读《太炎文录》时,他说:"《古文六例》探究古文经之原,精审无比……至《救学弊论》诸篇,痛诋时事,则不无偏于主观,未将世界学术比较短长,而专以古治今,与张之洞辈以中学为体西学为用无殊。"④而对自己非常鄙视的贰臣,他同样能够客观看待其著述,认为"文章不可以人废也"⑤。为治南明史,他搜集了许多清代贰臣诗文集,希望从中发掘史料,"以觇其助新主而灭故国之谋划,且可明两方对构之真相"⑥。

①朱希祖:《中国古代文学史》,《朱希祖先生文集》第1册,第42页。
②朱希祖:《中国古代文学史要略》,《朱希祖先生文集》第1册,第401页。
③朱希祖:《文史通义札记·序》,《史地丛刊》第1卷第3期,1922年。
④朱希祖:《重庆日记》,1938年9月1日。
⑤朱希祖:《郦亭读书记·林屋文稿》,《朱希祖先生文集》第6册,第3814页。
⑥朱希祖:《郦亭读书记·李勤襄公奏议》,《朱希祖先生文集》第6册,第3806页。

　　朱希祖倡导以"平等观察之公心"治史,反对"正统偏霸之分"①。他说:"吾国史家,好持正统偏安之论,对于己国,则自居宗主,妄事铺张;对于别国,则侪之藩属,过于删损,南称北为索虏,北称南为岛夷,观于南北朝之史,而叹当时史官之任情笔削,毁灭史实不少,盖此等态度在政治家固可权宜偏私,在史学家不宜随人短长也。"②他赞扬元代丞相脱脱主持修撰辽、宋、金三史时,"各与正统,各系年号",使得"辽、金不入宋史载记",功劳颇大,"此至公无我之心,史家宜奉之为先觉者也"。但又批判元代史臣视西夏为辽、金、宋属国,"记载简略,删弃史实甚多",认为"脱脱仍不能免于正统偏安之见"③。

　　朱希祖还把治史态度是否公允作为评价史家的一个重要标准。在《跋旧钞本幸存录》中,他称赞夏允彝持论公允:"观此录《门户杂志》,于齐、楚、浙三党皆有恕辞有贬辞;于马士英亦有恕辞有贬辞;谓东林杂而偏,不尽公忠;又谓东林诸贤过激,遂致天下左袒;又谓徐石麟、刘宗周、侯峒曾……殉难于家,不可以其东林而私诋之;若其臣虏臣寇,如钱谦益、李建泰,自不得以其东林也而恕之;又如张捷、杨维垣之死难,不得以其攻东林也而少之;如蔡奕琛、唐世济、邹之麟……之失节,亦不得以其攻东林也而恕之……此皆持平之论。"④

　　他认为李清(映碧)的《南渡录》观点客观公允,值得称道。一方面引用李慈铭《越缦堂日记》中的说法:"映碧虽主东林,而不傍门户,其祖思诚,亦以礼部尚书丽名逆案,照不谨例闲住,清疏辨

①朱希祖:《中国史学通论》,第43页。
②朱希祖:《西夏史籍考》,《朱希祖先生文集》第2册,第977页。
③朱希祖:《西夏史籍考》,《朱希祖先生文集》第2册,第982页。
④朱希祖:《跋旧钞本幸存录》,《明季史料题跋》,第7页。

复官。故此书虽痛斥阮大铖，而于东林诸人物亦尝屡言其短，惟皆平心参决，不为过甚之言。"另一方面，也得出自己的评价："清则不主门户声气，力戒偏党之习。《南渡录》中于两党因内讧而招致外患以致亡国，尝反复详述，深垂炯戒，故于马、阮之恶少恕词，而于东林之过亦不为掩覆，颇有公允之称。"①

朱希祖对黄宗羲、王夫之等人党同伐异的做法则颇有微词。他认为黄宗羲是东林党的后人，又是复社中人，"门户之见太重"，其《弘光实录钞》对"圣安及马、阮，颇多怨愍之词，深刻之语"，其中的说法"亦未可信也"②。又评论说，黄宗羲把《幸存录》诋毁为"不幸存录"，也是"党见不同之诐词也"③；而王夫之的《永历实录》也有名无实，持论不公，其观点偏于楚党。因此，他慨叹："读史者当以至大至公之见，衡其得失，勿徒震于鸿儒硕学，而有所蔽焉。"④

在朱希祖看来，以客观的态度治史就是要辩证地分析问题，要根据史实去判断，去评价，不能一味迷信于"权威"的见解。只有采取公正客观的治史态度，才有可能建立起"科学的史学"。

二、严格的治史规范

严格的治史规范，主要是指处理史料必须遵循的一系列准则。对此，朱希祖曾结合自己治南明史的经验，阐发了其著名的"治史三期论"⑤。他认为"作史之业，盖有三期"，第一期，"搜罗

---

①朱希祖：《跋南渡录（一）》，《明季史料题跋》，第 38 页。

②朱希祖：《弘光实录钞跋》，《明季史料题跋》，第 42 页。

③朱希祖：《跋旧钞本幸存录》，《明季史料题跋》，第 7 页。

④朱希祖：《弘光实录钞跋》，《明季史料题跋》，第 42 页。

⑤周文玖：《朱希祖史学略论》，《史学史研究》2004 年第 4 期。

务期广博";第二期,"考订务期精审";第三期,"去取务权轻重"①。也就是说,只有广泛搜集资料、认真考证资料、慎重采择资料,才可能达到科学史学的标准。

"搜罗务期广博",朱希祖认为"史学以搜集材料为第一要义"②,修撰任何史书都必须"先收史料,此为最要之条件矣"③。为编纂南明史,他就曾奔波于全国各地,"搜访南明史料约二百数十种,南明诗文集约百五六十种,笔记杂著约数十种"④;又实地考察南京、广州、澳门等地的历史遗迹,收获亦颇丰。他还提出了自己的史料观:"上自政府之诏令、奏议、记注、实录,下讫民间之文籍、图志、碑版、器物,莫不兼容并列,互有关联,此皆史学之渊海,载笔者所取资焉。"⑤可见,他所规定的史料范围极其广博。

在浩繁的历史资料中,朱希祖特别重视档案类史料,认为"公文案卷为历史之直接之材料,最能近真,与夫曾经所作史者煊染掩蔽所谓间接材料者可贵弘多,今之治史学者,所以首宝夫此也"⑥。"若历代档案皆在,更原始史料均存,则不难重事搜辑,蔚为完史。不特纠其偏私,补其缺漏,明其真伪,正其疏误已也,足见原始史料即今世所谓档案者,视已成之史实更重要"⑦。也就是说,直接史料对史学研究具有极为重要的价值,是建立科学史学的保证。

---

① 朱希祖:《晚明史籍考·序》,谢国桢:《增订晚明史籍考》,第1099页。
② 朱希祖:《章太炎先生之史学》,《文史杂志》第5卷第11、12期合刊,1945年。
③ 朱希祖:《郦亭粤行日记》,《朱希祖先生文集》第6册,第4093页。
④ 朱希祖:《编纂南明史计画》,《中央研究院院务月报》第2卷第7期,1931年。
⑤ 朱希祖:《史料展览会征集史料启文》,《先君文存》第5册。
⑥ 朱希祖:《太平天国丛书第一集·序》,萧一山辑:《太平天国丛书》第1集第1册,国立编译馆1935年,第2页。
⑦ 朱希祖:《史料展览会征集史料启文》,《先君文存》第5册(手抄本)。

在主持编纂国史时，朱希祖又言："内采国民政府总档案库之档案为史料，又当特设史馆藏书所，以采集政府各种公报及内外日报、周报、月报。"而且，要重视"私人笔记、日记、文集、诗集，与夫统计年鉴、私史、外史（外国人记载中国史籍）、专史（如中国外交史、财政史之类）等，以补公家史料之不足"①。实际上，他还是强调尽可能搜集最全面的材料，这与陈垣"竭泽而渔"的主张毫无二致。虽然，繁杂的史料难以搜集全面，但尽可能找见一切史料，确实是保证我们结论正确的重要条件。

"考订务期精审"，整理史料是一个严格的考辨过程。由于"前人著书，往往贪多务广，不加考订，即据为事实"，致使"真伪不分，是非难别"，必须进行考证。但考订工作十分艰难，尤其是"南明各种野史及文集杂记，当时以史狱、文字狱之杀戮禁毁，故已刊者多毁弃，未刊者多隐藏。其后虽渐有传抄者，然改变面目……或删改忌讳，或颠倒是非，至其误字脱文，盈篇满纸，则往往而有。甚或无知伪作，节抄给人……此则鉴别史书之真伪，校正脱误，不可不精审也。又南明之时，承明季党争余习……诬饰之弊，皆不能免，故各种野史、记传、文集、杂记，必先审定作者之为何党何派，次则鉴别史事之真伪，矫正事实，亦不可不精审也"②。在考证时，"欲定甲事，必先考乙，欲定乙事，又必考丙，非至静不能理其纠纷，非至明不能断其是非，非借助金石档案、诗文笔札，亦无以知其致误之由。故有丰富之史籍，非经缜密之考证，譬犹金铁

①朱希祖：《建立总档案库筹设国史馆议》，《朱希祖先生文集》第 2 册，第 1026 页。

②朱希祖：《编纂南明史计画》，《中央研究院院务月报》第 2 卷第 7 期，1931 年。

未炼,泥沙未汰,不足以成器皿也"。由此,"考订事实,亦为史学最要之事"①。

朱希祖认为"用科学的方法"治史,就要做到言必有证,事必有据,而考证史料则"不可妄下无证据的判断"②。他的考辨一般这样展开,"先须考核事实",然后"观察其时代精神",再运用"分析、比较、综合的方法"对史料进行排比整理,最后,运用条理系统的材料分析说明史实。

在考证史料真伪时,他往往对史料的来源仔细辨析,确定其真实程度。对所采史料,他甚至详考作者所处年代及其作史态度。如,在考定日本国名号时,他采纳张守节《史记·夏本纪·正义》的说法:"倭国,武皇后改曰日本国,在百济南隔海依岛而居,凡百余小国。"然后又分析了作者,认为:"张守节即武则天时人,其自序《史记正义》,成于开元时,身仕其朝,而又长于地理,宜无妄言。"③他还指出,对国史、野史、家史,要"各采其长而去其短"④。

"去取务权轻重",由于"一切史材,非皆有用,何者宜取,何者宜去,非立定标准,不能权衡轻重"⑤。所以,"务择其事有影响于当时和后世人群者,其人其事虽奇,而于当时后世皆无影响者可不必采。总之,有关系于人群者,虽小当必取,无关系于人群者,虽大虽奇必删"。选择史料,还要"务求其确实","古代之神话、中

①朱希祖:《章太炎先生之史学》,《文史杂志》第5卷第11、12期合刊,1945年。

②朱希祖:《整理中国最古书籍之方法论》,《北京大学月刊》第1卷第3号,1919年。

③朱希祖:《日本国名号考》,《朱希祖先生文集》第3册,第1951—1952页。

④朱希祖:《广东十三行考·序》,梁嘉彬:《广东十三行考》,第7页。

⑤朱希祖:《晚明史籍考·序》,谢国桢:《增订晚明史籍考》,第1100页。

世之伪书、近世之小说,皆宜审慎采择,有涉疑义,必须割爱"①。他还特别强调:"首重原始资料,与实物证据,坊间辗转复制资料,决不轻用。"②

"前人著史,往往侧重朝廷而轻视社会,注意政治而忽视文化,崇奉英豪而恝置群众,发扬道德而罕言经济,至若夷夏之辨,治乱之理,亦多忽诸。例如小腆经年,专奖死节,每失一城,丧一地,死者姓名,累如贯珠,俨若尽瘁为一王,陨躬为一姓者,胜朝殉死节诸巨录,遂欲鼓舞忠节,殉彼非类,又其时野史讥评,往往苛于从'贼',宽于降'虏',而不知李为同种,'虏'为异族,是非瞀乱,一至于此。"由此,"史料之考订,虽极精确,而编纂之时,亦须纬以社会最要之条款,经以科学严格之律令,方足称为上乘"。

朱希祖将处理史料的过程比作"览宫室之美","第一期欲其入门也,第二期欲其升堂也,第三期欲其入室也"。三个环节要按照自然之顺序,严格之标准执行,"既不可躐等以求,亦不可一蹴而几"。他说:"积数十年之搜讨研究,不旁骛于势耀,不耽逸于声华,尚未知能成与否,盖学问之成绩,不可侥幸致也。方今治史学者,滞初步则徒夸张目录,截中步则徒穷探枝叶,躐终步则或轻言编纂,稗贩钞胥,或空谈方法,道听途说,衔鬻诳耀,尊己凌人,此真所谓唐华朝菌,不经风霜者也。欲其革除叫嚣之风,振导朴实之学,岂不难哉。"③可见,朱希祖提出的"治史三期"是一个逐级

①朱希祖:《北京大学史学系编辑中国史条例》,《北京大学日刊》1921 年 10
　月 19 日。

②罗香林:《朱希祖先生小传》,张国华主编:《文史大家朱希祖》,第 301 页。

③在"治史三期说"中,凡没有加注的引文皆出自朱希祖《晚明史籍考·序》,
　谢国桢:《增订晚明史籍考》,第 1099—1100 页。

向上、循序渐进的过程，这是符合史学研究的客观规律的。而这一套严格的治史规范也是其建立科学史学的有力保证。

三、求真的治史宗旨

无论是客观的治史态度，还是严格的治史规范，目的都是为了实现求真的治史宗旨。早在赴日留学时期，朱希祖决心每天如实记录自己的留学生活。在日记的序言中，他写道："庶几得成余将来之历史，而为终身之实录也。"①可见，朱希祖具有明确的"求真"意识，日记中记载的学习、生活及其心路历程，应该说具有较高的史料价值。

他认为"记事之史，以揭伪存真为首职"②。对古代敢于如实直书的史官大加赞赏："周舍言愿为谔谔之臣，笔墨操牍，司君之过而书之，日有记，月有效，岁有得。至于晋齐大夫，书赵崔之弑君，直笔无挠，虽杀不屈，其后孔子作《春秋》，始开私家作史之端，褒贬森严，过于华衮斧钺。内外由之而明，乱贼由之而惧。左丘明、司马迁继之，于兴亡治乱之象，政教学术之大，尤能撮要实录。其文直，其事核，不虚美，不隐恶，皆此物此志也。"对那些曲笔之史官，则进行揭露和批判。如，"晋陈寿……撰《三国志》，始奖饰乱贼"，"赵孟頫、钱谦益之徒，争欲预夫笔削之任，则晋以后作史者，藉以求闻达，而史书多虚饰之过也"③。由此可知，朱希祖把求真作为从事史学研究的第一要务，将是否能够"直书"作为评价古代史家史德的重要标准。

他说："搜集史材，务求其真相，不可因仍史书。如，六朝之

---

①朱希祖：《留学日本日记》，1906 年 1 月 12 日。

②朱希祖：《中国古代文学史》，《朱希祖先生文集》第 1 册，第 8 页。

③朱希祖：《中国古代文学史》，《朱希祖先生文集》第 1 册，第 8 页。

时,篡弑相承,而史书其禅让,竟与唐尧虞舜同风。五胡之君言语侏离,而史书其言谈竟与汉武魏文同调,凡此之类,务宜洗其虚饰,谈其真相。"①

　　朱希祖治史求真的思想,还表现在他"阙疑存异"的做法中。他认为史家不能擅自更改不合自己想法的史料,更不能毫无根据地填补那些没有材料证明的、材料空缺的地方。对一时没有充足证据加以证明的问题,要采取"存疑"的处理方式,只提出自己的假设,同时保持资料原貌,以留待后来学者研究。他说:"考史事者,多闻与阙疑并重,故知则详为考证,不知则不妄附会,盖书阙有间,此亦无可奈何也。"②如果勉强得出结论,则"必犯无证不信之讥,且蹈无知妄改之戒"③。

　　朱希祖以擅长考证著称,而考史又以求真为目的。他曾经作诗云:"我之考史作,证据颇周详。"④在证明自己的观点时,他总是运用翔实的资料,做到言必有据。在介绍《伪齐录校补》和《伪楚录辑补》时,他强调:"校补存其是以便读,校勘著其非以求真。"⑤可以说,他的考证、校勘和辑补无不体现出其一贯的求真思想。

　　在《伪齐宰相张孝纯上大宋书稽疑》中,朱希祖指出:"伪齐宰相张孝纯上大宋书一篇,书中所陈事实,大半属真,而其文则颇疑伪。"⑥

①朱希祖:《北京大学史学系编辑中国史条例》,《北京大学日刊》1921 年 10月 19 日。
②朱希祖:《广东十三行考·序》,梁嘉彬:《广东十三行考》,第 5 页。
③朱希祖:《校本意林跋》,《明季史料题跋》,第 123—124 页。
④朱希祖:《赠李部长培基》,张国华主编:《文史大家朱希祖》,第 137 页。
⑤朱希祖:《伪齐录校补自序》,《朱希祖先生文集》第 4 册,第 2365 页。
⑥朱希祖:《伪齐录校补·伪齐宰相张孝纯上大宋书稽疑》,《朱希祖先生文集》第 4 册,第 2593 页。

他列举了文章的十个可疑之处，并征引相关资料加以辩驳，力图弄清史实。

他的《伪楚录辑补》将搜集到的资料仅仅按类例摆出，而且"各文书题目名称，皆本原引之书，以存当时真相"①。在《僭伪张邦昌传考证》中，对各书所载的秦桧乞立赵氏状进行了详细的比勘和分析，比如，据《大金吊伐录》记载，秦桧说："于赵氏中推择其不预前日背盟之意者，俾为藩臣。"其言词颇温和恭顺，而其他书中所载的秦桧则要求"复嗣君之位"，且言"大金废立之议，可不明天地之义，以考古今之迹哉"。语气傲岸倔强，触犯金人之处很多。由此断定："惟《大金吊伐录》所载为真本。"因为"《大金吊伐录》为金人军前所录，较为可信"。而"其他若《三朝北盟会编》、《建炎以来系年要录》、《东都事略》、《宋史》等所载皆本于王明清《挥麈录》（原文作《挥麈录》疑抄写错误，引者注），而王氏乃传抄于桧孙，全系后来改造伪本以欺君狂人（应作"诳人"，原文似误。引者注）者。"②

朱希祖撰写的《司马迁年表》，只因司马迁的卒年未能考订清楚，就一度将稿子放置了十几年之久。他对王国维的说法不甚满意，"故尚拟重定"③。得知陕西富平的张鹏一作《司马迁年谱》，他就将自己的心得和王国维的《太史公系年考略》告诉给张氏，但也不赞同张氏对司马迁卒年的判断，还提出了反驳的理由。最

① 朱希祖：《伪楚录辑补目录》，《朱希祖先生文集》第 4 册，第 2713 页。
② 朱希祖：《郦亭读书记·大金吊伐录》，《朱希祖先生文集》第 6 册，第 3792 页。
③ 朱希祖：《致张元济》，1922 年 9 月 8 日。周文玖选编：《朱希祖文存》，第 423 页。

终,《司马迁年表》没有出版,而他对司马迁卒年的一再考证,足见其求真的信念是何等执着!

　　与中国传统史学的考据不同,朱希祖高悬的治史求真之宗旨,已经具备近代科学的意味。他说:"夫史学之所贵,首在谋史事之近真,后次明历史滋进之轨迹,使人自为比较,而自图进取者也。断非任情任意所能冒乱,亦非一手一足所能奏功,前人历史,大都不免此弊。故今之以科学方法治史学者,皆欲鉴别史料之真伪,以图改造。"①可见,他的求真已突破了传统史学考据的范畴,而是依据了进化史观,运用了西方科学的方法。

　　与孔德实证主义哲学一致,朱希祖也认为历史研究只有在确定史实、构成规律后,才能成为科学。所以,他的"求真"不仅在于弄清历史史实,而是进一步"探索历史哲学",求得历史发展的真相。

　　在《中国史学通论》中,他分别从史学的起源与派别两方面探讨了中国传统史学的得失,揭露了古代史学中伪托附会的做法,系统地阐述了中国古代史学演进的脉络和因果关系。他认为中国传统史学虽然在记述方面积累了相当丰富的成果,但由于缺乏系统的哲学指导,在"推理主义"方面的进展一直未能有所突破,因此必须加强史学研究的系统性,努力探索出历史发展的普遍法则,才可无愧于"科学"之称号。

　　他还仿照西方史学的分期方法,将中国历史分为上古、中古、近古、近世四期,打破了传统史学完全依照王朝体系划分历史的框架,突出了史学研究的条理系统性,说明他已经试图从整体上

①朱希祖:《太平天国丛书第一集·序》,萧一山辑:《太平天国丛书》第1集第1册,国立编译馆1935年,第1页。

把握历史走向,探求历史发展的规律。他认为:"盖史学以时代相次,乃能明其原因结果,此乃应用科学方法整理史学者。"①

朱希祖既注重求得历史事件的真实,又强调对历史、史学发展规律的探讨。有人称赞其做法,可谓"上承清初朴学之风,下开近世科学之渐"②。的确,其客观的治史态度、严格的治史规范、求真的治史宗旨无不反映出这一点。

第二节　治史以"指挥人事为归宿"

强调史学的经世致用,是中国史学的优良传统。从司马迁"述往事,思来者",司马光"鉴前世之兴衰,考当今之得失",到顾炎武"引古筹今",章学诚"史学所以经世",无不体现了历史学家着笔于往古,立足于当今的治史旨趣。朱希祖也深受中国传统史学"经世"思想的影响,认为历史研究不仅仅在于追求历史事实的真实,更应当面向现实、关注现实,满足社会的需要,为现实服务。因此,在他的史学思想中,又贯注了强烈的鉴古知今、经世致用的精神。

一、"上抒家国忧,下谋人伦洽"

朱希祖认为史学具有鉴戒垂训的功能,而史学研究的重要社

---

① 朱希祖:《国立北京大学讲授国学之课程并说明书》,《北京大学日刊》1920年10月19日。
② 转引自傅振伦《先师朱遏先先生行谊》,《文史杂志》第5卷第11、12期合刊,1945年。

会价值就在于它"必以人事为归宿"①。因此,史家治史就如同诗人写诗一样,可以"上抒家国忧,下谋人伦洽"②。既要注重国家大事,关心百姓疾苦,同时也要完善自我,服务于国家、社会和人生。

朱希祖的史学研究与现实联系非常密切。在日本留学期间,由于受到孙中山、章太炎民族主义思想的影响,他选择了南明史作为研究的主题。一方面,从旧经史中的"夷夏之防"观念阐发种族革命思想,另一方面则搜集明末爱国志士的著作,表彰其民族气节和爱国传统,申明"种族大义"。对推动反抗满清民族压迫的资产阶级革命起到了积极的推动作用。他还撰写《史记本纪起于黄帝说》③,努力探究汉族起源和发展的历史,追寻出中华民族的历史开端为黄帝时期,旨在强化民族意识,教育人们不忘汉民族的历史。

"九·一八"事变后,日寇扶植伪"满洲国",朱希祖又编纂《伪齐录校补》《伪楚录辑补》,怒斥敌寇和卖国的汉奸,发掘历史上抗击异族的民族英雄的事迹,唤起国人的民族自强信念。对台湾、澳门历史、地理的研究,也是因时局激发而作,最后,以充分的理由论证出澳门、台湾"是中国领土"。凸显了他"以史为鉴"、"经世致用"的意图,也充分反映出崇尚民族气节的思想观念。

---

① 朱希祖:《章太炎先生之史学》,《文史杂志》第 5 卷第 11、12 期合刊,1945 年。
② 朱希祖:《鉴斋诗草·诵诗有感》,张国华主编:《文史大家朱希祖》,第 136 页。
③ 朱希祖:《史记本纪起于黄帝说》,《史地丛刊》第 1 期,1920 年。

中国士人历来就有"国可亡,而史不可亡"①的情结,朱希祖也深谙此义,他相信一个民族的历史文化决定着一个民族和国家的存亡兴衰,一国与他国之区别的根本所在就是历史,只要历史还在,亡国还可以再兴,而一旦历史消亡,国家则必不可复。鉴于西方列强对中国的文化侵略,朱希祖明确提出:"民族之所以悠久,国家之所以绵延,全赖国史为之魂魄。"又言:"中国在宋末曾灭于元,不百年而复,在明末又灭于清,不三百年而复,盖吾族自有其历史,决不甘屈服于他族之下。是故亡史之罪,甚于亡国。亡国而国史不亡,则自有复国之日。何则?其魂魄永存,决不能消灭也。自古以来,灭人之国,必以其历史为先务,端由于此。"②可见,他将历史等同于民族文化,把国史置于国家之"魂魄"的高度,论证了历史的重要社会价值。

值得一提的是,朱希祖不仅注重延续本民族的历史,而且强

---

① 此语最早见于《元史》,据《元史·世祖纪》和《元朝名臣事略·内翰王文康公》可知,1261 年,元代名臣王鹗请修辽、金二史,提出"宁可亡人之国,不可亡人之史"的理念,被统治者采纳。(杨翼骧:《中国史学史资料编年》第2 册,南开大学出版社 1994 年,第 440—441 页)参考王家范《萧一山与〈清代通史〉》(《历史研究》2006 年第 2 期),又知:1276 年元兵入临安,董文炳谓之曰:"国可灭,史不可没。"(载《元史》卷一五六《董文炳传》)明末黄宗羲则曰:"国可灭,史不可灭。"(载《南雷文案》卷六)晚清魏源《进呈元史新编序》:"伏闻天不变,道亦不变,国可灭,史不可亡。"(载《魏源全集》第 12 册《古微堂外集》卷二)陈寅恪云:"国可亡,而史不可亡。今虽国幸存,而国史已失其正统,若起先民于地下,其感慨如何?"(陈寅恪:《吾国学术之现状及清华之职责》,《金明馆丛稿二编》,第 317—318 页)可见,这一思想的影响非常深远。

② 朱希祖:《建立总档案库筹设国史馆议》,《朱希祖先生文集》第 2 册,第1013—1014 页。

调保存那些遭受灭亡命运的少数民族政权之历史,不能让一代历史随着一代政权而灭,后继者要肩负起保存其历史的责任和义务。在《西夏史籍考》中,他认为辽、宋、金三史虽然都有关于西夏的记载,但都过于疏漏简略,"删弃史料甚多"。而"西夏建国之久,地方之大,与其文化之盛,其史不宜简略"。他又批判了古代修史过程中毁弃史料的做法:"唐修晋书,十六国人之载记,而十六国之史亡,宋修五代史,十国人之世家,而十国之史亡,不有崔鸿、吴任臣辈,为之勾合丛残,汇为专史,则此数十国之史,为唐宋史臣毁灭久矣,其罪可胜道哉?"①体现了他尊重历史、保存历史的政治眼光和文化诉求,也反映出朱希祖的大民族历史观。

受新史学的影响,朱希祖注重群众心理。其治史眼光"注重在民生",认为历史之职在于"说明人群舒惨之大原"②。这与梁启超所倡导的"民史"思想可以说如出一辙。在前边,我们介绍其历史观时,已经提到他对民生的关注。其史学思想中很重要的一点,就是要立足现实,把探索社会现象与谋求人民的幸福结合起来。

朱希祖主张男女平等。鼓励妇女要积极努力,解放自我。他认为妇女独立的根本在于经济独立,而"要想经济独立,非求学不可"③。他说:"现在我国男女不平等,讲妇女问题的,要主张男女平分祖父遗产。这话虽然平等,然我以为不如主张男女平等受完全教育。使男女都成为有用的人,都能自立;将来结婚以后,都能

---

① 朱希祖:《西夏史籍考》,《朱希祖先生文集》第 2 册,第 980—981 页。
② 朱希祖:《北京大学史学系编辑中国史条例》,《北京大学日刊》1921 年 10 月 19 日。
③ 朱希祖:《五四运动周年纪念感言》,《新教育》第 2 卷第 5 期,1920 年。

自食其力;出其余资以教养子女……合全世界的男女都成了生产的人,然后可以达到真正和平康乐的境界。"①在指导学生编纂历史时,特别强调要"男女并重,女子方面历史亦不可忽"②。讨论《广东通志》的凡例和目录时,朱希祖认为列女、列士二传应并立,而温丹铭"将列女一传移至杂传"的主张"颇乖男女平视之旨"③。

　　他认为"传子孙的遗产,为世界一切罪恶的源泉。家的思想,国的思想,甚至战争的思想,都是由此而起"。又言:"为了遗产这件事,家与家争,国与国争,闹得来没有安宁的时候,没有太平的地方。富贵的人为保全家产而设攻守,贫贱的人为迫于饥寒而疲奔走。人生一世,忧患的时多,欢乐的时少,种种困苦,种种不平,无非为这遗产酿出来的。"他号召人们不要给儿女留遗产,只是将他们教育成才,"所积的余财,养老送死之外,都捐与人类公共教育及有益的事业"。人人都必须依靠自己的能力生存,那么社会渐渐平等,"战争亦无自而生"④,人类都可以过上和平安乐的幸福生活。

　　抗战时期,朱希祖西迁巴蜀。对战争形势的险恶,政府决策的失误、百姓生活的困窘,他常常摘录报载时事并大发感慨。如,关于浙江海宁的战乱和受灾情况,"战前鳞次栉比之市街,只存零落不完草舍,弥望皆是断垣焦木……战后霍乱病流行,随时随地往往有一家数口连续病毙。盖既鲜医生又无药品,一经传染便束

---

① 朱希祖:《敬告新的青年》,《新青年》第 7 卷第 3 号,1920 年。
② 朱希祖:《北京大学史学系编辑中国史条例》,《北京大学日刊》1921 年 10 月 19 日。
③ 朱希祖:《郦亭粤行日记》,1932 年 12 月 22 日。《朱希祖先生文集》第 6 册,第 3931 页。
④ 朱希祖:《敬告新的青年》,《新青年》第 7 卷第 3 号,1920 年。

手待毙"①。

他还以史诗述怀:"汉唐失政维妇寺,今古得民在抚字。樊哙居然为相国,度支杨钊又何异……毒鸩浩浩俗难改,猛虎汹汹民自驯。士庶呻吟经几载,下情各雍云膜在……"②诗中讽刺当局任人唯亲,不能抚慰百姓。而刻期禁绝鸦片的命令,本为善政,却使得川民大多改服毒粉,为害愈烈。苛捐杂税压得农民苦不堪言,"咸谓今日中央政府不如昔日军阀"。云南省税捐特重,物价高于重庆、上海,"客居其地者,咸怨咨悚惧"。这些都体现了朱希祖对家国安危、民生幸福的关注。

朱希祖认为治史不仅可以"治国、平天下",而于"修身"也好处多多。参考《尚书·洪范》中所谓"五福"——寿、富、康宁、修好德、考终命,他提出了"五福"新论:"富贵智强善五者,人人之所欲也,得之则为福为乐;贫贱愚弱恶五者,人人之所恶也,得之则为祸为苦。人苟得备富贵智强善五者,而后乃可谓完全之人格。"③

他又旁征博引,以历史知识加以解释。智,来源于读书学习,竞争比较。庄子谓,智者,争也。能进取、能竞争,不甘落后,此为第一福。强,指身体强壮,平时健康无疾病,战时能够应征服役,抵御强敌,救人救己,保家卫国,这算第二福。富,据《史记·货殖列传》的"本富为上,末富次之,奸富最下",由此,富要取之有道,如果发国难财,虽富也只能算是奸富,最为下流。富还有别的解释,"多文以为富","家财万贯不如薄技在身"。贵,不是做大官发大财之意,而是《尸子》所谓"贵者所以利天下"也。善,为恶的反

---

① 朱希祖:《重庆日记》,1939年2月7日。
② 朱希祖:《偶感八用寺字韵》,《重庆日记》,1939年11月26日。
③ 朱希祖:《重庆日记》,1941年11月11日。

面,一个人能够存善心,行善事,结善果,其福气自无边也。可见,他从历史而分析现实,再由现实而感悟历史。史学研究成就了他的人生哲学,实现了其治史以"指挥人事为归宿"的愿望。

二、"认识现代社会以创造将来"

朱希祖认为,人类历史是一个持续不断的发展过程,逝去的历史虽已成为过去,但它往往以各种形式存在于现实社会中,许多现实问题都可以从历史中寻找到它的发展脉络。研究历史,目的就在于"认识现代社会以创造将来"[①],把历史和现实紧密结合起来,古为今用,启导方来。

他非常赞同章学诚经世致用的思想,认为章氏"识见之最卓越者",就在于"史学所以经世,固非空言著述","舍今而求古,不足言史学"。因为"人之经世,必先洞明时局,而今之时局,非一朝一夕所成,皆由历史递演而来,此历史成立之原理也。章氏所谓舍今者,不欲洞明时局也;所谓求古者,专求研究历史也。不明时局而专研历史,是谓无根之学,诚不足于言史矣"[②]。

为此,他强调现代史的重要,指出:"古人所谓藏往知来,皆以现代为枢纽。即以现代为枢纽,则今日以前之现代史,尤为重要。"[③]中国古代历史大家司马迁、班固都认识到"近世现代史为尤密切重要",所以,写作《史记》、《汉书》时都将重点放在他们的"现代史"上。

[①] 朱希祖提议,何炳松附议《改良中学校历史地理教法议案》,《史地丛刊》第2卷第1期,1922年。
[②] 朱希祖:《文史通义札记·序》,《史地丛刊》第1卷第3期,1922年。
[③] 朱希祖:《文史通义札记·序》,《史地丛刊》第1卷第3期,1922年。

在《史学系课程指导书》中,他再次强调:"历史以现代史为尤要。盖史学之目的,在认识现代社会之来历,以谋未来之建设。故现代史在史学中之位置尤为重要。兹将本国外国之现代史排列在第二学年,其所以不排在第四学年者,欲使教授与学生,讲习此课完了之后,乃年年继续采集现代史之材料以成史,至第四学年毕业时止,则教授与学生时时留意搜集史材,造成史书,作为一种实地练习功课,盖一举两得者也。其所以不排列在第一学年者,以史学基本科学未习,则搜集史材,尚无判断之能力故耳。"①又言"现代史与近日时事相接",教授学生"本国外国现代史","则自然唤起其阅报之兴趣",提高其"判断时事之能力",使得他们史学、国文、交相进步。这充分体现了他研究历史、教授历史的宗旨都是为了经世致用。

他在史学系开设日本近世史课程,实际上就是力图实现史学的社会价值。因为他意识到了日本对中国的威胁,希望人们了解中日之间的关系以及日本的发展状况,警惕日本可能对中国的侵略。他还在北京大学史学会演讲倭寇史略数次,叙述倭寇骚扰我国沿海史实、中国政府的防倭措施,并揭露日本侵略之残暴,表彰抗倭英雄之伟大。仅仅几年之后,日本就制造了沈阳事变,此时学界研究日本历史之风气才开始兴盛,人们不得不佩服其先见之明。

作为一个爱国的史学家,朱希祖常常将现实与历史进行对照,关心国家、民族的前途和命运。1932年,在南下广州的途中,他拜谒中山陵,"不胜悽感"。过明太祖孝陵而未进谒,因为"明太祖破纳哈出平定东北,丰功伟烈实可钦佩,今则不战而将东北三

---

① 朱希祖:《史学系课程指导书》,《北京大学日刊》1923年9月29日。

省之地拱手纳于异族，诚对明祖有愧矣"①。

他还多次批判蒋介石政府，"重视内讧而轻置外患"，致使"国亡无日矣"②。当广州抗日军队北上时，他得知"此次出发，未遽抗日，其言外微露内战意"，通过报纸又了解到"湖南已出兵二师，向南守边，挡西南之兵"，他断言："左良玉兵进南京之戏，又将重演一次矣，哀哉！"③抗战时期，他以诗抒发对投降者的不满："卢沟战衅无穷恨，塘沽盟书有腼颜，四省版图齐变主，典司尚自列朝班。羞见降帆出石头，行都遥建蜀江秋……僭伪争矜齐楚国，让王谁继许巢风？"④他的政论与史论总是密切结合，可见其经世思想是多么强烈！

朱希祖还一再强调历史研究对未来的意义。他说："历史之目的，不在乎记忆过去，而在乎观察未来；尤不在乎摹仿过去，而在乎创造未来；而其枢纽，则全在乎现在。盖欲创造未来，必先认识现代之社会；现代之社会，由近世所造成者，居其半，由近世以前所造成者，亦居其半；而近世尤有直接之关系。"⑤他以其崇实致用的学术实践，取得多方面的学术和思想成就。不仅撰写与时局相关的史学著作，如，《杨幺事迹考证》、《伪齐录校补》、《伪楚录辑补》等，还以史学家的眼光"彰往而察来"，关注现实，预测未来。

他在日记中写道："本日报载汪兆铭开除党籍，因彼潜逃香港，通电赞成敌相近卫声明，力主和议，违反党纪国策。案：今之

---

① 朱希祖：《郦亭粤行日记》，《朱希祖先生文集》第 6 册，第 3837 页。
② 朱希祖：《郦亭粤行日记》，《朱希祖先生文集》第 6 册，第 4108 页。
③ 朱希祖：《郦亭粤行日记》，《朱希祖先生文集》第 6 册，第 4110—4111 页。
④ 朱希祖：《黄沙诗草·秋思八首次韵酬李证刚方东美两教授》，张国华主编：《文史大家朱希祖》，第 120 页。
⑤ 朱希祖：《清代通史·叙》，萧一山：《清代通史》卷上。

当局拟联合英美法俄以抵抗日本,以求免于灭亡,不失为一种国策,而汪氏早主联德、意,故不惜与日讲和而为日之附庸,盖失意政客欲得政治实权,故冒险而出此。他若孙科之挟俄以自重,朱家骅之挟德以自重,皆为自己地步,然尚未敢与当局对抗。汪氏此次举动实与当局对抗,将来倒行逆施,不知其极,若日本挟之以为傀儡亦属可能。"①结果,1940年3月,也就是在朱希祖预测此事一年多以后,汪伪政权在南京正式成立。他对伪齐和伪楚历史的研究,揭露汉奸的丑恶行径,预示一切卖国投敌的傀儡,最终都没有好下场。这一论断同样得到了历史的验证。

朱希祖治史既有对历史的深刻洞察,探明其因果关系,又透显出他对社会现实的强烈关注,以史学"指导社会与人生"②,充分揭示了史学致用于现实的重要价值。而其"以史鉴今"之卓识,也确非一般人所及。

第三节　倡导学术合作

古人治史,大多是依靠个人的才学精心钻研,即使有与他人合作的条件和氛围,如史馆修史,也只是局限于小范围的某些史家之间,而更多的情况则是分工协作,大规模的学术思想交流极为少见。

五四时期,随着中外学术交流的日益频繁,倡导学术合作的思想一时蔚为风潮,各种专门学会纷纷组织起来。朱希祖十分重视史学研究中的学术合作问题,积极筹划建立各种史学团体,以期史学界同仁加强合作,共同推进中国史学的独立化和现代化。

①朱希祖:《重庆日记》,1939年1月2日。
②傅振伦:《先师朱遏先先生行谊》,《文史杂志》第5卷第11、12期合刊,1945年。

一、"要打破孤独讲学的旧习"

朱希祖倡言学术合作的思想体现于其实践中,最突出的表现即建立各种史学会的尝试。他一生多次参与筹划组织史学会,有北京大学史学会、中国史学会、中山大学史学会、中央大学史学会和抗战时期的中国史学会等。早在1920年,朱希祖主持北京大学史学系时,就谋划"组织一个学会","希望办一个历史学报",与"国内外的历史家交流学识"①。然而,"因为学校常有罢课的事情,欲成立而停止的已数次"②,致使史学会没有及时成立。

随着研究视野的逐渐开阔,朱希祖越来越感到学术合作的必要。认为,只有广泛开展批评与磋商,才能推动史学的发达和进步。他积极筹建了北京大学史学会,倡导史学界的学人们摈弃门户之见,要以世界史、普遍史的眼光来看待历史,因为"研究人类全部的历史,不宜把空间分割,或分为东洋西洋,或分为某洲某国。必须总汇统观,普遍研究,方可以看出人类怎样的进步"。又指导史学会的学生整理中国史,"最好把中国历代的史,分划开来,各人分任去研究,将来综合起来,就可以成一部精详的中国史"③。这种大规模的整理活动,扩大了学术合作的范围。

1928年底,朱希祖开始筹备发起全国性的史学研究团体——中国史学会。1929年1月8日,朱希祖草拟出《发起中国史学会的动机和希望》,畅谈其三种动机和七种希望。其中,前两种动机都是讲学术合作的必要性和重要性。

---

① 《陈衡哲先生演说词》,《北京大学日刊》1920年9月18日。
② 《朱逷先教授在北大史学会成立会的演说》,《北大日刊》1922年11月24日。
③ 《朱逷先教授在北大史学会成立会的演说》,《北大日刊》1922年11月24日。

　　动机之一，"要打破孤独讲学的旧习"①。"现代的学术，非闭户读书可以做成功的，更非专靠书本可以做成功的。就史学而论，闭户读书，一切史料，个人不能齐聚；一切历史的辅助科学，一人不能尽知，人类的历史，世界各国多有关联，多有记载，一人不能尽识。所以孤独讲学，虽有所著作，必不能完备。专靠书本，不但有史以前无书可据，就是有史以后，一切遗迹遗物，也有非书本所能说明的。至于现代史料，更非实地调查不可。所以历史这一种学问，决非一手一足所能做成功的。"

　　动机之二，就是"要打破专靠学校来讲习史学的旧习"。"从前我们大学，大都有一个史学系，有了史学系，大都也有一个史学会，而且总要想办一个史学杂志，无非出于爱校的忠诚，要靠这个杂志显扬声誉而已。然而这种史学会，至多不过请名人讲演几回，所办的史学杂志，或史地杂志，大都办了两三回，就完了事。因为史学这一件事，决非一校的教员学生所能发达进步的；而且学校的变迁太多，往往使学术受其影响，不能继续进行。"靠一校发达史学，与个人孤独讲学相似，力量也同样不够。"历史是人类全体的总过程，再合全世界人来公共合作研究，方能真实发达，国界且不可有，何况乎学校等等界。"

　　七种希望，实际上是他认为必须开展的七种工作，也是其学术合作思想的具体体现。（1）办一史学月刊或季刊，发表同志们有价值的研究论著，"使国内国外的同志，相互考校批评，以求进步；一方面介绍世界各国现代的史学家学说，及其著作，或其它史学消息，以求了解现代世界史学的趋势"。（2）集合现在各大学的

---

① 朱希祖：《发起中国史学会的动机和希望》，《清华周刊》第 30 卷第 11、12 期合刊，1929 年。

教员学生，从北平发起共同组织中国史学会，广泛吸收社会上研究史学的专家，分工协作，搜集史料，调查古迹，并互相咨询报告。（3）史学会的成员可以分组进行不同层次的工作，在专家学者的指导下，编辑人名地名词典、历史索引、采集史料、为史料编目；搜集已引各史，继续清代学者未完成的事业；翻译外国记载的中国史事和各国历史名著等。（4）肩负起改良史学教育的责任，"用最新最良的方法"，对中小学史地教科书进行"严密的批评"。（5）推进高深的史学研究，会员各自认定一种史学进行专门研究，然后著述。如本国分代史、各国史、分科史、历史辅助科学、中外通史、东洋史、西洋史以及世界史、历史哲学等。"务宜人自努力，相互劝勉学业，相互交换知识，相互提供材料"，使"我国史学，得与世界各国并驾齐驱"。（6）北平的史学家尤其应当重视重修清史、倡修民国十七年史，"用故宫博物院等所藏清代和民国档案，从事整理，供给史材"。（7）改良地方史志。发动散在各地的史地学系毕业生，共同合作，实地调查，"汇集全国地方志，编辑详明目录和提要，罗列各种体例，批评其利病，以最新最良之方法，定一最适宜体例，以改革各处地方志，将来使地方志不专属于地理的，而属于历史的，以为一切社会科学和史学最丰富的材料"①。

　　1929 年 1 月 13 日，中国史学会正式成立，朱希祖被推选为主席。1929 年 1 月 15 日，天津《大公报》刊登了北平中国史学会成立的消息，称之为"北平学术界空前之大联合"。又言："北平各大学向来校际的联合都偏于政治或外交方面，以学术研究相联合者，以此会为第一次，亦北平学界空前之盛举也。"

①朱希祖：《发起中国史学会的动机和希望》，《清华周刊》第 30 卷第 11、12 期合刊，1929 年。

其实,早在 1915 年 4 月,朱希祖就与何炳松、陶履恭、蒋梦麟、翁文灏等人发起成立了北京高等师范学校史地学会,开展集体研究,范围涉及历史、社会、地理、地质、人类学等多个领域①。后来,朱希祖与郑振铎、沈雁冰、叶绍钧等人一道,又发起和组织了中国文学研究会,"以研究介绍世界文学、整理中国旧文学、创造新文学为宗旨"。他们共同努力出版刊物、编辑丛书,还组织成立了"读书会",希望通过"著作同业的联合",提高会员文学素养和创作及研究水平,以"谋文学工作的发达与巩固"。据不完全统计,朱希祖发起和组织的史学研究学会就达近十种之多,现列表如下:

表 7.1:朱希祖参与发起和组织的史学会简表②

学会名称	创建、活动年代	主要成员	会刊名称	有关朱希祖的备注
北京高等师范学校史地学会	1915.4	北京高师师生		朱希祖、何炳松、陶履恭、蒋梦麟、翁文灏等共同发起
北京大学史学会	1922.11.15 成立	北大史学系学生		朱希祖在北大史学会成立时发表演说
清华大学边疆研究会	1928.12	清华大学师生	《清华周刊·边疆研究》	朱希祖任主席,委员翁文灏任文书,袁翰青任干事。

①北京高等师范学校史地学会编:《史地丛刊》第 1 卷第 1 期,1920 年 6 月。
②本表参考了朱希祖:《十八年日记》;《郦亭粤行日记》,《朱希祖先生文集》第 6 册;胡逢祥:《现代中国专业史学会的兴起与运作》,《史林》2005 年第 3 期;吴忠良:《南高史地学派与中国史学会》,《福建论坛》2005 年第 2 期。

续表

学会名称	创建、活动年代	主要成员	会刊名称	有关朱希祖的备注
中国史学会	1929.1.13	北大、清华、北师大等六校师生	史学月刊或季刊	朱希祖任主席。
北平研究院的史学研究会	1929.11	会员20人专家学者	《史学集刊》(1935)	除正副院长李石曾、李书华外,还有张继、朱希祖、马衡等。到1935年,聘请顾颉刚任历史组主任。
中山大学史学研究会	1933	中大历史系师生	现代史学(1933.1—1944.6)	朱希祖为《现代史学》第3、4期合刊捐广银50元。
吴越史地研究会	1936.2	热心研究江浙古文化的学者		蔡元培任大会主席,朱希祖、吕思勉、缪凤林和张其昀等人任理事。
中央大学历史学会	1939.5.11	中大文学院师生	史学述林(1941.1)	选举朱希祖为会长
中国史学会	1943.3.24			朱希祖与顾颉刚、傅斯年等9人被选为常务理事。

朱希祖一再发起和组织史学会,充分反映了他的学术合作思

想。在《建议教育部请在国立各大学分设中国分代史讲座以备完成中国通史案》中,他再次强调学术合作的必要性。因为"中国历史甚悠久,而史料甚丰富,非一人之精神财力所以网罗整理"。况且,"不能分工合作,往往同时重叠为之,各费全力,而所得史料皆不完备"。因此,国家要提倡合作精神,"群策群力,供给史料,则史料既能完备⋯⋯而作史之年限,亦可缩短矣"。又建议"在国立各大学史学系,设备较完善者,分设中国分代史讲座";"各大学须有无相通,互相借阅。其刻本、抄本难得者,得借以传抄";"史中各项重大重题,前人已有研究考订,择善而从,既省精力,又扩心胸,驯致别有心得,深造而集大成"①。

可见,无论是创办各种史学会的尝试还是共同完成通史的提议,都体现了朱希祖力图发挥集体优势,进行大规模搜集、整理学术资料的强烈愿望,符合史学发展的趋势和时代精神。正如傅斯年所说:"历史语言学发展到现在,已经不容易由个人作孤立的研究了,他既靠图书馆或学会供给他材料,靠团体为他寻材料,并且须得在一个研究的环境中,才能大家互相补其所不能,互相引会,互相订正,于是乎孤立的制作渐渐的难,渐渐的无意谓,集众的工作渐渐的成了一切工作的样式了。"②

在整理明清档案和筹备编纂国史的过程中,朱希祖还与胡适、陈垣、陈寅恪等许多学者交往密切,促进了彼此的史学研究,体现了其学术合作的思想。他对胡适创作《中国哲学史大纲》就

---

①朱希祖:《建议教育部请在国立各大学分设中国分代史讲座以备完成中国通史案》,周文玖选编:《朱希祖文存》,第342—345页。
②傅斯年:《历史语言研究所工作之旨趣》,《中央研究院历史语言研究所集刊》第1本第1分,1928年10月。

给予了积极的支持。胡适在该书的再版自叙中写道："对于近人，我最感谢章太炎先生。北京大学的同事里面，钱玄同和朱逖先两位先生对于这书都曾给我许多帮助。"①朱希祖与陈寅恪也曾针对李唐是否为胡姓而展开过激烈的争论，双方互有启发。而他的《马阁老洗冤录跋》、《乾隆内府铜版地图序》又都利用了陈垣为他提供的资料。他们在学术研究中互相提供资料、互相切磋与批评，在史学史上留下了不少佳话。

二、"今之史学，已成为独立之科学"

朱希祖不仅重视学术合作，而且强调学术独立。所谓史学的独立性，即史学要独立于政治之外，不受党派等政治势力的影响。他说："今之史学，已成为独立之科学"②；"史学家应高自位置，不为政治家之仆隶，方足以称史职"③。

在发起中国史学会时，他谈到的第三个动机，就是"要打破史学为政治的附属品，而为社会的独立事业"。他认为："政治有党派，学术无党派，讲史学的，尤应超出于政党以上，乃能为客观的公平观察，不为主观的偏私论着，方合于科学的史学精神。近来学校方面，大都有政党的牵制，因此同是研究史学的，而有彼此不能合作之心，而不能超然为真正之学者。"④

朱希祖对抗战时期史学会的态度，也表达了对学术独立的追

---

① 胡适：《中国哲学史大纲》，上海古籍出版社1997年，第1页。
② 朱希祖：《建议教育部请在国立各大学分设中国分代史讲座以备完成中国通史案》，周文玖选编：《朱希祖文存》，第343页。
③ 朱希祖：《中国史学通论·序》，《中国史学通论》，第1页。
④ 朱希祖：《发起中国史学会的动机和希望》，《清华周刊》第30卷第11、12期合刊，1929年。

求。本来,组建中国史学会以推动学术合作是他多年的夙愿,但当企盼已久的史学会成立时,他却感到极不愉快。1943 年 3 月 24 日,中国史学会成立大会在重庆召开,但这个由教育部推动组建的史学会,并不合乎朱希祖学术独立的理想。之前,黎东方请他主持大会,但他心中极不情愿,于是拒绝参加。他已经看出官方控制学术界的企图,认为新成立的史学会与过去的史学会相比,"名同制已异,标新誉时髦"①。当他通过报纸得知自己被评选为史学会理事时,又说:"政客藉以招权,不过拉老夫为其张旗伞、装门面而已。"②

1943 年 3 月 26 日,朱希祖与顾颉刚、傅斯年、缪凤林等 9 人被选为中国史学会的常务理事。他赋诗表达自己心中的郁闷和不满。其《自嘲》诗云:"不与人物接,不为山海游。终生伏几案,天地一书囚。"而《有感》诗又曰:"一堂合仇雠,权势甘于醴。低头向小儿,不值五斗米。"③明确表示他将以不合作的态度来对付政治上的压力。

4 月 5 日,他在日记中写道:"至中央图书馆开中国史学会常务委员会,同人推余为主席,余力让顾颉刚为主席,提出《建议案》。"④在朱希祖看来,学术合作是非常必要的,但受制于政治的合作实在令人难受。

后来,顾颉刚在日记中也发出这样的感慨:"此次中国史学会之召集出于教育部,电滇黔粤各校教授前来,花费殆十余万。说

---

①朱希祖:《重庆日记》,1943 年 3 月 24 日。
②朱希祖:《重庆日记》,1943 年 3 月 25 日。
③朱希祖:《重庆日记》,1943 年 4 月 1 日。
④朱希祖:《重庆日记》,1943 年 4 月 5 日。

教部提倡学术,殆无此事。有谓延安正在鼓吹史学,故办此以作抵制,不知可信否? 予与今教长(指陈立夫,引者注)恶感已深,本不想参加,又恐其作强烈之打击而勉强出席。然开会结果,予得票最多,频作主席,揭诸报纸,外人不详其实,遂以为我所倡办矣。使教部肯出钱、许作事,则我担负其责固无不可,若只为挂牌子计,并不想作事,更不许我作事,则我代人受过亦何必。"①反映了史学界学人追求学术独立、促进学术合作却无法真正实现的苦闷。

从北京大学史学会、中国史学会、吴越史地研究会,乃至到抗战时期的中国史学会,无不显示出朱希祖为追求学术合作与独立而付出的努力。他倡言建立全国性的史学团体,加强统筹规划等具体见解不乏创意;更主要的还在于他能够得风气之先,对于中国史学发展趋势的总体把握,富有前瞻性。虽然他在推动学术合作方面的探索往往因战乱与时局动荡而备尝艰辛,但在推进民国史学的发展,加速中国史学现代化进程方面所起的作用却不容忽视。他在实践中积累的经验和教训,对于后来的学会建设多少具有示范或借鉴的意义。

首先,开启了现代意义上的学术合作之风。作为深受西方史学思想影响的新史家,朱希祖的历史视野和史料观念不断拓展,他深感个人眼界和能力的不足,希望建立一种合力推进史学发展的新机制,使学者既可以保持个人研究之自由,又能在团结协作的条件下,集众人之长,组织实施一些较大规模的学术活动。如清华大学边疆研究会组织的边疆地理和文化遗迹的调查活动等,

---

① 转引自胡逢祥《现代中国史学专业学会的兴起与运作》,《史林》2005年第3期。

都是凭借着学会集体力量，才得以实现的。而朱希祖指导的大内档案整理也是发挥了群体合作的优势。

其次，锻炼和培养了史学人才。群体性学术活动的增加，使学者们之间有了更多的交流，有利于在实践中迅速提高其科研能力。许多在校的历史系学生加入了学会或研究群体，从而有机会参与学术组织工作和研究活动，并得到名家的指导，很快在学术上崭露头角。如王光玮、傅汝霖、袁翰青、罗香林等人都曾在学生时期参与学会的组织工作，后来成为杰出的史家。

综上所述，朱希祖的史学思想实际上还是求真与经世的统一。正如瞿林东所言："求真是史学的学术性的根本原则，经世是史学的社会性的必然要求。求真是经世的基础，经世是求真的提升。"①

朱希祖史学思想的"求真"是其建立科学史学之宗旨，其经世精神则更多地体现于对现实和未来的关注。在新的历史形势下，他倡导的学术合作与独立思想，也启发和鼓舞了学者之间的学术交流。总之，他的史学观已经明显地与西方史学理论结合在一起，冲破了中国传统史学思想的束缚，符合近代中国学术思潮的发展趋势。他提出的许多有关史学理论的见解，对于中国史学的近代化起到了积极的推动作用，产生了比较深远的影响。但由于时代和阶级的局限性，其观点也难免存在一些缺点和偏颇，我们也应予以分析鉴别。

---

① 瞿林东：《论史学的求真与经世》，《光明日报》2003年3月25日。

第八章　治史方法

"史学方法起源于思想"①,朱希祖拥有丰富的史学思想,也有颇具特色的治史方法。他一方面继承中国乾嘉学派的考据传统,同时又接受西方实证主义史学理论,运用归纳、演绎等逻辑推理方法,辨别材料的真伪与是非,还以文字学、目录学和版本学等知识考证史籍与史实,可谓熔中西史学方法于一炉,在近代新史学发展史上留下了深刻的印记。从总体上说,他最基本的治史方法就是实证方法。为了达到实证之目的,他还常用比较方法、实地考察方法、以诗文证史方法等,下面就从这几个方面分别加以论述。

第一节　实证方法

"实证"一词的含义比较复杂。西方实证主义哲学的创始人孔德曾做过这样的解释:"实证的"就是现实的而非虚幻的;有用的而非无用的;可靠的而非可疑的;确定的而非含糊的;肯定的而非否定的。可以说,"'实证的'这个形容词用在近代哲学或科学中乃对事物性质的一种肯定:实在的事实必须是通过经验观察而

---

① 杜维运:《史学方法论》,第 4 页。

确定的无可置疑的事实,它不是思辨的、抽象的观念,更不是想象所虚构的某种东西……孔德也把'实证的'和'科学的'用作同义语"①。据此,我们可以这样总结:所谓史学研究的实证方法,就是依据经验事实和观察,获取充分的、客观的史实材料,从个别到一般,归纳出事物的本质属性和事物发展变化规律的一种研究方法。而兰克学派的实证方法则不强调对历史规律的追寻。

一、对实证方法的认识

朱希祖对西方实证方法的认识,经历了一个由浅入深的过程。考察《中国古代文学史》,其中并没有提及西方实证方法的相关概念。但他特别强调史学研究的"求真",如,"记事之史,以揭伪存真为首职"②。史家撰著史书,应该"直书其事,善恶自见,不必加以论断"③等。这些主张当然是对清代乾嘉学派思想方法的继承,却与兰克所谓"据事直书"有着异曲同工之妙。其实,西方实证方法与中国乾嘉史学实事求是的原则确有"相通之处",胡适就认为"中国旧有的学术,只有清代的汉学可以当得起'科学'的名称"④,并提出:"科学的方法,说来其实很简单,只不过'尊重事实,尊重证据'。在应用上,科学方法只不过'大胆的假设,小心的求证'。"⑤

《整理中国最古书籍之方法论》可以说是朱希祖接受西方实

---

① 朱本源:《历史学理论与方法》,人民出版社2007年,第421页。
② 朱希祖:《中国古代文学史》,《朱希祖先生文集》第1册,第8页。
③ 朱希祖:《中国古代文学史》,《朱希祖先生文集》第1册,第72页。
④ 胡适:《清代汉学家的科学方法》,《北京大学月刊》第1卷第5号,1919年。
⑤ 胡适:《治学的方法与材料》,《胡适文集》第4册,北京大学出版社1998年,第105页。

证方法的标志。文章通过介绍西方科学的方法，如分析、比较、综合等，初步阐明了他对实证方法的认识。在他看来，实证的才是科学的，而证据尤其重要："必须有证据为前提，不可妄下无证据的判断。"①后来，实证哲学的重要概念在其文章中常常出现，他运用的实证方法也在随着其认识的不断加深而有所变化。

如果说，《整理中国最古书籍之方法论》一文还只是注重严格的史料考辨，颇似兰克学派的实证方法。而《中国史学通论》则已经关注规律的追寻，开始倾向于孔德的实证方法了。他提出："史家最重要之职，在明因果之关系，探社会之真相。"②研究史学目的在于"发明大律，指挥人事"③。重视历史规律的探求，显然已突破兰克学派的主张。此后，朱希祖一再强调"历史哲学"的重要，认为"历史之职，在阐明人类进化之大律，说明人群舒惨之大原"④；史学研究不仅要"发明历史真相"，而且要"发明历史真理"⑤。可见，朱希祖对实证方法的认识已经比较深入。

朱希祖运用实证方法进行史学研究，为史学的科学化做出了重要贡献。但局部的、专而深的研究，往往使他纠缠于史料与枝节问题里面，从而不能高瞻远瞩地把握历史的发展。而且，实证方法也使原本妙趣横生的史学著述变成史料的考据和堆砌，令读

---

① 朱希祖：《整理中国最古书籍之方法论》，《北京大学月刊》第 1 卷第 3 号，1919 年。

② 朱希祖：《中国史学通论》，第 73 页。

③ 朱希祖：《中国史学通论》，第 78 页

④ 朱希祖：《北京大学史学系编辑中国历史条例》，《北京大学日刊》1921 年 10 月 19 日。

⑤ 朱希祖：《大学文学院历史学系必修选修科目表审查意见》，周文玖选编：《朱希祖文存》，第 337 页。

者感到了无生趣,从而使其学术影响力大打折扣。

1938 年 10 月,朱希祖反思了自己以实证方法进行考证的弱点,并力图弥补。通过研究哲学和心理学著作,他决心弃绝考证学,重新致力于科学有系统之学。规划要"专治一代历史,而考据其全体,庶不流为琐碎之考证"①。此后,他加强了宏观研究,视野更加开阔,撰写的《请建立总档案库筹设国使馆议》等许多文章,都明显地增加了理论色彩。

二、对实证方法的倡导

朱希祖是较早将实证方法介绍到中国的学者之一。早在 1919 年初,他就发表《整理中国最古书籍之方法论》一文,倡导"用科学的方法来治学问"。并从理论上对科学(实证)的方法加以阐释,指出:"方今治科学的方法,最要者是分析、比较、综合,而尤要者在乎经验。所讲的事实,若未曾经验,但凭传说,往往流于臆测;难有分析、比较、综合种种方法,他的基础已不巩固,是容易为人摧破的。所以我们治古书的方法,第一亦在乎经验;苟至无可经验,要用推测,亦须用已经经验的事来推测,乃不至于武断。""哲学家但言道理,尚不可不凭经验,治古书者欲讲事实,更不可不凭经验了。欲讲经验,不可不用科学的方法,即不可不用论理学的方法。"②可见,他特别推崇培根的经验归纳法,认为它才是真正的科学方法。

他认为:"只要阐明他进化的迹,发见他变迁的理,顺自然之

---

① 朱偰:《先君逖先先生年谱》,张国华主编:《文史大家朱希祖》,第 193 页。
② 朱希祖:《整理中国最古书籍之方法论》,《北京大学月刊》第 1 卷第 3 号,1919 年。

法则,略加说明,不必横生议论,硬断是非。"又通过对比今古文家治学的特点,指出,"古文家治学的方法重实证,较胜于今文家",但也有"繁琐纷纭,博而寡要"的毛病①。

朱希祖与胡适都倡导"科学方法",但他们的立场观点颇有不同。相比之下,胡适比较偏向于谨慎的存疑和实验,与今文家的思想比较接近;而朱希祖更强调不偏不倚的客观态度,反对过分疑古,与古文家的方法非常类似。1921 年 5 月,吴虞就曾在日记中写道:"(胡适,引者注)推崔东壁为中国第一大胆人,甚不以朱逖先信仰古文家为然,谓今文家已推倒古文家,而逖先犹信之,如何要得?"②

但朱、胡二人宣传的"科学方法"也有许多相似之处。比如,都强调平等的眼光、充分的证据、合乎逻辑的推理等。从他们的治学特点来看,都注重考证史籍和史实,而且,都反复运用经验和逻辑原则。可以说,实证方法是他们最常用的史学研究方法。他们都"对传统的乾嘉考据学进行了科学改造,在历史考据学中注入了近代科学意识和科学精神"③。朱希祖与胡适等人积极宣传进化论和逻辑思想,对于国人了解和接受西方实证方法具有重要意义。

三、对实证方法的应用

早年留学时,朱希祖就喜欢地理学、生物学以及逻辑学,极力

①朱希祖:《整理中国最古书籍之方法论》,《北京大学月刊》第 1 卷第 3 号,1919 年。
②吴虞:《吴虞日记》上册,第 598—599 页。
③李振宏:《20 世纪史学方法论研究》,《史学月刊》2002 年第 11 期。

培养自己的科学素养。在接受了西方的实证方法后,他不仅进行大力宣传和倡导,而且把这种科学方法及时运用于史学研究中。

如,采用归纳法来论证自己的观点,即先提出"假设",然后寻求"证据"来证实假设。他根据校钞本《思文大纪》的内容推测其作者应为侯官陈燕翼。因为书中关于陈燕翼的琐事记载异常详细:其一,感谢皇上恩遇,并且还赋诗一绝;其二,将自己的芜杂冗长之奏疏全文录入;其三,将闽邑令刘以修与自己的交往也写在其中,并加按语以相标榜。由以上内容分析,归纳出结论:除非陈燕翼自己作史,别人是不会将他的这些无聊琐事详细记载的。这样运用分析、综合、归纳等各种方法进行考辨,突破了材料的局限,最终,得出了合理的结论。

他的《编纂南明史计画》提出,在搜访和鉴别史料的基础上必须运用归纳方法进行整理。因为"一代历史,必有一代特别现象,散伏于各种记载之中,非用现代社会科学方法精密观察,详细钩稽,则终隐伏而不可见……总期以极小之题目,作极深之研究,用归纳之方法,发为精确之论文"。在编纂环节,又强调"编年式之长编,所以排列事迹之先后,得以探讨其因果关系"①。

在《马阁老洗冤录跋》中,朱希祖则运用了反证法,题跋先假设作者姚大荣观点正确,即马阁老(马士英)是忠臣。然后将马士英的所作所为一一列出:"忠臣果可以翻先帝逆案,排斥正人君子,而孤行己意,拔擢奸臣阮大铖,以覆邦国乎?忠臣果可以撤御外之师,以平清君侧之内乱,而致亡国乎?"②由此可见,假设与史实矛盾,所以,假设错误,马阁老(马士英)是奸臣无疑。

---

①朱希祖:《编纂南明史计画》,《中央研究院院务月报》第 2 卷第 7 期,1931 年。
②朱希祖:《马阁老洗冤录跋》,《明季史料题跋》,第 43 页。

关于李唐姓氏源流的问题,朱希祖在广泛搜集史料的基础上,也运用了这种逻辑方法。他先假设陈寅恪的结论与所列的证据都是正确的,然后,再逐条驳斥,得出合乎逻辑之结论。陈寅恪认为弘农太守李初古拔为李唐祖先,"其证据有二,一《唐书·宗室世系表》,二《南史·柳元景传》"。以下是朱希祖专门就其中第二条证据展开的驳论:

> 李延寿修《南》、《北史》,若知李唐祖先为李初古拔,则其修《北史》撰《序传》时,安肯载"世子重耳,奔于江左,遂仕于宋,后归魏,位弘农太守,即皇室七庙之始也"云云,以自乱其族姓?若谓攀附皇室,以自光宠,岂有皇室氏族而可妄自攀附乎?即谓唐室攀附陇西李氏,则延寿《序传》,本叙其直系祖宗,何必迂途叙及李初古拔伪托之李重耳,以自乱其谱系乎?盖李延寿系西凉贵胄,北魏华宗,其家自有家谱,若李唐伪造谱牒,攀附彼族,延寿岂有不知之理?若知之而承认之,《序传》中且载伪李重耳,则《南史·柳元景传》中李初古拔事迹,必早从容删削,以为皇室讳,何致"书成以后,奏闻之际,或行世之时,始发觉李初古拔即当代皇室之祖先,而急遽抽削,以避忌讳,事出仓促,不及重修,复无暇详改",如寅恪先生所云乎?且为皇室讳,则抽削李初古拔父子事迹足矣,何以又抽削洛州刺史张是提耶?①

这种论证使人们依靠尚不充分的观察事实,用直觉和简单的逻辑推理,概括性地把握住历史现象的一般性质。朱希祖认为实证方法是确保结论正确的关键,他强调说:"读史固贵乎怀疑,然

---

① 朱希祖:《再驳李唐氏族出于李初古拔及赵郡说》,周文玖选编:《朱希祖文存》,第255页。

必须以科学方法,归纳论理,综合观察,以下判断,庶不致误。"①

第二节　比较研究方法

比较研究是史学研究最基本、最重要的方法之一,其目的是通过对比历史事物和现象,发现异同并客观分析历史事件和人物,揭示历史发展进程及其规律,从而提高人们的认识能力。法国年鉴学派史学家马克·布洛赫曾将比较方法喻为"有神力的魔杖"②。朱希祖也极力倡导史学比较方法,多次强调用比较法解决史学问题。考察其比较方法的运用,我们可以总结出以下几个特点。

一、"物物而辩,事事而较"

朱希祖认为:"物物而辩,事事而较,必反之自然,归之至善。"③所以,在史学研究中,他对各种历史事物、现象、人物进行比较,拓宽了思维广度,深化了对历史问题的认识。

为了宣传进化史观,倡导新史学,朱希祖把春秋战国时期儒家、道家与法家的历史观念进行了一番比较。他认为,由于战争造成民不聊生,所以,各家学派都在谋求消灭战争,使得社会安宁。道家学派以老子为代表,认为战争起源于"智",只要"绝圣弃智"便可以消除战争。所以,他主张恢复到太古无智无识的时代。

①朱希祖:《再驳李唐氏族出于李初古拔及赵郡说》,周文玖选编:《朱希祖文存》,第257页。
②转引自杜维运《史学方法论》,第64页。
③朱希祖:《中国文学史要略》,《朱希祖先生文集》第1册,第346页。

以孔子为代表的儒家，"祖述尧舜，宪章文武"，提出以"尊王攘夷"来消灭战争，不复远古，而要复近古。然而，"法家的历史观念，是和道家及儒家的历史观念都不相同的。他们抱着历史进化的观念，绝对的反对复古。他们以为'现在'比'过去'好，而'将来'又比'现在'好"。认为战争"起源于封建制度，如果要消灭战争，非谋国家统一不可"。通过比较，可以看出法家与道家、儒家历史观念有着根本不同，"法家的历史观念是将来的、进化的，不是复古的；所以比儒家和道家的历史观念好得多"[1]。

对刘豫与宋高宗的用人特点，朱希祖也做过比较。他认为宋高宗不能识别和重用当时最杰出的人才李纲，结果导致被小人误国。而刘豫之用人还不如宋高宗，仅知道"私其子侄，宠其妻党"，以"长子麟为首相，出则总师干，为大帅"[2]，最终不免灭亡之命运。可见，比较方法使问题变得浅显，使人们进一步认识到用人问题是关系国家兴亡的大事。

比较方法还是朱希祖校勘史籍、考证史实的重要手段。一般说来，通过本校、对校、他校等方法找出历史记载之异，然后再通过理校或采用其他有力证据，辨正是非，确定比较可信的说法。如："《熹宗实录》之有阙卷，清初诸老皆言为冯铨所去。"朱彝尊《曝书亭集·书两朝从信录后》云："《熹宗实录》成，藏皇史宬。相传顺治初，大学士涿州冯铨复入内阁，见天启四年纪事毁己尤甚，遂去其籍，无完书。论事者颇以《两朝从信录》是征。"全祖望《鲒埼亭集·跋酬中志略》原稿则说："《黑头爱立伎俩》一卷，载冯涿

---

①朱希祖:《中国法家的历史观念》，周文玖选编:《朱希祖文存》，第188页。

②朱希祖:《伪齐录校补·刘豫与宋高宗用人之比较》，《朱希祖先生文集》第4册，第2624页。

州通奄事迹,较近本更详。予闻涿州再起,恶《熹宗实录》害己,遂焚其书,是《两朝从信录》所由补也。”

比较两种不同的说法,朱希祖认为全氏之说不合乎常理,亦不合乎史实,所以得出结论:“朱氏仅言天启四年实录为冯铨所去,而全氏则似言《熹宗实录》全书为冯铨所焚,此则全氏之误也。”①

在考订《弘光实录钞》的作者时,朱希祖反复运用了比较方法。根据杨凤苞《南疆逸史跋》记载,得知《弘光实录钞》为黄宗羲所作。然而“全祖望所作神道碑铭,黄氏七世孙炳垢所作年谱,皆详载黄氏著述,均未及《弘光实录》”,所以,许多人“疑此非黄氏所撰”②。《弘光实录钞·自序》云:“年来幽忧多疾,旧闻日落,十年三徙,聚书复阙,后死之责,谁任之乎?”而年谱中记载:“顺治十五年戊戌,公四十九岁。初居余姚通德乡黄竹浦;顺治六年,公四十岁,徙邑城,注云明年返故居;七年冬,自西园移居柳下;十三年,公四十七岁,三月因避乱入城寓外家,五月返故居而屋崩,太夫人徙半霖,秋返故居。”将自序所言的“十年三徙”与年谱里黄宗羲的经历进行比对,恰好相符。再把自序与全祖望《黄公神道碑铭》的材料比对,证明《弘光实录》确为黄宗羲所作。由此可知,运用比较法考证史籍和史实,简便易行,效果卓然可观。

二、重视中外比较

他认为:“方今治科学的方法,最要者是分析、比较、综合。”要

把中国的古书"拿来与外国的学问比较比较,或供世人讲科学的材料"①。可见,他把比较方法列为科学或实证方法的一种。而且,还有意识地强调中外比较,促使中国学人在比较中认识自己的不足,学习西方的长处,开阔研究视野。

比较中国的今文家、古文家与外国的历史哲学派、考古学派,他认为:"今文家要讲得义理圆满,略似乎外国的历史哲学派;古文家要讲得事实确凿,略似乎外国的考古学派。然而外国历史哲学派与考古学派,不但不相冲突,且互相发明。中国今文家、古文家往往互相冲突,这个缘故,就是治学问出发点的方法不同了。外国无论历史哲学派、考古学派,他的出发点皆注重经验方法,虽至无可经验之时,亦必拿经验的事实来推测。中国古文家重经验,亦重推测;今文家不重经验,但重推测。不重经验的推测,实在不可叫做推测,只可叫做臆测;臆测之时,但有主观而无客观,是治学的最大毛病。"

再把中国的今文家、古文家与国外的哲学派别相比较:"唯理派言哲学,偏重理想,往往牵涉神学,流于臆说。今文家言经学,亦偏重理想,往往牵涉阴阳家流于臆说。经验派言哲学,必根据经验,打破一切传说。古文家言经学,亦必根据经验,打破一切传说。方今经验派根据生物学以治哲学,主一元论,其理较胜,故言哲学者,其出发点的认识论,不可不为先决问题。治中国经学者,其出发点的方法论,亦不可不为先决问题。"②通过比较,我们不

①朱希祖:《整理中国最古书籍之方法论》,《北京大学月刊》第 1 卷第 3 号,1919 年。

②朱希祖:《整理中国最古书籍之方法论》,《北京大学月刊》第 1 卷第 3 号,1919 年。

仅可以认识到今文家与外国的历史哲学派、唯理派相近,古文家与外国的考古派和经验派类似,同时,还可以看到外国的不同学派"皆注重经验方法"。所以,相互之间"不但不相冲突,且互相发明"。

朱希祖极力提倡中外比较方法,认为只有"与他国史参证比较,乃能明其进化之程度,与其地位之夷险"①。"本国地理与外国地理,本国历史与外国历史,务宜同时并教。盖同一地理,本国与各国何以不同!同一时代之历史,本国与外国亦何以有异?异同之间,可资比较,乃能识文化程度高下之所以然,遗传与环境不同,优胜与劣败斯异也。若授孤独的地理,孤独的历史,各不相谋,无可比较,则非科学有系统之教法矣。"②在北京大学史学系的课程安排中,他也将"本国与外国同时代之历史,渐当谋其排列于同一学年"。认为"学习历史时,务期本国与外国同一时代之历史,详细比较,如学本国上古史,同时学外国上古史,得以两相比较其内容,则于史学乃能融会贯通"③。

三、强调纵向比较

运用纵向比较方法,朱希祖把秦汉以前的文学史划分为三个阶段:"黄帝至西周为第一期,春秋战国为第二期,秦汉为第三期。"又通过比较不同时期南北文学的兴盛程度,以观其演变历

①朱希祖:《北京大学史学系编辑中国史条例》,《北京大学日刊》1921 年 10月 19 日。
②朱希祖提议,何炳松附议《改良中学校历史地理教法议案》,《史地丛刊》第 2 卷第 1 期,1922 年。
③朱希祖:《史学系课程指导书》,《北京大学日刊》1923 年 9 月 29 日。

程。"西周以前文学大抵盛于北方",而"春秋战国之时,朔南相敌,夏楚齐视","南北文学,各不相同,故孔、老各为南北之宗,孙卿、屈原之赋,亦俨然有夏楚之分焉。秦汉之时,南北调剂,学术虽有以夏御南之意,而辞赋颇有朔风变楚之观"①。可见,中国古代文学在各时期呈现出不同的特点。

在《中国文学史要略》中,他再次以纵向的眼光总结各个时代文学史的特点,"魏晋之际,知玄理者甚众,而文亦华妙。及唐则务好文辞,而微言几绝,至于宋明理学盛,而文则日渐陵夷,文质递尚,彬彬之风微,此可以观世变矣"②。"宋明说经之儒,既多空衍义理,昧于事实,于是文少淹雅之才,学有空疏之消。"③"清世学术,开国之初,尚存宋明轨辙,自理学之儒以及歌诗文史之士,虽无超轶之才,而典型尚不坠,惟经学自萌芽时已不类宋明。自雍正、乾隆多忌,而学术大变。歌诗文史由此楛,理学之言亦竭无余华。举世智慧,皆凑于说经,于是其术工眇踔善,颇欲驹及宋明,驾轶汉唐矣。"④由此,我们可以看出文学发展演变的明晰脉络。正如梁启超所说:"治史的最好方法,是把许多事实连属起来比较研究,这便是'属辞比事'。"因为"这些事实,一件件零碎摆着,像没有什么意义,一属一比,便会有许多新发明"⑤。

朱希祖还把中国传统史学与新史学进行了多方位的比较:1."旧史学家注重政治一方面",而新史学则"注重社会全部,以社会

①朱希祖:《中国古代文学史》,《朱希祖先生文集》第1册,第2—4页。
②朱希祖:《中国文学史要略》,《朱希祖先生文集》第1册,第393页。
③朱希祖:《中国文学史要略》,《朱希祖先生文集》第1册,第396页。
④朱希祖:《中国文学史要略》,《朱希祖先生文集》第1册,第421页。
⑤梁启超:《中国近三百年学术史》,《饮冰室合集·专集之七十五》,第95页。

学为根柢”。"切实言之,旧史学眼光注重在政府,新史学眼光注重在民生。"2."旧史学家大都主循环说(如孟子一治一乱说,五百年必有王者兴说,归之于天运,不归之于人治)。"而新史学"主进化说"。"循环说之黄金时代在过去,重模仿,进化说之黄金时代在未来,重创造。"3."旧史学家之眼光往往局于有史时代及有史时代之一代。"而新史学则"移其眼光于有史时代以前,徐徐向下以及于现在"。4."旧史学之眼光往往局于一部",他们所编者"为中国之中国史"。新史学则"扩其眼光于全局","所编者为世界之中国史"。5."旧史学家编纂历史,但罗列事实而止",新史学家则"于事实之中求其因果,阐明其真相"。6."旧史学家往往偏于一种目的,不能完其天职。"新史学家则"目居于科学地位,不偏不倚,阐明大例"①。

第三节　实地考察方法

　　实地考察是我国史家惯用的治史方法。史学家司马迁青年时代就"南游江、淮,上会稽,探禹穴,窥九疑,浮于沅、湘;北涉汶、泗,讲业齐、鲁之都,观孔子之遗风,乡射邹、峄;戹困鄱、薛、彭城,过梁、楚以归。于是迁仕为郎中,奉使西征巴、蜀以南,南略邛、笮、昆明"②,踏遍名山大川,实地寻访历史遗迹,考察各地风俗民情,为写作不朽的史学名著《史记》打下了深厚而扎实的基础。

　　明清之际的顾炎武也是一位注重实地历史考察的大学问家。

---

①朱希祖:《北京大学史学系编辑中国史条例》,《北京大学日刊》1921 年 10
　　月 19 日。
②司马迁:《史记·太史公自序》,中华书局 1982 年,第 3293 页。

他反对"琐琐于典籍文字之间,而不稽之于道里徒步之下"的汉儒学风①。《天下郡国利病书》就是广泛进行实地历史考察的产物。布衣史家万斯同也曾"游四方,就故家长老求遗书,考问往事,旁及郡志邑乘、杂家志传之文"②,运用实地历史考察获取了大量的第一手史料。

朱希祖继承我国史家的这一优良传统,常常通过实地考察收集原始材料。曾游历各地古迹,访求遗文旧事。1923年,他"应陕西督军刘镇华之请,与陈百年先生联袂西上,入关讲学,遍谒汉唐陵寝,广搜关中古迹,所得古籍拓片,盈箱满箧,凡二阅月始归"。同年9月,又"偕叶翰先生北游大同,访云冈石窟,所至搜集碑拓,购置史料"③。此后,朱希祖更加重视实地历史考察,取得了显著的成果。

一、征访南明史料

朱希祖治史"首重原始资料与实物证据"④。实地考察是他开展历史研究的一个重要方法,为搜集南明史料而南下广东就是一例。他说:"窃思南明三朝,皆在南方,弘光奠都于南畿,隆武偏安于福京,永历辗转于西南,鲁唐局促于浙粤,此数地者,乃三朝史料之渊薮,不可以坐致于北方也。乃拟次第亲历其地,以凭吊其遗墟,征访其遗著。"⑤可见,实地考察南明遗迹,搜集原始史料

---

① 赵俪生:《顾炎武"天下郡国利病书"研究》,吴泽主编:《中国史学史论集》第2册,上海人民出版社1980年,第398页。
② 钱大昕撰,吕友仁标校:《潜研堂集》,上海古籍出版社1989年,第682页。
③ 朱偰:《先君逷先先生年谱》,张国华主编:《文史大家朱希祖》,第157页。
④ 罗香林:《朱逷先先生行述》,《文史杂志》第5卷第11、12期合刊,1945年。
⑤ 朱希祖:《广州征访南明史料记》,《朱希祖先生文集》第5册,第3314页。

是朱希祖南下的主要目的之一。

南下途中，朱希祖特意凭吊了南京长板桥的明旧院故址，并赋诗曰："长板桥头流古迹，秦淮河畔吊残基。风流已逝桃花扇，仇衅犹寻燕子词。旧院荒凉悲夜月，新歌婉转似明时。南朝多少兴亡恨，莫作渔樵闲话提。"①

在广州，他到处访古探遗，亲自搜寻并发现了绍武君臣墓冢。从阮元的《广东通志》了解到绍武君臣墓冢的位置，然后就前往考察，但询问当地人，却皆不知。于是，他就将此事告诉了同事杨寿昌，杨氏按照朱希祖所说，果然寻见。1933 年 3 月 12 日，朱希祖与杨寿昌、李伦萍、吴康等人约好一起谒绍武君臣冢，事后撰写了《恭谒南明绍武君臣冢记》，记录了事情的来龙去脉和墓冢的详细情况。他介绍说："其冢在流花桥畔前临流花水，背负高岸，东蔽茶寮，故行人不易见也。冢地大仅亩许，冢前有碑，中题明绍武君臣冢，左题光绪癸未孟冬吉旦，右题粤东绅士重修"，"冢西首有碑二，一为南阳张嘉谋所撰明绍武帝君臣冢记"，"一为明绍武君臣冢重修碑"。他又根据碑文中绍武君臣死难的事迹，参考《石匮书》等相关史籍对绍武君臣遇害的时间地点、人数、埋葬地进行了翔实的考证，作《张嘉谋明绍武君臣冢碑记质疑》，说明了自己的观点。考察时他们还专门将墓、碑等文物拍照以保留资料。

在广州期间，朱希祖还到澳门实地搜集资料。1933 年 7 月 26 日，他与儿子朱偰、儿媳欧兰、同事梁嘉彬同赴澳门，参观考察了各处史迹，如，天妃殿、天后宫、达·伽马铜像、莲花茎关闸、三巴门等。他参考《澳门纪略》和朱偰翻译的相关外文资料，得知"关闸为香山通澳门孔道，有暗炮台。十六世纪时（明万历二十八

①朱希祖：《长板桥寻明旧院故址》，《朱希祖先生文集》第 6 册，第 3844 页。

年以前)中国在莲花茎上设关以稽行旅,关为中国式,至今澳门议事公局中犹悬有此关画图"①。对著名建筑三巴门,朱希祖也了解到:"三巴门为澳门最古之建筑,旧为三巴寺,为中国最古之教堂(案利玛窦等东来即居于此),今仅余半壁矣。寺建于耶稣僧人,奠基于明万历二十二年(一五九四)落成于万历三十年(一六〇二)。寺宇弘丽,系文艺复兴时代作风。清乾隆二十四年(一七五九)逐耶稣教徒,驻军三巴寺。道光十五年(一八三五)寺毁于火,故仅存半壁。"②

《广州征访南明史料记》详细记载了朱希祖在南方访书、借书、抄书以及实地考察寻找遗冢、碑碣的情况。其子朱偰也说:"先君治学,重实地调查,以为实物证据,胜于文字记载;而原始史料,优于第二手史料。"③顾颉刚也非常赞赏朱希祖的实地历史考察,赋诗曰:"入粤为寻绍武来,金陵旧院拔蒿莱,平生心事南明史,历劫终教志不灰。"④

二、调查六朝陵墓

朱希祖实地考察的另一行动就是对南京附近六朝陵墓的调查。1934年春,他"应罗家伦聘为中央大学历史系主任,应学生傅汝霖聘兼古物委员会委员。讲学之余,赴南京郊外作古迹调查,在江宁、

---

① 朱希祖:《郦亭粤行日记》,《朱希祖先生文集》第 6 册,第 4186 页。
② 朱希祖:《郦亭粤行日记》,《朱希祖先生文集》第 6 册,第 4188—4189 页。
　注:其中的"一五九四",误写为"一九五四",错讹明显,根据万历二十二年改正。
③ 朱偰:《先君遏先先生对于史学之贡献》,《东方杂志》第 40 卷第 16 号,1944 年。
④ 这是顾颉刚给朱希祖敬献的挽诗。《朱希祖先生文集》第 6 册,第 4382 页。

当涂、丹阳等地,发现六朝陵墓 13 所,撰写调查报告书"①。

　　朱希祖曾谈起调查六朝陵墓的缘由。他说:"余读日本今西龙君《高丽诸陵墓调查报告书》(见日本大正五年度《古迹调查报告》),而辄深亡国之痛也。夫朝鲜人不自知其祖宗邱垅之留遗,付之荒烟蔓草,视为不足轻重,无怪乎其视国家如敝屣,而奄然以至于灭亡。"以朝鲜亡国的缘由为例,来警示国人珍视民族文化。又言,要将先辈"遗留于地上地下诸物",详为考察,"以供研究文化实物之参考,杜外人之窥视,扬先哲之耿光"②。

　　朱希祖与朱偰父子调查六朝陵墓本为私人行为,后加入中央古物保管委员会共同进行,前后共计十四次,绝大部分为私人调查,与公家一同进行者仅四次。他们将发现的陵墓分为"调查而无遗物可凭者"、"调查而有遗物可凭者",并附有"未能考定之墓"。

　　由于年代久远,地面建筑破坏严重,再加上陵墓周围地貌的变化,使人们对陵墓主人身份的推定存在极大困难。朱希祖根据遗迹的存留和史书的记载,对墓主身份进行了细微的考证和大胆的推测。虽然王志高认为朱希祖的某些推测值得商榷,但仍然肯定其影响。他说:"真正对南朝陵墓神道石刻进行全面系统调查和深入考证的,始于民国时期的朱希祖和朱偰父子……今人关于南朝陵墓神道石刻时代及墓主身份考定的认识差不多都出自这二位先生。"③

　　对南朝陵墓神道石兽的考证,朱希祖作《天禄辟邪考》一文。

---

①傅振伦:《朱希祖先生传》,《傅振伦文录类选》,第 606 页。
②朱希祖:《六朝陵墓调查报告·自序》,《六朝陵墓调查报告》,中央古物保管委员会,1935 年。
③王志高:《南京麒麟铺南朝陵墓神道石刻墓主新考》,《南京晓庄学院学报》2006 年第 2 期。

他认为："一角为天禄,二角为辟邪,总名桃拔,其无角者名符拔,或作扶拔,与桃拔同类,此正名也。"①朱偰的《建康兰陵六朝陵墓图考》则认为独角的为麒麟,双角的为天禄,无角的为辟邪。

关于天禄、辟邪的起源,美术史家滕固因受西方思想的影响较深,认为这类主题于六朝时期虽已"十足的中国化",但其渊源应追溯到古代的亚述利亚,类似主题也见于波斯和大夏,以及希腊和印度的艺术②。而朱希祖则援引中国古书中的"如虎添翼"说,《山海经》中讲带翼神怪的话,以为这类形象在中国非常古老,它们究竟"是吾国固有之遗风,抑外国传来之新范"③,很难确定。

朱希祖还曾率古物保管委员会的侯绍文等人,到南京下关沿江一带考访古迹。在五马渡旁,发现晋温峤墓一座。坟丘高大,前有石碑,上书:晋骠骑将军温峤之墓。经过考证,朱希祖认为此墓如果不是后人伪造,也只能是衣冠冢。在考证过程中,朱希祖发现江宁府《吕志》和同治《上江志》都记载着温峤墓在幕府山西。又根据《晋书·温峤传》,知温峤死后葬在豫章即今江西南昌。后来虽然东晋王朝追念他的功德,为他在东晋元帝和明帝陵墓的北面、幕府山的南面建造了一座大墓。但在陶侃的谏阻下,并未迁墓。

限于历史条件,朱希祖的考证和推断可能有不甚恰当之处,但他为调查古物所做的努力还是非常有意义的。正如论者所言:"朱希祖、朱偰父子等人,对南京附近六朝陵墓和文物古迹,做过比较详细的调查和考证。他们的著作有:《六朝陵墓调查报告》(1935 年)、《建康、兰陵六朝陵墓图考》(1935 年)、《金陵古迹图考》、《金陵古迹

---

① 朱希祖:《天禄辟邪考》,《六朝陵墓调查报告》,第 198 页。
② 滕固:《六朝陵墓石迹述略》,《六朝陵墓调查报告》,第 84 页。
③ 朱希祖:《天禄辟邪考》,《六朝陵墓调查报告》,第 197 页。

名胜影集》(1936年),在今天还有比较重要的参考价值。"①

通过实地考察,朱希祖获得了丰富的史料,推进了其史学研究。当然,这些成果的取得也不是没有缘由的。首先,在考察之前,他就有充分的准备,包括原有的知识储备和为考察而专门查阅的文字资料等。如,他从阮元的《广东通志》得知,南明绍武君臣冢在广东大北门外流花桥。有了这样的信息指导,再进行实地考察才能有方向。考察澳门之前,他向同事容肇祖借了《澳门史略》(二册),了解到不少澳门历史的情况。其次,就是考察中尽可能多看、多问,虚心求教他人,将实地考察所得的感性资料与文献资料对比思考,互相印证,再进行详细的考证,去粗取精、去伪存真。最后,整理相关史料,将其用于历史研究,得出自己的推理和判断。

在朱希祖的史学研究中,实地考察方法占有很重要的地位。通过实地考察,亲临历史人物和历史事件活动的场所,了解到更多历史人物的遗闻逸事以及地方的民俗民情,有助于真切地揭露历史本来面目。考察所得的鲜为人知的资料,不仅会提高史学研究成果的可信程度,而且,有可能为解决疑难提供有力的证据。他的调查访问,也启发和引导人们不能满足于单纯的文献记载,而要从与社会的广泛接触中获得更多的活的知识材料。

第四节　其他方法

一、以诗文证史方法

以诗文证史是我国史学家的优良传统,著名史学家陈寅恪的

---

① 罗宗真:《六朝考古》,南京大学出版社1994年,第5页。

《元白诗笺证稿》就是以诗证史的代表作。朱希祖也非常重视这种方法，认为要使历史学具有较高的科学性，必须占有充分的、准确的史料，而历史上的诗文就可以提供或佐证较为真实的史料。他结合我国诗词中大多具备时、地、人的特点，指出古代诗歌有很大的史料价值，通过详考和慎取，可用于证史之误、补史籍之缺。

　　20年代初，朱希祖便开始运用以诗文证史的方法。一般来说，学者多重视《诗经》的文学价值而较少注意其史料价值，而朱希祖则以《诗经》中的诗篇来说明当时的社会心理，并证明历史现象。比如，《诗经·斯干》篇云："乃生男子，载寝之床。载衣之裳，载弄之璋。其泣喤喤，朱芾斯皇，室家君王。乃生女子，载寝之地。载衣之裼，载弄之瓦。无非无仪，唯酒食是议，无父母诒罹。"他认为"男寝床而女寝地，始生时已显分轻重"①，说明古人早已有了重男轻女的心理。《诗经·天保》："吉蠲为饎，是用孝享。禴祠烝尝，于公先王。君曰卜尔，万寿无疆。神之吊矣，诒尔多福。"由此可知，这种一年四季祭祀祖宗的制度，就是从那时候遗留下来的。

　　他认为屈大均（翁山）的诗具有很高的史料价值，于是，常常用来证明历史史实。比如，翁山《答李伟公赠朱子纲目诗》云："年来词赋已无心，早岁《春秋》原有志。书法只今在草野，一部《成仁》吾《史记》。"从中得知，《四朝成仁录》是翁山心目中的《史记》，是屈大均的最精心之作。又根据翁山六十七岁时写的《临危诗》："丙子岁之朝，占寿于古喆，乃得邵尧夫，其年六十七。我今适同之，命也数已毕；所恨《成仁书》，未曾终撰述。呜呼忠义公，精神同泯沦。后来作传者，列我遗民一。"证明《四朝成仁录》是一部未

————————

① 朱希祖：《中国古代文学上的社会心理》，《新青年》第9卷第5号，1921年。

完之作，这也是翁山的最终遗憾①。据《澳门纪略》中关于三巴寺的详细记载，朱希祖得知"明季葡人助明造炮改历，皆取人才于此。当时三巴寺最为繁盛"。又采僧人迹删的诗来证明当年三巴寺的繁盛景象。诗云："相逢十字街头客，尽是三巴寺里人。"②

　　又如，明朝的"三万卫"，为洪武年间所设，其地先在斡朵里，后迁到开原，又附设自在、安乐二州，以领新附夷人，故开原之"三万卫"，"实为统辖降夷之所"。为证明"三万卫"的重要职能，朱希祖引用了明周斯盛和李贡的诗作为史料："周斯盛《阅开原城诗》云：'雉堞连云峙北陆，层山如戟界华夷。'李贡的《登开原北城诗》云：'北关迢递几千里，控引入贡诸东胡。'（二诗均见嘉靖《全辽志·艺文》）所谓'地界华夷''控引东胡'，诚辽东最重要之卫也。"③

　　除诗歌以外，朱希祖还以其他文学作品来证史。比如，他在考察六朝陵墓时，即采用了沈约的《郊居赋》来证明东冈及各个陵墓的位置所在。他认为："东冈即沈约《郊居赋》之东巘，《梁书·沈约传》，约虽时遇隆重，而居处俭素，立宅东田，瞩望郊皋，尝为郊居赋云：'睇东巘以流目，心凄怆而不怡，盖昔储之旧苑，实博望之余基。'又云：'惟钟岩之隐郁，表皇都而作峻，观二代之茔兆，睹摧残之余隧。'考《齐书·文惠太子传》，求东田，起小苑，上许之，永明中，二宫兵力全实，太子使宫中将吏，更番役筑，宫城苑巷，制度之盛，观者倾京师。上幸豫章王宅，还遇太子东田，见其弥亘华远，壮丽极目，于是大怒，据此，则豫章王宅兴东田相近，沈约《郊

<hr />

① 朱希祖：《皇明四朝成仁录跋》，《明季史料题跋》，第 86 页。
② 朱希祖：《郦亭粤行日记》，《朱希祖先生文集》第 6 册，第 4189 页。
③ 朱希祖：《后金国汗姓氏考》，《朱希祖先生文集》第 5 册，第 3527—3528 页。

居赋》所谓睨东巘以流目，东巘即东冈，其下有文惠太子小苑，即博望苑也。观二代之茔兆，谓钟山西南晋五陵及东南西南宋二陵也。睹摧残之余隧，谓晋五陵隧道残缺，及东冈上宋文帝长宁陵之表阙麒麟也。齐明帝建武二年十二月，诏晋宋诸陵，悉加修理，《建康实录》卷十五可证。"①可见，运用以诗文证史的史学方法，拓宽了史料的范围，开辟了史学研究的一条新途径。

二、统计学方法

朱希祖是最早倡导和尝试以统计学方法治史的学者之一。早在1921年，就为史学系的学生添设了统计学课程②，将统计学视为"史学之重要补助学科"③。在研究《清顺治元年内外官署奏疏》时，他运用统计学方法，对几个贰臣推荐的人才从省份、人数方面进行了统计分析："吏部左侍郎沈惟炳荐近地人才疏所列山东十六人，北直隶六人，山西九人，河南五人。户部右侍郎王鳌永荐地方人才疏专列山东三十九人（首列谢升即于是年入为大学士），兵部左侍郎刘余右荐人才疏所列山东三人，北直隶三人……"据此，他得出结论："此时清政府势力实为此四省人所左右。"④

为了说明"史学要义，以最近者宜最详"，他以司马迁《史记》为例，采用统计学方法来论证："《史记》一书，本纪十二篇，汉占其五；表十篇，汉占其六；书八篇，汉约占其四；世家三十篇，汉占其

---

① 朱希祖：《六朝陵墓调查报告》，第12页。
② 朱希祖：《史学系本年科目》，《北京大学日刊》1921年10月19日。
③ 朱希祖：《国立北京大学史学系课程指导书》，《北京大学日刊》1926年12月3日。
④ 朱希祖：《清顺治元年内外官署奏疏·序》，《先君文存》第1册。

十二;列传七十篇,汉占其三十八。故自黄帝至秦楚之际,约六十五篇,汉亦有六十五篇。而汉五世(高、惠、文、景、武),武帝时事,载之犹详。约占五分之二(汉六十五篇,而武帝时事,约二十六篇),可谓最近而最详者矣。"①

朱希祖倡导的统计学方法在史学界得到了广泛认同。李大钊曾言:"个人的生活经历,为吾人所亲验习知的事,有无数的实例,陈布于吾人的面前;而个人生活的期间,在较短的时期终结,故得详考其始终而察其因果;以视在民族国民的悠久的生活中寻求因果者,其难易实大悬殊;许多学者从事于此种研究,颇能得利用统计的方法的便利。"②1923 年,梁启超发表《历史统计学》,从理论上论证了运用统计法进行史学研究的可能与必要。他提出:"历史统计学,是用统计的法则,拿数目字来整理史料,推论史绩。"③认为统计学方法是研究史学的"好方法",中国古代正史中的"表",就是运用统计方法治史的例证。

朱希祖非常重视表的作用,服膺万斯同所言:"史之有表,所以通纪传之穷……表立而纪传之文可省。"④认为修史应该先修志表,后修纪传。"史之繁简,尤视乎表之多寡。宋史号称最繁,历载三百列传多至二百五十五卷,盖宋史表少,则传自不得不繁。然前人称其列传,尚有遗漏者,以无表为之纲纪也。辽史世称最简,历载二百,列传仅四十六卷,盖辽史表多,则传自可少也。总之,表取不漏,传取不滥,斯作史之良法。夫有志表,而后纪传,详

---

① 朱希祖:《中国史学通论》,第 77 页。
② 李守常:《史学要论》,第 106 页。
③ 梁启超:《历史统计学》,《史地学报》第 2 卷第 2 期,1923 年。
④ 朱希祖:《中国文学史要略》,《朱希祖先生文集》第 1 册,第 432 页。

略去取乃可定;有志表列传而后本纪之纲目褒贬乃可施。"①

在《永历大狱十八先生史料评》中,他运用统计图表,将各种史籍中有关的十八先生名氏对比排列出来,使得各种史籍成书的先后及其错综复杂的记载一一呈现于读者面前,也使那些原本漫无系统的事实,按照所列的项目条理化,方便了考察,也减少了不必要的重复说明文字。所以,统计学方法在史学研究中的运用,对于促进史学研究的"精确化"、"简洁化"和"系统化"具有重要意义。

另外,朱希祖还运用文字学知识作为治史的手段,认为"吾人研究历史,求之于记载的历史不可得,则求之于语言文字"②。他根据中国人种之"夏"字的由来以及对四方"蛮夷"的称呼,分析出中国人种"自以为大,自以为文明,自以为雅正"的心理。而且,"由文字学而知中国人种与南北东西诸人种文野之程度、亲疏之等差"③。

他还以目录学、版本学知识考证史籍。为搜集史料,遍访南北书市和藏书家,充分利用各种版本订讹归过。每当搜寻到未曾见过的书籍或金石文字,皆随手笔录,穷其源委,反复考证,于行款格式,也详加说明。

以避讳学知识进行考证也是朱希祖所擅长的。陈垣曾说:"不讲避讳学,不足以读中国之史。"朱希祖利用避讳学知识,不仅

---

① 朱希祖:《拟清史宜先修志表后记传议》,朱师辙:《清史述闻》,第261—262页。
② 朱希祖:《文字学上之中国人种观察》,《北京大学社会科学季刊》第1卷第2号,1923年。
③ 朱希祖:《文字学上之中国人种观察》,《北京大学社会科学季刊》第1卷第2号,1923年。

澄清了古籍中许多文字上的混乱，而且还确定了史书撰写的年代。比如，发现《钞本甲乙事案》中"弘字缺末笔，避清高宗讳，而清宣宗宁字讳不避"，所以，断定此书"盖系乾嘉间钞本"①。又如，《南渡录》的"三卷至六卷玄、胤、弘等字皆不缺笔避讳，奴、虏、夷等字亦甚多，此为顺治中所写无疑。第一册惟首数页为乾隆时补钞，弘字已避讳也。其余亦为清初钞本，苏、松、常称苏、嵩、尝，以松、尝二字避明讳也"②。

在史学研究的实践中，朱希祖善于将各种知识应用于史料的搜集和整理，形成自己的一套严谨有效的研究方法，分析归纳、比较综合、实地考察、稽古钩沉，各种方法交互使用，成效显著。这些科学方法的运用，大大增强了其结论的说服力。

---

① 朱希祖:《钞本甲乙事案跋》,《明季史料题跋》,第31页。
② 朱希祖:《南渡录跋(二)》,《明季史料题跋》,第40页。

结　语

时代推移,社会变革,历史的车轮总要碾出新的轨辙。一代代史家随风而逝,其声名亦不再显扬,使得后人在梳理史学遗产时总免不了有所遗憾。朱希祖就是其中被淡忘的一位。清末民国时期,他曾是赫赫有名的"太炎弟子",北京大学史学系主任,既是学贯中西的史学大家,又是首屈一指的南明史研究权威,在中国史坛上颇具声誉和影响力。在本书的前几章中,我们已分别论述了朱希祖在中国史学史、史馆修史、历史文献、方志、边疆史地研究等方面的成就,梳理了其历史观的发展演变,分析了其史学思想的宏富内涵,也举证了其主要的治史方法,从中已经窥见他对中国近代史学转型所做出的贡献。综观朱希祖的史学研究,不难发现其典型的个性化特征。从这一侧面观察,或许能够更深入地认识朱希祖在史学史上的地位和影响。

一、研究领域十分宽广

朱希祖没有一部足以骄人的皇皇巨著,但其史学研究领域十分宽广,值得称道。他"一生著作繁杂,而以史学为重,史学之中,又以史料考订为重。自纵向观察,则上溯先秦,贯穿唐宋,下及明清;自横向观察,则史籍、史学史,而边裔国族、历史地理,而金石、古钱币，而诸子、文学史，无不有所论列"①。而且，在各个领域，他都提出了自己独到的见解。

为整理他的研究成果，史学家罗香林曾发表《朱遏先生著作目录》（包括未刊稿），将其著述分为十六类："一、属于史学理论者二种；二、属于史迹发现者二种；三、属于史料辑录者三种；四、属于史学考证者五种；五、属于版本目录者五种；六、属于战国史者二种；七、属于萧梁史者三种；八、属于唐史者二种；九、属于宋史者三种；十、属于明史者四种；十一、属于近百年史者二种；十二、属于家史者二种；十三、属于文学史者二种；十四、属于小学与经解者二种；十五、属于日记随笔者一种；十六、属于诗文集者二种。"②

以上所列，有单篇、有专书，也有文集。仅从罗香林、朱偰整理出版的《朱希祖先生文集》来看，厚厚的六大本，其中的文章总计起来，约有百篇之多。长子朱偰在《先君遏先生对于史学之贡献》中将其史学著述分为九类，另有目录学、氏族学和金石学三类③。弟子傅振伦也综合朱希祖一生著述，分为史学论述、文学论述、杂著、书札、日记五类。其中，史学论述又分出七种，文学论述包括三种等等④。朱元曙据罗香林、朱偰等人所作的目录又进行了续补，分为十八类。与罗香林的十六类相比，新增了"属于清

---

① 胡文辉：《现代学林点将录·正榜头领之四十五》，《南方都市报》2008 年 4 月 6 日。
② 罗香林：《朱遏先生著作目录》，《文史杂志》第 5 卷第 11、12 期合刊，1945 年。
③ 朱偰：《先君遏先生对于史学之贡献》，《东方杂志》第 40 卷第 16 号，1944 年。
④ 傅振伦：《先师朱遏先生行谊》，《文史杂志》第 5 卷第 11、12 期合刊，1945 年。

史者"和"属于信函者"①。由各种目录可知,朱希祖精于史学,旁及目录、版本、校雠、考古诸学,在许多方面皆有突出成就。

二、课程改革影响深远

作为一个史学家、教育家,朱希祖的史学研究与教育教学是密切相关的。他多次主持或参与史学系的课程改革,"把政治学、经济学、社会学、社会心理、人类学及人种学等基本社会科学,作为'史学应有之常识',纳入史学系本科生课程体系当中,力图将'文学的史学,改为科学的史学'"②。这种将西方各种社会科学引进课堂的创举,可以说是朱希祖"宣扬以社会科学治史的具体尝试"③。

弟子傅振伦曾高度评价朱希祖的课程改革,他说:"此种制度实施以后,国内公私大学史科,纷纷仿行。于是,中国史学,乃得跻身于科学之列,始渐有以史学名于世者。"④1948年出版的《北大院系介绍》中,史学系也总结道:"在战前的二十年中,本系一直在安定的学术环境里发展着。朱希祖先生做系主任的时期最长,延聘名儒硕学担任教授,广开各方面的课程,充实书籍图表的设备,使本系成为国内史学研究的重要中心。"⑤

————————

①朱元曙:《海盐朱逖先先生著述总目》,周文玖选编:《朱希祖文存》,第426页。

②郭卫东、牛大勇主编:《北京大学历史学系简史》(初稿),第57页。

③刘龙心:《学术与制度》,第114—115页。

④傅振伦:《先师朱逖先先生行谊》,《文史杂志》第5卷第11、12期合刊,1945年。

⑤国立北京大学讲师讲员助教联合会编:《北大院系介绍》,第28页。转引自尚小明《抗战前北大史学系的课程变革》,《近代史研究》2006年第1期。

朱希祖的课程改革"对二三十年代大学历史系之设课形态影响深远"①，尤其在抗战时期，其影响进一步扩大。1938年2月，陈立夫任教育部长，积极推进大学课程的改进计划，聘请专家制定各学系必修、选修科目表。朱希祖受聘承担了大学历史系课程标准的拟定工作，由蒋廷黻、雷海宗、徐则陵等人负责审查、修订②。

朱希祖提出，对高校史学系的课程，"教育部只宜规定原则"，不宜定"整齐划一"的课程表，要根据"大学教育目的"的不同，灵活设置科目③。从建议设置的各种课程来看，他依旧强调历史学与各种社会科学的密切结合。1940年，教育部公布《历史学系必修选修科目表》，使课程结构"正式迈入定型化的阶段"，其中体现的朱希祖"一贯之设课理念"也推向了全国各高校历史系。可以想见，朱希祖的课程改革对民国时期史学发展的影响是多么巨大。

直到今天，人们对朱希祖的课程改革仍然赞誉多多。胡逢祥说，朱希祖在北大史学系进行的改革"代表了当时历史学的发展趋势，使专业人才的培养制度化，从而促使职业历史学家的出现，历史学真正成为一门具有现代意义的独立学科"④。赵世瑜也评论说："最令人深有感触的，是朱希祖在1920年对北大历史系的课程设置所进行的改革……这样的改革方向，直至今天还应该仿效或借鉴。在我们今天感叹史学后备人才匮乏、钦羡当时史学大师辈出

---

①刘龙心：《学术与制度》，第211—212页。

②教育部编：《大学科目表》，第11—12页。

③朱希祖：《大学文学院历史学系必修选修科目表审查意见》，周文玖选编：《朱希祖文存》，第337页。

④胡逢祥：《"五四"时期的历史教学改革述评》，《历史教学问题》1994年第3期。

的时候,不妨到史学家知识结构及其培养机制那里去寻找原因。"①

三、爱国主义贯穿始终

近代以来,西方列强的侵略和清政府的无能使国人深感莫大的耻辱。面对现实,以救亡图存、振兴中华为己任的爱国学人,纷纷探求救国之道。作为革命派知识分子中的一员,朱希祖怀着强烈的民族情感,张扬国魂、砥砺气节。爱国主义精神始终贯穿于他的史学研究之中,并成为其内在动因。

"爱国主义史学思潮的一个重要表现,是为进行爱国主义宣传教育,为激发人们的爱国热情,动员人们奋起反帝救亡、爱国革命而写史,而编史,而译史,而讲史。"②朱希祖之所以从事南明史料的搜集和研究,就是因为留学日本期间,受到了孙中山、章太炎等革命者的爱国主义精神的激励。他的《中国文学史》、《中国史学通论》、《伪齐录校补》、《伪楚录辑补》、《西夏史籍考》、《明季史料题跋》等论著,无不体现其爱国主义情怀。

朱希祖一贯强调,史学为民族精神的载体,民族文化的象征。他曾撰写《驳中国先有苗种后有汉种说》和《文字学上之中国人观察》,力排"中国人种西来说",弘扬民族传统文化。他相信"民族之所以悠久,国家之所以绵延,全赖国史为之魂魄……中国在宋末曾灭于元,不百年而复,在明末又灭于清,不三百年而复,盖吾族自有其历史,决不甘屈服于他族之下。是故亡史之罪,甚于

---

① 赵世瑜:《打破学科畛域与历史学的学科本位》,《史学月刊》1997年第6期。

② 俞旦初:《爱国主义与中国近代史学》,中国社会科学出版社1996年,第121页。

亡国。亡国而国史不亡,则自有复国之日"①。出于这种民族史观,积极倡导纂修国史,唤起民众的抗日爱国热情。

　　尤其引人瞩目的是,针对傅斯年、吴晗和李晋华的明成祖为异族"碩妃之子"说,他愤然作《明成祖生母记疑辨》、《再驳明成祖生母为碩妃说》;针对陈寅恪、刘盼遂提出的李唐为胡姓说和日本学者金井之忠的李唐源出夷狄说,又写下《驳李唐为胡姓说》、《再驳李唐氏族出于李初古拔及赵郡说》,与他们反复争论。他申述道:"若依此等说,则自唐以来,惟最弱之宋,尚未有疑为外族者,其余若唐若明,皆与元、清同为外族入居中夏,中夏之人,久已无建国能力,何堪承袭疆土,循其结果,暗示国人量力退婴,明招强敌加力进取。若果历史确实如此,余亦无可异议,然谛察之,实有不然者,此余所以不得不辩驳也。"②他甚至指责此类论说"为诬辱之尤,淆乱种族,颠倒史实,杀国民自强之心,助眈眈者以张目"③。他指斥金井之忠"欲以曲解历史之邪说,摧毁吾国民族主义之思想",然而,"国人不察,论者蜂起……为亲者痛,为仇者快,邪说误国,莫此为甚"。朱希祖以其敏锐的学术眼光,"目睹时弊,振聋发聩",并"根据史籍,引举实证,以判是非而明真相"④。

　　为培养学生的爱国思想,早在20年代初,他就致力于日本史研究,给学生讲授边疆史地知识。弟子傅振伦说:"先师以史当致其用,研究风气应适合时代之需要,故每见几发微,因势倡导,蔚

---

①朱希祖:《请建立总档案库筹设国史馆议》,《朱希祖先生文集》第2册,第1014页。

②朱希祖:《驳李唐为胡姓说》,《东方杂志》第33卷第15号,1936年。

③朱希祖:《再驳明成祖生母为碩妃说》,《东方杂志》第33卷第12号,1936年。

④朱偰:《先君逖先先生年谱》,张国华主编:《文史大家朱希祖》,第181页。

为风气,以裨益于民族与人群。眼光卓绝,洵非常人所及。"①直到临终前不久,朱希祖还在探讨西藏史,可见,爱国主义贯穿了其史学研究的始终。

四、创新精神启发后学

朱希祖的史学研究颇有创新精神。早在 1919 年,他就鼓励人们"用自己的耳目,用自己的心思"去"创造新思想",要凭着"自己的学问经验去辨别","说人所没有说的话"②。他自己也是如此,不仅勇于摆脱经学束缚,而且能够不拘师说,开创出许多新的研究领域。

第一,他最早开设了"史学史"课程,"率先将中国史学史课程搬上大学讲堂"③。其讲义即后来出版的《中国史学通论》,是目前所知的中国近代最早的史学史讲义。该书吸取了西方先进的史学理论,又提出了自己的创见,成一家之言。他对中国古代史学起源和派别的探讨,给后学以极大启发,弟子傅振伦、金毓黻、姚从吾、朱杰勤等人都在其引导下,走上了史学史研究之路,撰写出各具特色的史学史著作。所以,朱希祖对中国史学史学科的创立,居有"筚路蓝缕之功"④。

第二,在南明史研究方面,朱希祖"用力甚勤"。由于南明史料屡遭禁毁,搜集十分困难。然而,就在许多人都畏难放弃的情

---

① 傅振伦:《先师朱逖先先生行谊》,《文史杂志》第 5 卷第 11、12 期合刊,1945 年。
② 朱希祖:《研究孔子之文艺思想及其影响》,《北京大学月刊》第 1 卷第 2 号,1919 年。
③ 向燕南:《中国史学史还可以这样写》,《中国图书商报》2006 年 7 月 18 日。
④ 周文玖:《论中国史学史学科的产生》,《史学月刊》2002 年第 8 期。

况下,他却迎难而上,搜集资料,撰写题跋,还发表《编纂南明史计画》。虽然他最终没有写出一部系统的南明史乘,但为后学提供的大量罕见史料,有力地推动相关课题研究的深入。谢国桢的《晚明史籍考》收录了朱希祖的大量研究成果,柳亚子、顾诚在南明史的研究中,也多处采纳了朱希祖的观点。

朱希祖还对钱海岳撰写《南明史》给予了悉心指导。当他见到该书的序例和目录时,"初以为甚好,细看实觉失望。抄录《小腆纪传》(七十五卷)而略加新材。既无志、表,又乏标准,文亦欠佳"①,认为钱海岳"不明社会科学去取标准","纪五卷,传七十五卷,而忠义传占十卷,所列南明史籍参考书不甚考订,凌乱而条理不精"②。但又觉得钱氏"笃志专精"③,因此,他主动找到钱氏反复商讨体例,并提供了许多资料。在《南明史·义例》中,钱海岳说:"尝晤朱君希祖,希祖固治南明史而未遑成书者,相与往复,上下议论,并承假史材,颇窥羽陵酉阳之秘。"④最终,钱海岳的《南明史》共计120卷,分本纪、志、表、列传四部分,可见,他还是采纳了朱希祖的建议,在体例上作了修改。该书之所以能够"取材宏富","深得学界好评",应该说,与朱希祖的启发指导不无关系。

朱希祖对南明史研究所下的功夫,曾得到顾颉刚、谢国桢等人的推许。弟子谢兴尧说:"朱希祖先生,他专搜南明史料,研究南明史。他所获得的资料,有许多孤本秘籍,有一些是不为人所注意的,所以他的论断一出,可以推翻前人或别人的结论,一言定

---

① 朱希祖:《致罗香林书》,1940 年 8 月 11 日。
② 朱希祖:《重庆日记》,1940 年 4 月 24 日。
③ 朱希祖:《重庆日记》,1940 年 5 月 8 日。
④ 钱海岳:《南明史·义例》,《南明史》第 1 页。

案,无可辩驳。"①在国外汉学界,朱希祖的成果也颇有影响。《剑桥中国明代史》作者之一林恩·A·斯特鲁夫撰写的《南明:1644—1662年》中有这样的介绍和评价:"谢国桢详尽的《晚明史籍考》和朱希祖更有选择的《明季史料题跋》至今仍然是晚明和南明资料最好的现代指南。"②美国学者司徒琳也利用了朱希祖的研究成果。在探讨郑成功封爵过程时,她说:"郑成功爵衔提升一事的始末,情形复杂,颇多问题,尤其是后来最为人知的延平王衔更是如此。朱希祖《郑延平王受明官爵考》一文对此作了最彻底的研究。"③·

朱希祖还开创了许多研究领域。如,方志学、整理明清档案、经济史等。他对方志理论的探讨,在学界颇有影响,其纂修《广东通志》的实践也推动了民国时期方志学的发展。与陈垣、沈兼士等人共同制定的档案整理办法,后来被反复应用,并得以不断完善。在经济史研究方面,他翻译了日本史家加藤繁的《交子之起源》,还撰写了《梁代货币考》、《两宋盛行铁钱之因果》、《墨西哥银流通盛衰缘由》等文章,而他的"《桑弘羊之经济政策》实开中国近代研究经济思想之先河"④。

陶希圣曾感叹:"'斩之蓬藋荆棘',是件最苦最难收效的事。"⑤

① 谢兴尧:《谢兴尧自传》,晋阳学刊编辑部编:《中国当代社会科学家传略》第7辑,山西人民出版社1985年,第412页。
② 林恩·A·斯特鲁夫:《南明:1644—1662年》,牟复礼、崔瑞德:《剑桥中国明代史·附录》,中国社会科学出版社1992年,第135页。
③ 司徒琳著,李荣庆译:《南明史1644—1662》,上海书店2007年,第249页。
④ 朱偰:《先君遏先先生对于史学之贡献》,《东方杂志》第40卷第16号,1944年。
⑤ 陶希圣:《南北朝经济史·自序》,陶希圣、武仙卿:《南北朝经济史》,商务印书馆1937年,第2页。

由于朱希祖的史学研究领域大多具有开创性,所以其经历就异常艰辛,而其成就却往往很快被后来者所超越。或许,我们可以这样说,正是由于他的开拓创新,启发了后学,才使得这些领域的研究蓬勃开展起来。

当然,由于受到时代和阶级的局限,朱希祖的史学研究中也存在一些错误观点。比如,他对历史上的农民起义基本持否定态度,并以"贼"、"匪"目之。他将李自成看作"流贼"①,认为钟相、杨么以"等贵贱、均贫富"号召农民起义,"虽有盗贼之实,而反得正大之名"②。又以杨么领导的农民起义来影射当时的共产党及其革命军队,带有明显的附会色彩。在提及共产党人时,也时常采用"共匪"字样,说明他是站在国民党右派的立场上看待历史的。

总之,朱希祖对中国史学的近代化做出了不可磨灭的贡献。他的史学成就沾溉后学,至为深远。深入研究其著作,有助于我们更全面地认识民国史学发展的状况。客观地分析和评价朱希祖史学的成就和不足之处,力求吸取其精华,剔除其糟粕,则会进一步促进我们今后的史学研究。

---

① 朱希祖:《清内阁所收明天启崇祯档案清折跋》,《国立北京大学国学季刊》第 2 卷第 2 号,1929 年 12 月。
② 朱希祖:《杨么事迹考证》,《朱希祖先生文集》第 4 册,第 1995 页。

主要参考文献

一、论著

朱希祖:《留学日本日记》(手稿),1906年,现存于中国国家图书馆。

朱希祖:《留学日本日记》(手稿),1908年,现存于中国国家图书馆。

朱希祖:《癸丑日记》(手稿),1913年,现存于中国国家图书馆。

朱希祖:《十八年日记》(手稿),1929年,现存于中国国家图书馆。

朱希祖:《六朝陵墓调查报告》,中央古物保管委员会,1935年。

朱希祖:《重庆日记》(手稿),1938—1943年,现存于朱希祖先生后人处。

朱希祖:《中国史学通论》,重庆:独立出版社,1944年。

朱希祖:《伪齐录校补》,重庆:独立出版社,1944年。

朱希祖:《遏先随笔》(手稿),现存于南京图书馆。

朱希祖:《明季史料题跋》,北京:中华书局,1961年。

朱希祖:《海盐朱氏地方志目录》(手稿),现存于南京图书馆。

《朱希祖先生文集》,台北:九思出版公司,1979年。

朱倩:《朱倩日记》,1917年,现存于朱希祖先生后人处。

朱师辙:《清史述闻》,北京:生活、读书、新知三联书店,1957年。

周文玖:《史学史导论》,北京:学苑出版社,2006年。

周文玖选编:《朱希祖文存》,上海:上海古籍出版社,2006年。

张元济:《张元济书札》,北京:商务印书馆,1981年。

张岂之主编:《民国学案》,长沙:湖南教育出版社,2005年。

张国华主编:《文史大家朱希祖》,上海:学林出版社,2002年。

《章太炎先生自定年谱》(手稿),上海:上海书店,1986年。

杨翼骧讲授,姜胜利整理:《中国史学史讲义》,天津:天津古籍出
　　版社,2006年。

杨翼骧:《中国史学史资料编年》,天津:南开大学出版社,1994年。

许冠三:《新史学九十年》,长沙:岳麓书社,2003年。

谢国桢编著:《增订晚明史籍考》,上海:上海古籍出版社,1981年。

吴泽主编:《中国史学史论集》,上海:上海人民出版社,1980年。

王学珍、郭建荣主编:《北京大学史料》第2卷(1912—1937),北
　　京:北京大学出版社,2000年。

王学典:《20世纪中国史学评论》,济南:山东人民出版社,2002年。

瞿林东编:《中国史学史研究》,武汉:湖北教育出版社,2006年。

瞿林东:《中国史学史纲》,北京:北京出版社,1999年。

马勇编:《章太炎书信集》,石家庄:河北人民出版社,2003年。

马金科、洪京陵编著:《中国近代史学发展绪论(1840—1949)》,北
　　京:中国人民大学出版社,1994年。

罗志田:《20世纪的中国:学术与社会》(史学卷),济南:山东人民
　　出版社,2001年。

梁启超:《饮冰室合集》,北京:中华书局,1989年。

金毓黻:《中国史学史》,北京:商务印书馆,1999年。

金毓黻:《静晤室日记》,沈阳:辽沈书社,1993年。

胡逢祥、张文建:《中国近代史学思潮与流派》,上海:华东师范大

学出版社,2000 年。

顾颉刚:《当代中国史学》,沈阳:辽宁教育出版社,1998 年。

郭卫东、牛大勇主编:《北京大学历史学系简史》(初稿),现存于北京大学历史学系资料室,2004 年。

傅振伦:《中国史志论丛》,杭州:浙江人民出版社,1986 年。

傅振伦:《蒲梢沧桑——九十忆往》,上海:华东师范大学出版社,1997 年。

傅振伦:《傅振伦文录类选》,北京:学苑出版社,1994 年。

陈智超编注:《陈垣来往书信集》,上海:上海古籍出版社,1990 年。

陈寅恪:《陈寅恪集·书信集》,北京:生活、读书、新知三联书店,2001 年。

陈以爱:《中国现代学术研究机构的兴起》,南昌:江西教育出版社,2002 年。

陈其泰:《中国近代史学的历程》,郑州:河南人民出版社,1994 年。

中国第一历史档案馆编著:《中国第一历史档案馆馆藏档案概述》,北京:档案出版社,1985 年。

海盐县政协文教卫体与文史委员会编:《孤云汗漫》,上海:学林出版社,2007 年。

二、论文

朱希祖:《章太炎先生之史学》,《文史杂志》第 5 卷第 11、12 期合刊,1945 年。

朱希祖:《伪楚录辑补自序》,《中央大学文艺丛刊》第 2 卷第 1 期,1935 年。

朱希祖:《史学系课程指导书》(1923—1924 年度),《北京大学日刊》,1923 年 9 月 29 日。

朱希祖：《南明三朝史官及官修史籍考》，《国史馆馆刊》第 1 卷第 3 号，1948 年。

朱希祖：《发起中国史学会的动机和希望》，《清华周刊》第 30 卷第 11、12 期合刊，1929 年。

朱希祖：《编纂南明史计画》，《中央研究院院务月报》第 2 卷第 7 期，1931 年。

朱希祖：《北京大学史学系过去之略史与将来之希望》，《北京大学卅一周年纪念刊》1929 年。

朱偰：《先君遏先先生对于史学之贡献》，《东方杂志》第 40 卷第 16 号，1944 年。

朱偰：《五四运动前后的北京大学》，全国政协文史资料研究委员会《文化史料丛刊》第 5 辑，北京：文史资料出版社 1983 年。

朱偰：《我家座上客——交游来往的人物》，《鲁迅研究月刊》2005 年第 5 期。

朱偰：《回忆北大人物》，《鲁迅研究月刊》2005 年第 5 期。

朱元曙：《关于清史馆及〈清史稿〉审查委员会二三事》，《万象》第 8 卷第 5 期，2006 年 8 月。

朱元曙：《朱希祖与他的老师章太炎》，《万象》第 8 卷第 9 期，2006 年 12 月。

周文玖：《朱希祖与中国史学》，《史学史研究》1998 年第 3 期。

周文玖：《朱希祖史学略论》，《史学史研究》2004 年第 4 期。

周文玖：《傅斯年、朱希祖、朱谦之的交往与学术》，《史学史研究》2006 年第 1 期。

郑天挺：《清史研究和档案》，《历史档案》1981 年 1 期。

张越：《五四时期新的历史教学建制与课程设置》，《历史教学》2001 年第 12 期。

张越:《五四时期:现代史学的初步建立》,《东岳论丛》1999年第
　　2期。

张越:《20世纪前半期中国史家对古代史学理论的总结与认识》,
　　《人文杂志》2006年第5期。

张越:《〈国学季刊〉与中国史学近代化》,《北京大学学报》(哲学社
　　会科学版)1998年第4期。

张子侠:《20世纪上半期中国史学史研究述论》,《河南大学学报》
　　(社会科学版)2004年7月。

张书学:《傅斯年与中国现代史学的科学化》,《东岳论丛》1997年
　　第6期。

于沛:《外国史学理论的引入和回响》,《历史研究》1996年,第
　　3期。

夏定棫:《〈明季史料题跋〉补正》,《浙江学刊》1963年第4期。

王宇正、王宇高:《朱希祖传》,《国史馆馆刊》1卷2号,1948年。

王兴瑞:《朱先生与国立中山大学》,《文史杂志》第5卷第11、12
　　期合刊,1945年。

王国维:《最近二三十年中中国新发见之学问》,《论衡》第45期,
　　1925年。

石增银:《北京中国史学会补正》,《莱阳农学院学报》(社会科学
　　版)2006年第1期。

尚小明:《抗战前北大史学系的课程变革》,《近代史研究》2006年
　　第1期。

桑兵:《近代中国学术的地缘与流派》,《历史研究》1999年第3期。

桑兵:《二十世纪前半期的中国史学会》,《历史研究》2004年第
　　5期。

瞿林东、吴怀祺、陈其泰:《从创立走向建设——中国史学史学科

发展的历程》，《北京师范大学学报》（人文社会科学版）2002
　　年第 5 期。

乔治忠：《论中国史学史学科体系的思考》，《学术月刊》2012 年第
　　1 期。

祁龙威：《近世史家与考证学的发展》，《中国文化》1996 年第 1 期。

牛润珍：《20 世纪中国史学史著作述评》，《中国史研究动态》2001
　　年第 8 期。

罗香林：《朱遏先先生行述》，《文史杂志》第 5 卷第 11、12 期合刊，
　　1945 年。

卢毅：《章门弟子与中国近代史学转型》，《史学月刊》2006 年第
　　10 期。

刘俐娜：《20 世纪 20 年代中国史学界对历史的认识》，《史学理论》
　　2003 年第 1 期。

李培文：《朱希祖与郦亭藏书》，《江苏图书馆学报》2001 年第 5 期。

胡逢祥：《现代中国史学专业学会的兴起与运作》，《史林》2005 年
　　第 3 期。

胡逢祥：《"五四"时期的历史教学改革述评》，《历史教学问题》
　　1994 年第 3 期。

侯云灏：《20 世纪中国史学的学科化进程》，《史学月刊》1999 年第
　　2 期。

侯云灏：《20 世纪前期中国史学流派略论》，《史学理论研究》1999
　　年第 2 期。

何兹全：《傅斯年的史学思想和史学著作》，《历史研究》2000 年第
　　4 期。

韩永福：《〈清史稿〉的编修过程》，《历史档案》2004 年第 1 期。

葛兆光：《〈新史学〉之后——1929 年的中国历史学界》，《历史研

究》2003年第1期。

傅振伦:《先师朱遏先先生行谊》,《文史杂志》第5卷第11、12期
　　合刊,1945年。

陈其泰:《历史观的进展与二十世纪史学走向》,《山西师大学报》
　　(社会科学版)1999年第4期。

陈平原:《早期北大文学史讲义三种》,《博览群书》2005年第10期。

三、未刊博士、硕士学位论文与史料汇编

朱发建:《中国近代史学科学化进程研究(1902—1949年)》,华东
　　师范大学人文学院历史学系博士学位论文,2004年。

张世国:《北京大学史学系早期的初步发展(1917—1927)》,北京
　　大学历史学系硕士学位论文,2004年。

夏雨:《民国国史馆研究》,华东师范大学人文学院历史学系硕士
　　学位论文,2006年。

卢毅:《"整理国故运动"与中国现代学术转型》,北京师范大学历
　　史学系博士学位论文,2003年。

刘俐娜:《20世纪初期中国史学的转型》,中国社会科学院博士学
　　位论文,2003年。

《国立北京大学国学门重要纪事》,《国立北京大学国学季刊》第1
　　卷3号,1923年。

《国立北京大学研究所国学门报告》,《国立北京大学国学季刊》第
　　2卷1号,1925年。

北京大学研究所国学门编:《国立北京大学研究所国学门概略》,
　　1927年。

故宫博物院编:《文献丛编》第1辑,北平:国立北平故宫博物院,
　　1937年。

故宫博物院编:《北平故宫博物院工作报告》,国立中央研究院历史语言研究所明清史料编刊会编:《国立中央研究院历史语言研究所编刊明清内阁大库残余档案》(简称《明清史料》),甲编(1—10 册),1930—1931 年。

故宫博物院编:《文献论丛》,北平:国立北平故宫博物院,1936 年。

后　记

本书是在我博士论文的基础上修改完成的。

时光飞逝，转眼已经到了"知天命"之年。自 2006 年 9 月忝列在南开大学姜胜利先生的门墙，至今已十多年了。而我的博士论文诞生也快满十年了。

回想当年，论文的选题、构思与写作，都得益于业师姜胜利先生的悉心指导。姜老师考虑到我的实际情况，建议我选择某个史学家进行个案研究。在确定这个课题时，姜老师为我分析了研究前景，认为很有价值但困难重重！虽然，我的内心感觉也是"压力山大"，但必须战胜自我才可能有所作为！在姜老师的不断鼓励下，在希望与彷徨之中，我终于开启了自己的探索发现之旅。

"笨鸟先飞"。由于自己学术基础薄弱，《朱希祖史学研究》所涉资料繁杂且难以查找，所以必须抓紧时间，尽可能全面地搜集资料并及早动手写作。首先，大量阅读相关论文，寻找资料线索，再通过学生们找来各种资料。北京大学的张健捷博士辗转从台湾复印了全套的《朱希祖先生文集》，其他学生购买了《朱希祖文存》，复印了《文史大家朱希祖》、《明季史料题跋》和《六朝陵墓调查报告》等资料。其次，在阅读资料和整理资料的过程中，发现问题并开始写作。《朱希祖生平事略考》就是我尝试写出的第一篇小文章。姜老师和乔治忠先生都给了我极大的鼓励，并帮我进行了修改。再次，我还利用假期到国家图书馆和南京图书馆抄录了大量的朱氏未刊日记、书信和各种著作手稿，如《遏先笔记》、《随笔》、《海盐尚胥里派朱氏本宗录》等。经过两年多的搜集整理资料，论文终于得以完成。由于本人才疏学浅，整个研究过程可谓是殚精竭虑，艰辛备尝。但苦中有乐，发现的快乐是推动我不断探索的内在动力！老师和同学的赞赏也给了我巨大的鼓舞，使我一次次战胜困难。

"凡事感恩"。在学术研究之路上，我前进的每一步无不凝聚着恩师姜胜利先生的心血！每一篇小论文的初稿拿出来，姜老师总是耐心地给我提出具体的修改意见，鼓励我应该就某些问题再加以深化或拓展。不仅如此，恩师还不断地为我的研究把握方向。当我探讨朱希祖与当时学人的交游，沉浸于民国学人的许多逸闻趣事之时，姜老师就及时引导我分清主次，着力去研究朱希祖的史学著作，挖掘其史学思想。姜老师渊博的学识、严谨的学风对我产生了很大影响。承蒙恩师的点拨与教导，愚钝的弟子在学业上才稍有所成。近来，姜老师又费心费力促成本书的出版，还不顾辛劳为弟子撰写序言加以鼓励，师恩厚重，弟子将永志难忘。

乔治忠先生也是我的一位重要导师。在南开求学的三年，我跟随乔先生系统地学习了《中国史学史》、《历史考据学通论》和《中国史学史的学术体系与专题》等课程，使我有了一定的史学理论基础和规范的学术训练，在治学态度和治学方法上受益匪浅。乔先生具有特别敏锐的学术眼光，讲课风趣幽默、充满智慧。尤为令人难忘的是先生主持的学术沙龙，每每新意迭出、妙趣横生。切磋与交流开阔了我的学术视野，培养了我对史学史专业的浓厚兴趣，师生们一起谈天说地，坐而论道的情景更是历久弥新！在我的研究过程中,乔先生给予了大量的指导和无私的帮助,先生的恩情与教诲,学生将永远铭记在心!

史学史教研室的孙卫国先生也曾对本书提出过许多富有建设性的建议,还不辞辛苦地帮助我联系出版事宜,学生在此也深表谢意!感谢我的硕士导师张秋升先生,正是他的言传身教,将我引入中国史学史研究的神圣殿堂。另外,我还曾请教过瞿林东先生、陈其泰先生、南炳文先生等,他们的点拨也拓展了我的思维空间,给了我很大启发。

南开求学期间,我多次聆听其他专业老师的课程。其中,白新良先生的《中国古代教育史》、《历史考据学》,杜家骥先生的《明清制度》,胡宝华先生的《20世纪日本学者的中国史研究》等课程,对我的学术研究颇有帮助。

师姐刘芹、段润秀、崔岩、庾向芳,师兄孙文阁、朱洪斌、程文标、苏永明、杨永康、王传奇,同学张光华、胡现岭、李泽昊、张振国,师弟师妹时培磊、张大川、李金华、杨烨琨、白海燕、童杰、王月、李华杰、刘文英、郑善庆等,对我的学习和生活亦多所关心,我们在一起交流心得,结下了深厚的友谊。感谢我的学生,北京大学的葛婧博士、张健捷博士及其台湾学友何淑萍博士、南开大学齐春燕博士、北京师范大学安秋萍硕士、对外经贸大学阎漫漫硕士等,他们都为本书提供了宝贵的资料,使我受益良多。感谢德州一中李德民校长的鼓励与支持。感谢我的同事刘登博、杨孟燕、纪红彬、郭道雨和李刚,他们在百忙之中帮我审阅了稿子。

在本书的调研过程中,曾得到国家图书馆、南京图书馆、北京大学图书馆、南开大学图书馆、历史学院资料室的老师们各种可贵的帮助,在此表示感谢。我有幸得到朱希祖先生之孙朱元曙先生的邀请,在他南京的家中翻阅了朱希祖先生的日记、书信等手稿。朱元曙先生还将他已经整理好的部分稿子无私地提供给我，其奖掖后学的风范将长存我心。

我还要深深地感谢我的家人和好友。父亲母亲的呵护和哥哥姐姐的陪伴使我幸福快乐地成长，养成了积极向上的性格，他们无论何时都支持我的追求，希望我成为他们的骄傲。我的爱人姜希月、儿子姜思远也为支持我完成硕士、博士阶段艰辛而漫长的学业付出了许多努力，他们的亲情永远鼓舞着我奋力前行。我的朋友刘潇、王晖、赵希贤、祝国红、何继红、谭惠、王洪娟等，他们的友情令我终生难忘。

特别感谢中华书局的俞国林先生和葛洪春先生，正是他们的帮助才使本书得以顺利出版，在此表达我由衷的敬意和谢意。感谢所有关心、支持、帮助过我的良师益友。

由于研究条件所限，近些年来许多关于朱希祖史学研究的新成果，本书没有提及，特此说明。

因本人学识浅薄，书中错误和疏漏之处一定不少，希望得到各位专家学者的指教！

2018 年 5 月 6 日记于德州